# 中华人民共和国
# 行政处罚法
# 注解与配套

### 第六版

中国法制出版社
CHINA LEGAL PUBLISHING HOUSE

## 出版说明

中国法制出版社一直致力于出版适合大众需求的法律图书。为了帮助读者准确理解与适用法律，我社于2008年9月推出"法律注解与配套丛书"，深受广大读者的认同与喜爱，此后推出的第二、三、四、五版也持续热销。为了更好地服务读者，及时反映国家最新立法动态及法律文件的多次清理结果，我社决定推出"法律注解与配套丛书"（第六版）。

本丛书具有以下特点：

1. 由相关领域的具有丰富实践经验和学术素养的法律专业人士撰写适用导引，对相关法律领域作提纲挈领的说明，重点提示立法动态及适用重点、难点。

2. 对主体法中的重点法条及专业术语进行注解，帮助读者把握立法精神，理解条文含义。

3. 根据司法实践提炼疑难问题，由相关专家运用法律规定及原理进行权威解答。

4. 在主体法律文件之后择要收录与其实施相关的配套规定，便于读者查找、应用。

此外，为了凸显丛书简约、实用的特色，分册根据需要附上实用图表、办事流程等，方便读者查阅使用。

真诚希望本丛书的出版能给您在法律的应用上带来帮助和便利，同时也恳请广大读者对书中存在的不足之处提出批评和建议。

中国法制出版社
2023年9月

# 适用导引

《中华人民共和国行政处罚法》(以下简称《行政处罚法》)是我国规范政府共同行政行为的一部重要法律,于1996年3月17日由第八届全国人民代表大会第四次会议通过,根据2009年8月27日第十一届全国人民代表大会常务委员会第十次会议《关于修改部分法律的决定》第一次修正,根据2017年9月1日第十二届全国人民代表大会常务委员会第二十九次会议《关于修改〈中华人民共和国法官法〉等八部法律的决定》第二次修正,2021年1月22日由第十三届全国人民代表大会常务委员会第二十五次会议修订通过,自2021年7月15日起施行。

制定和修改《行政处罚法》,是我国行政法制建设中的一件大事,也是加强社会主义民主政治建设的一个重要步骤。《行政处罚法》的制定和修改,对于规范行政机关有效地依法行政,改进行政管理工作,加强廉政建设,维护社会秩序和公共利益,保护公民的合法权益,促进社会主义市场经济的健康发展,起到了重要作用。

## 一、《行政处罚法》的主要内容

(一)关于行政处罚的设定

行政处罚涉及公民的权利,实行法定原则,这包括三个方面:一是公民、法人或者其他组织的行为,只有依法明文规定应予行政处罚的,才受处罚,没有依法规定处罚的,不受处罚。二是行政处罚的设定依据包括法律、行政法规、地方性法规、部门规章和地方政府规章,必须由本法规定的国家机关在职权范围内依法设定,总体的制定权配置与统一的分层次立法体制相适应。不同的国家机关有权设定不同类型的行政处罚。三是行政机关设定行政处罚,必须严格依据《立法法》《行政处罚法》《行政法规制定程序条例》《规章制定程序条例》等进行。

(二)实施行政处罚的主体

行政处罚由具有行政处罚权的行政机关在法定职权范围内实施,

这是行政处罚与刑事处罚（由法院判决）不同的一个重要特点。一是不是所有的行政机关都有行政处罚权。二是行政机关只能对自己主管业务范围内的违反行政管理秩序的行为给予行政处罚。三是每个行政机关有权给予什么种类的行政处罚，依法律、法规、规章规定。

（三）关于行政处罚的原则和程序

《行政处罚法》对实施行政处罚的原则作了规定。主要有：一是处罚与教育相结合的原则。行政处罚的目的，重在纠正违法行为，教育公民、法人或者其他组织自觉遵守法律。二是依法原则。行政机关实施行政处罚，必须以法律为准绳，严格遵守法定程序。三是公正、公开的原则。给予行政处罚，必须查明事实，以事实为根据，与违法行为的事实、性质、情节以及社会危害程度相当。有关行政处罚的规定要公布，使公民和组织能够知晓；实施行政处罚要公开，以便人民群众进行监督。

（四）关于当事人的权利

《行政处罚法》对当事人的权利作了规定。一是陈述和包括听证在内的申辩权。二是申请行政复议或提起行政诉讼权。当事人对行政处罚不服，可以依法提请行政复议或者提起行政诉讼。三是要求行政赔偿权。公民、法人或者其他组织对于行政机关违法给予行政处罚受到损害的，有权依法取得赔偿。

（五）法律责任

为了制止乱处罚、乱罚款，保护公民、法人或者其他组织的合法权益不受侵犯，《行政处罚法》对行政机关及其执法人员滥用处罚权等规定了严格的法律责任，详见第七章。

## 二、《行政处罚法》2021年修订要点

本次修订的主要考虑包括：一是贯彻落实党中央重大决策部署，立法主动适应改革需要，体现和巩固行政执法领域中取得的重大改革成果。二是坚持问题导向，适应实践需要，扩大地方的行政处罚设定权限，加大重点领域行政处罚力度。三是坚持权由法定的法治原则，增加综合行政执法，赋予乡镇人民政府、街道办事处行政处

罚权，完善行政处罚程序，严格行政执法责任，更好地保障严格规范公正文明执法。四是把握通用性，从《行政处罚法》是行政处罚领域的通用规范出发，认真总结实践经验，发展和完善行政处罚的实体和程序规则，为单行法律、法规设定行政处罚和行政机关实施行政处罚提供基本遵循。

（一）增加行政处罚的定义，扩大行政处罚的种类

原《行政处罚法》第8条列举了7项行政处罚种类，但没有规定何为行政处罚，实践中遇到不少困难，本次修订对此作了完善。

一是增加行政处罚的定义。第2条规定："行政处罚是指行政机关依法对违反行政管理秩序的公民、法人或者其他组织，以减损权益或者增加义务的方式予以惩戒的行为。"

二是增加行政处罚种类。第9条增加规定通报批评、降低资质等级、限制开展生产经营活动、责令关闭、限制从业等行政处罚种类。

（二）扩大地方性法规设定行政处罚的权限

为充分发挥地方性法规在地方治理中的作用，第12条第3款增加规定："法律、行政法规对违法行为未作出行政处罚规定，地方性法规为实施法律、行政法规，可以补充设定行政处罚。拟补充设定行政处罚的，应当通过听证会、论证会等形式广泛听取意见，并向制定机关作出书面说明。地方性法规报送备案时，应当说明补充设定行政处罚的情况。"同时，第11条第3款进一步明确了行政法规设定行政处罚的创制性立法权。

（三）完善行政处罚实施主体规定

一是根据党和国家机构改革和行政执法体制改革要求，首次规定"综合行政执法"，在原《行政处罚法》第16条基础上增加1款，作为第18条第1款，规定："国家在城市管理、市场监管、生态环境、文化市场、交通运输、应急管理、农业等领域推行建立综合行政执法制度，相对集中行政处罚权。"

二是进一步规范委托行政处罚。在原《行政处罚法》第18条基础上增加1款，作为第20条第2款，规定："委托书应当载明委托

的具体事项、权限、期限等内容。委托行政机关和受委托组织应当将委托书向社会公布。"

三是规定可交由乡镇人民政府、街道办事处行使县级人民政府部门的行政处罚权，但第24条规定了基层管理迫切需要、能够有效承接、定期组织评估、省（自治区、直辖市）决定应当公布、加强执法能力建设、完善评议考核制度等诸多限制性要求。

### （四）完善行政处罚的适用

一是规定责令退赔和非法所得为"利润"。第28条第2款规定："当事人有违法所得，除依法应当退赔的外，应当予以没收。违法所得是指实施违法行为所取得的款项。法律、行政法规、部门规章对违法所得的计算另有规定的，从其规定。"

二是规定过错推定原则。这是对应受行政处罚行为构成要件的重大修改。第33条第2款规定："当事人有证据足以证明没有主观过错的，不予行政处罚。法律、行政法规另有规定的，从其规定。"

三是首次规定了行政协助。第26条规定："行政机关因实施行政处罚的需要，可以向有关机关提出协助请求。协助事项属于被请求机关职权范围内的，应当依法予以协助。"

四是规定同一个违法行为违反多个法律规范应当给予罚款处罚的，按照罚款数额高的规定处罚。

五是完善了"两法衔接"。首次要求从司法机关到行政机关的逆循环，即"对依法不需要追究刑事责任或者免予刑事处罚，但应当给予行政处罚的，司法机关应当及时将案件移送有关行政机关"，并对衔接机制作了进一步规定，要求"行政处罚实施机关与司法机关之间应当加强协调配合，建立健全案件移送制度，加强证据材料移交、接收衔接，完善案件处理信息通报机制"。

六是规范行政处罚自由裁量权行使。完善了从轻或者减轻行政处罚情形的规定，增加规定初次违法可以不予处罚。增加规定行政机关可以依法制定行政处罚裁量基准。

七是完善追责时效。将涉及公民生命健康安全、金融安全等重点领域的违法行为的追责期限由2年延长至5年。

八是增加规定"从旧兼从轻"适用规则。实施行政处罚，适用违法行为发生时的法律、法规、规章的规定。但是，作出行政处罚决定时，法律、法规、规章已被修改或者废止，且新的规定处罚较轻或者不认为是违法的，适用新的规定。

九是完善行政处罚决定无效制度。行政处罚没有依据或者实施主体不具有行政主体资格的，以及违反法定程序构成重大且明显违法的，行政处罚无效。

十是明确行政处罚证据种类和适用规则，规定证据必须经查证属实，方可作为认定案件事实的根据；以非法手段取得的证据，不得作为认定案件事实的根据。

十一是进一步明确适用范围。外国人、无国籍人、外国组织在中华人民共和国领域内有违法行为，应当给予行政处罚的，适用本法，法律另有规定的除外。

（五）完善行政处罚的程序

一是明确公示要求，增加规定行政处罚的实施机关、立案依据、实施程序和救济渠道等信息应当公示；具有一定社会影响的行政处罚决定应当依法公开。

二是体现全程记录，增加规定行政机关应当依法以文字、音像等形式，对行政处罚的启动、调查取证、审核、决定、送达、执行等进行全过程记录，归档保存。

三是细化法制审核程序，列明适用情形，明确未经法制审核或者审核未通过的，不得作出行政处罚决定。

四是规范非现场执法，利用电子技术监控设备收集、固定违法事实的，应当经过法制和技术审核，确保电子技术监控设备符合标准、设置合理、标志明显，设置地点应当向社会公布。电子技术监控设备记录违法事实应当真实、清晰、完整、准确，同时要保障当事人的陈述权、申辩权。

五是进一步完善回避制度，细化回避情形，明确对回避申请应当依法审查，但不停止调查或者实施行政处罚。

六是增加规定发生重大传染病疫情等突发事件时，为了控制、减轻和消除突发事件引起的社会危害,行政机关对违反突发事件应对措施的行为,依法快速、从重处罚,但不完全等于简化程序。

七是适应行政执法实际需要,将适用简易程序的罚款数额由50元以下和1000元以下,分别提高至200元以下和3000元以下。

八是增加规定立案程序和办理时限,除当场作出的行政处罚外,行政机关认为符合立案标准的,应当立案;案件办理时限原则上是90日。

九是完善听证程序,扩大适用范围,增加了"没收较大数额违法所得、没收较大价值非法财物,降低资质等级,责令关闭、限制从业,其他较重的行政处罚"等适用情形,适当延长申请期限,明确行政机关应当结合听证笔录作出决定。

十是增加规定电子送达,当事人同意并签订确认书的,行政机关可以采用传真、电子邮件等方式,将行政处罚决定书等送达当事人。

(六)完善行政处罚的执行

一是适应行政执法实际需要,将行政机关当场收缴的罚款数额由20元以下提高至100元以下。

二是与《行政强制法》相衔接,完善行政处罚的强制执行程序,规定当事人逾期不履行行政处罚决定的,行政机关可以根据法律规定实施行政强制执行。

三是明确行政机关批准延期、分期缴纳罚款的,申请人民法院强制执行的期限,自暂缓或者分期缴纳罚款期限结束之日起计算。

四是增加规定对限制人身自由的行政处罚决定不服的,当事人可以申请暂缓执行。

五是明确当事人申请行政复议或者提起行政诉讼的,加处罚款的数额在行政复议或者行政诉讼期间不予计算。

六是增加规定电子支付,规定当事人可以通过电子支付系统缴纳罚款。

(七)加强行政执法监督

一是增加规定罚款、没收的违法所得或者没收非法财物拍卖的款项，不得同作出行政处罚决定的行政机关及其工作人员的考核、考评直接或者变相挂钩。

二是增加规定县级以上人民政府应当定期组织开展行政执法评议、考核，加强对行政处罚的监督检查，规范和保障行政处罚的实施。

# 目 录

适用导引 ················································································ *1*

## 中华人民共和国行政处罚法

### 第一章 总 则

第一条 【立法目的和依据】 ·················································· 2
第二条 【行政处罚的定义】 ···················································· 2
  1. 什么是行政处罚，如何理解行政处罚的定义 ················· 3
  2. 行政机关的内设机构或者派出机构是否具有行政
     处罚权 ···················································································· 4
第三条 【适用范围】 ································································ 4
第四条 【适用对象】 ································································ 4
  3. 行政处罚的适用条件是什么 ············································ 5
第五条 【适用原则】 ································································ 5
  4. 公开原则主要体现在哪些方面 ········································ 6
  5. 过罚相当原则有哪些具体要求 ········································ 6
第六条 【处罚与教育相结合原则】 ········································ 6
第七条 【行政处罚当事人的权利】 ········································ 7
  6. 行政处罚当事人有哪些权利 ············································ 7
第八条 【被处罚者的其他法律责任】 ···································· 8

## 第二章 行政处罚的种类和设定

**第 九 条** 【行政处罚的种类】…………………… 9
  7. 行政许可证件有哪些形式 ……………………… 11
  8. 责令限期拆除是否属于行政处罚 ……………… 12
  9. 金融机构工作人员被处"在一定期限内直至终身不得从事某项工作",是否属于行政处罚 …… 12
  10. 收缴是否属于行政处罚 ………………………… 12
  11. 责令赔偿、责令恢复原状是否属于行政处罚 …… 12

**第 十 条** 【法律的行政处罚设定权】…………… 13
**第十一条** 【行政法规的行政处罚设定权】……… 13
**第十二条** 【地方性法规的行政处罚设定权】…… 14
  12. 地方性法规应如何设置行政处罚的幅度?在经济欠发达地区,地方性法规能否降低法律、行政法规规定的处罚下限 ……………………… 15
  13. 单行条例能否设定行政处罚 …………………… 16
  14. 地方性法规对应该安装防雷装置而不安装,无资质从事防雷工程设计、施工、检测,防雷工程未经审查进行施工,防雷工程未经验收投入使用以及拒不接受防雷装置检测等行为能否设定罚款 …………………………………………… 16
  15. 地方性法规对于"在施工中发现古文化遗址、古墓葬等珍贵文物后拒绝文物部门介入,强行施工造成珍贵文物毁损"的行为,能否设定行政处罚 …………………………………………… 16
  16. 地方性法规对于"盐业公司之外的其他企业购买经营工业用盐"的行为,能否设定行政处罚 …… 16

**第十三条** 【国务院部门规章的行政处罚设定权】 ………… 17

17. 部门规章设定罚款的限额是多少 …………………… 18
18. 部门规章与地方性法规规定的处罚幅度不一致的，如何适用 …………………………………………… 18
19. 对用人单位无理阻挠劳动保障行政部门及其工作人员行使监督检查权应按什么标准进行罚款 …… 19

第十四条 【地方政府规章的行政处罚设定权】 …… 19
20. 较大的市能否对违反《道路交通安全法》的行为制定罚款的具体执行标准 …………………………… 19
21. 地方政府规章能否就盐业公司之外的其他企业经营盐的批发业务设定行政处罚 …………………… 20

第十五条 【行政处罚的立法后评估】 ……………… 20
第十六条 【其他规范性文件禁止设定行政处罚】 …… 21

## 第三章 行政处罚的实施机关

第十七条 【行政处罚的实施】 ……………………… 21
22. 风景名胜区设立的管理机构能否实施行政处罚 …… 22
23. 对擅自设立互联网上网服务营业场所或者擅自从事互联网上网服务经营活动的行为，应由哪个机关实施处罚 …………………………………… 22

第十八条 【特殊类型的行政处罚实施机关】 ……… 22
第十九条 【授权实施行政处罚】 …………………… 23
24. 政府赋予行政管理职能的直属事业单位能否实施行政处罚 ……………………………………… 24

第二十条 【委托实施行政处罚】 …………………… 24
25. 委托实施行政处罚应当满足什么条件 …………… 25
26. 县级以上人民政府能否委托事业组织实施行政处罚 …… 26

第二十一条 【受委托组织的条件】 ………………… 26
27. 受委托组织的资格要件有哪些 …………………… 27

3

# 第四章 行政处罚的管辖和适用

第二十二条 【行政处罚的管辖】 …………… 27
  28. 如何确定海关行政处罚的管辖机关 ……… 28
  29. 如何确定教育行政处罚的管辖机关 ……… 28
  30. 对道路交通安全违法行为的处罚，如何确定管辖 … 29
  31. 如何确定生态环境行政处罚的管辖机关 …… 29
  32. 对安全生产违法行为的处罚，如何确定管辖机关 … 30
  33. 如何确定市场监督管理行政处罚的管辖机关 …… 30

第二十三条 【县级以上政府的管辖权】 ……… 32
第二十四条 【乡镇政府和街道办事处的管辖权】 … 33
第二十五条 【管辖权争议】 …………………… 34
  34. 如何确定指定管辖中的"共同的上一级行政机关" … 35
  35. 如何报请指定管辖 …………………………… 35
  36. 如何进行指定管辖 …………………………… 36

第二十六条 【执法协助】 ……………………… 36
  37. 协助请求的事项范围包括哪些情形 ………… 36

第二十七条 【行政处罚与刑事司法的衔接】 …… 37
  38. 行政执法机关向公安机关移送涉嫌犯罪案件，
     应当附有哪些材料 …………………………… 38
  39. 公安机关对行政执法机关移送的涉嫌犯罪案件，
     应当如何处理 ………………………………… 38
  40. 行政执法机关对公安机关对移送案件作出的不
     予立案决定有异议的，应当如何处理 ………… 38

第二十八条 【改正违法行为及没收违法所得】 … 39
  41. 责令改正是否属于行政处罚 ………………… 39
  42. 责令退赔是否属于行政处罚 ………………… 40

第二十九条 【同一行为不得重复处罚】 ……… 40

43. 如何理解"一事不再罚" ······················· 41
44. 如何理解"按照罚款数额高的规定处罚" ············ 41
45. 房地产开发企业违反土地管理法的规定，被收回国有土地使用权，同时，税务机关以房地产开发企业偷漏税为由，对其进行税务处罚，该处罚是否违背"一事不再罚"原则 ·············· 42

第三十条　【对未成年人处罚的限制】 ················ 42
第三十一条　【对精神病人、智力残疾人处罚的限制】 ··· 42
第三十二条　【从轻、减轻处罚的条件】 ·············· 43
46. 如何认定"主动供述行政机关尚未掌握的违法行为" ·········································· 44

第三十三条　【不予处罚的条件】 ···················· 44
第三十四条　【行政处罚裁量基准】 ·················· 46
47. 行政机关行使行政处罚裁量权应遵循哪些基本原则 ··· 47
48. 行政机关应如何规范适用行政裁量权基准 ············ 48

第三十五条　【刑罚的折抵】 ························ 48
第三十六条　【行政处罚的时效】 ···················· 49
49. 如何认定本条规定中的"未被发现" ················ 49
50. 法律另有规定的行政处罚时效，包括哪些例外情形 ··· 49
51. 违法建筑物是否适用"2年内未发现的，不再给予行政处罚"的规定 ····························· 50

第三十七条　【法律适用的从旧兼从轻原则】 ·········· 50
第三十八条　【行政处罚的无效】 ···················· 50

## 第五章　行政处罚的决定

### 第一节　一　般　规　定

第三十九条　【行政处罚信息公示】 ·················· 51

第 四 十 条　【行政处罚应当查明事实】·············· 52
第四十一条　【电子技术监控设备的适用】·········· 53
 52. 行政机关设置电子技术监控设备应符合什么要求 54
第四十二条　【公正文明执法】····················· 54
第四十三条　【回避制度】························· 55
 53. 什么情形下执法人员需要回避··················· 55
第四十四条　【行政机关的告知义务】··············· 56
 54. 行政机关作出行政处罚决定前应当告知当事人
  哪些内容····································· 56
第四十五条　【当事人的陈述、申辩权】············· 57
第四十六条　【证据种类及适用规则】··············· 57
 55. 哪些证据属于"以非法手段取得的证据"········· 59
第四十七条　【行政处罚全过程记录】··············· 59
第四十八条　【行政处罚决定的公开与撤回】········· 60
第四十九条　【突发事件应对】····················· 61
 56. 如何理解发生突发事件时，行政机关对违反突
  发事件应对措施的行为，依法快速、从重处罚······ 61
第 五 十 条　【保密条款】························· 62

第二节　简易程序

第五十一条　【简易程序的适用条件】··············· 63
第五十二条　【简易程序的适用要求】··············· 64
第五十三条　【简易程序的履行】··················· 65

第三节　普通程序

第五十四条　【取证与立案】······················· 65
 57. 行政处罚立案的标准是什么····················· 66
第五十五条　【执法调查检查程序】················· 66

第五十六条　【证据收集程序】 …… 67
第五十七条　【处罚决定】 …… 67
第五十八条　【法制审核】 …… 68
 58. 行政处罚法制审核应着重审查哪些内容 …… 69
第五十九条　【处罚决定书的内容】 …… 69
第 六 十 条　【行政处罚决定作出期限】 …… 70
第六十一条　【行政处罚决定书的送达】 …… 70
第六十二条　【行政机关不履行告知义务不得作出处罚】 … 71

### 第四节　听证程序

第六十三条　【听证的适用范围】 …… 72
 59. 公安机关作出哪些治安管理处罚决定前，应当告知当事人有权要求听证 …… 72
 60. 海关作出哪些处罚决定前，应当告知当事人有权要求听证 …… 72
 61. 中国证监会作出哪些行政处罚以前，当事人要求举行听证的，应当组织听证 …… 73
第六十四条　【听证的基本程序】 …… 73
第六十五条　【听证结束后的处理】 …… 74
 62. 如何理解行政机关作出行政处罚决定"应当根据听证笔录" …… 74

## 第六章　行政处罚的执行

第六十六条　【处罚决定的自行履行】 …… 75
第六十七条　【罚款的缴纳】 …… 76
第六十八条　【当场收缴罚款】 …… 76
 63. 关于当场收缴罚款的范围，治安管理处罚法有哪些特殊规定 …… 76

| 第六十九条 | 【可以当场收缴罚款的特殊规定】 | 77 |
| 第 七 十 条 | 【行政机关出具专用票据的义务】 | 77 |
| 第七十一条 | 【当场收缴罚款的缴纳期限】 | 78 |
| 第七十二条 | 【执行措施】 | 78 |

    64.《环境保护法》规定的按日计罚属于加处罚款的执行罚吗 ……………………………………… 79

    65. 法律规定的其他行政强制执行方式有哪些 …… 79

| 第七十三条 | 【申请复议、提起诉讼不停止处罚执行及例外】 | 80 |

    66. 行政复议期间，行政处罚在哪些情形下应当停止执行 ……………………………………………… 80

    67. 行政诉讼期间，行政处罚在哪些情形下应当停止执行 ……………………………………………… 80

| 第七十四条 | 【依法没收非法财物的处理】 | 81 |
| 第七十五条 | 【行政处罚的监督】 | 82 |

## 第七章　法律责任

| 第七十六条 | 【违法实施行政处罚的法律责任】 | 82 |
| 第七十七条 | 【不使用或使用非法罚没财物单据的法律责任】 | 83 |
| 第七十八条 | 【自行收缴罚款的处理】 | 83 |
| 第七十九条 | 【私分罚没财物的处理】 | 83 |
| 第 八 十 条 | 【使用、损毁查封、扣押财物的法律责任】 | 84 |
| 第八十一条 | 【违法实行检查和执行措施的法律责任】 | 84 |
| 第八十二条 | 【以罚代刑的法律责任】 | 84 |
| 第八十三条 | 【行政不作为的法律责任】 | 85 |

## 第八章　附　则

第八十四条　【涉外行政处罚】 …………………… 85
第八十五条　【期限的计算】 ……………………… 85
第八十六条　【施行日期】 ………………………… 85

## 配 套 法 规

国务院关于进一步贯彻实施《中华人民共和国行政
　处罚法》的通知…………………………………… 86
　　（2021 年 11 月 15 日）
国务院办公厅关于进一步规范行政裁量权基准制定
　和管理工作的意见………………………………… 93
　　（2022 年 7 月 29 日）
国务院办公厅关于全面推行行政执法公示制度执法全
　过程记录制度重大执法决定法制审核制度的指导意见……… 100
　　（2018 年 12 月 5 日）
罚款决定与罚款收缴分离实施办法 ……………… 109
　　（1997 年 11 月 17 日）
罚款代收代缴管理办法 …………………………… 112
　　（1998 年 5 月 28 日）
中华人民共和国治安管理处罚法 ………………… 117
　　（2012 年 10 月 26 日）
中华人民共和国道路交通安全法（节录）……… 141
　　（2021 年 4 月 29 日）
道路交通安全违法行为处理程序规定（节录）… 149
　　（2020 年 4 月 7 日）

财政违法行为处罚处分条例 ·················· 155
　　（2011年1月8日）
中华人民共和国海关行政处罚实施条例 ·········· 164
　　（2022年3月29日）
中华人民共和国海关办理行政处罚案件程序规定 ···· 180
　　（2021年6月15日）
市场监督管理行政处罚程序规定 ················ 207
　　（2022年9月29日）
市场监督管理行政处罚听证办法 ················ 227
　　（2021年7月2日）
价格违法行为行政处罚规定 ···················· 234
　　（2010年12月4日）
安全生产违法行为行政处罚办法 ················ 239
　　（2015年4月2日）
生态环境行政处罚办法 ························ 257
　　（2023年5月8日）
行政执法机关移送涉嫌犯罪案件的规定 ·········· 280
　　（2020年8月7日）
最高人民法院关于审理行政赔偿案件若干问题的规定 ··· 285
　　（2022年3月20日）

# 实用附录

行政处罚听证流程图 ·························· 293
当场收缴罚款流程图 ·························· 295

# 中华人民共和国行政处罚法

（1996年3月17日第八届全国人民代表大会第四次会议通过 根据2009年8月27日第十一届全国人民代表大会常务委员会第十次会议《关于修改部分法律的决定》第一次修正 根据2017年9月1日第十二届全国人民代表大会常务委员会第二十九次会议《关于修改〈中华人民共和国法官法〉等八部法律的决定》第二次修正 2021年1月22日第十三届全国人民代表大会常务委员会第二十五次会议修订 2021年1月22日中华人民共和国主席令第70号公布 自2021年7月15日起施行）

## 目　　录

第一章　总　　则
第二章　行政处罚的种类和设定
第三章　行政处罚的实施机关
第四章　行政处罚的管辖和适用
第五章　行政处罚的决定
　第一节　一般规定
　第二节　简易程序
　第三节　普通程序
　第四节　听证程序
第六章　行政处罚的执行
第七章　法律责任
第八章　附　　则

# 第一章 总 则

**第一条 【立法目的和依据】**\* 为了规范行政处罚的设定和实施，保障和监督行政机关有效实施行政管理，维护公共利益和社会秩序，保护公民、法人或者其他组织的合法权益，根据宪法，制定本法。

> 注解

根据本条规定，《行政处罚法》的立法目的有四：第一，规范行政处罚的设定和实施。根据本法第2条，行政处罚是行政机关依法对违反行政管理秩序的行为给予的惩戒措施，是一种可以直接对公民的人身权和财产权进行限制或者剥夺的行政行为。因此，有必要对行政处罚的设定和实施依法予以规范和控制。第二，保障和监督行政机关有效实施行政管理。制定和修订《行政处罚法》，规范行政处罚的设定和实施，既要监督行政机关合法有效地行使行政处罚权，同时也要保障行政机关有效履行行政管理职能。第三，维护公共利益和社会秩序。第四，保护公民、法人或者其他组织的合法权益。行政机关在实施行政处罚时，既要注意保护违法行为人的合法权益，也要注重保护受害方的合法权益。

**第二条 【行政处罚的定义】** 行政处罚是指行政机关依法对违反行政管理秩序的公民、法人或者其他组织，以减损权益或者增加义务的方式予以惩戒的行为。

> 注解

本条是2021年修订时新增加的条款。该次修订前，《行政处罚法》没有对行政处罚的概念和内涵作出明确规定，这给行政处罚执法实践带来了一定困难，实践中，对于有关责令改正、限期拆除等新型行政制裁行为究竟是否属于行政处罚，经常会引起争议。因此，本条明确规定了行政处罚的概念，

---

\* 条文主旨为编者所加，下同。

进一步界定了行政处罚的内涵和外延，有利于保障行政机关依法有效地实施行政处罚，保护当事人的合法权益。

应 用

**1. 什么是行政处罚，如何理解行政处罚的定义**

基于本法对于行政处罚的定义，实践中，在理解本条内容时，应着重考虑以下五个方面：

第一，行政处罚的实施主体是行政主体。尽管本条表述的是"行政机关"，但需要注意的是，并非所有的行政机关都是行政处罚的主体。只有那些拥有行政处罚权限的行政机关才是实施行政处罚的主体。另外，除了行政机关以外，拥有行政处罚权限的法律法规授权的组织和受行政机关委托的组织也是行政处罚的实施主体。除此之外，其他国家机关不享有行政处罚权，如监察委员会、法院、检察院行使的制裁权都不是行政处罚权。

第二，行政处罚针对的是公民、法人或其他组织违反行政管理秩序的行为。需要注意两点，首先，本条所规定的违反行政管理秩序的行为，并不包括情形严重已经构成犯罪的行为。从违反行政管理秩序的严重程度上看，对于已经构成刑事犯罪的当事人，应移交司法机关依法追究刑事责任，而不能以行代刑。对于那些违法行为轻微或具有法定免除处罚事由的当事人，行政机关也不应予以行政处罚。其次，"违反行政管理秩序的行为"，是指行政处罚的制裁对象是违法行为。区别于行政强制措施、行政命令等，行政处罚针对的是具有违法性的行为。行政强制措施和行政命令则不必具备这一前提条件，当事人行为是否违法，并不影响行政机关实施行政强制措施和行政命令。

第三，行政处罚的方式是减损权益或者增加义务。所谓减损权益，严格来说是指减损应受行政处罚行为当事人的权利和利益。所谓增加义务，是指要求应受行政处罚行为当事人作出一定行为或不为一定行为。

第四，行政处罚的对象是作为外部相对人的公民、法人或者其他组织，而非内部相对人，这可使行政处罚区别于行政机关基于行政隶属关系作出的以及行政监察机关对公务员作出的处分行为。

第五，行政处罚的目的是"惩戒"。与其他行政制裁措施不同，行政处罚的目的主要是"惩戒"或"惩罚"，而不包括基于"教育""预防"目的而采取的其他制裁手段。因此，诸如责令限期改正、责令停业整顿等，不宜

3

理解为行政处罚,这也是本法第28条规定中"责令当事人改正或者限期改正违法行为"不应理解为行政处罚的根本逻辑。

2. 行政机关的内设机构或者派出机构是否具有行政处罚权

原则上,行政机关的内设机构或者派出机构,不具有法定的行政处罚职权,不能行使有关行政处罚权;如果有法律法规授权,可以以自己的名义行使行政处罚权。如根据《治安管理处罚法》,公安派出所可以依法独立行使行政处罚权。

**第三条** 【适用范围】行政处罚的设定和实施,适用本法。

注解

本条规定了《行政处罚法》的适用范围,即《行政处罚法》适用于行政处罚的设定和实施。本条体现了行政处罚法定原则,包括行政处罚依法设定和行政处罚依法实施两个子原则。

第一,行政处罚的设定必须法定,是指受到行政处罚的当事人行为,以及行政处罚的种类、幅度等的设定都需要有法律依据,主要包括行政处罚的种类法定和行政处罚设定权限法定。在行政处罚的种类设定方面,本法第9条对行政处罚的种类作了明确规定。据此,行政机关只能在本法所规定的种类范围内予以处罚,不得超出法律规定范围自行创设行政处罚种类。同时,在行政处罚的设定权限方面,本法第10条至第14条也明确规定了法律、行政法规、地方性法规、部门规章和地方政府规章各自的设定权限。除此之外,其他规范性文件禁止设定行政处罚。

第二,行政处罚的实施必须法定,是指行政处罚实施主体及其职权、实施原则和实施程序都必须法定,主要包括行政处罚实施主体法定、实施程序法定等内容。在行政处罚实施主体法定方面,本法第三章作了明确规定。按照规定,不是所有行政机关都能够实施行政处罚,必须是具有行政处罚权的行政机关在法定职权范围内方可实施行政处罚。在行政处罚实施程序法定方面,本法第五章也作了明确规定。行政机关在实施行政处罚时,不仅要求有实体法律依据,而且必须遵守本法规定的程序。

**第四条** 【适用对象】公民、法人或者其他组织违反行政管理秩序的行为,应当给予行政处罚的,依照本法由法律、法规、规章规定，并由行政机关依照本法规定的程序实施。

> 注解

行政处罚以行政违法为前提，并且该违法行为处于"应当给予行政处罚"的程度范围。如果没有违反行政管理秩序的行为，或者行为没有达到或超出行政处罚标准，不应予以行政处罚。实践中，不属于"应当给予行政处罚"的典型情形有两种：一是轻微违反行政管理秩序的行为；二是严重违反行政管理秩序以至于构成犯罪，需要根据《刑法》予以处罚的行为。行政主体在实施行政处罚时，应依据法律的规定，区别不同的违法行为，给予不同的处理。

> 应用

**3. 行政处罚的适用条件是什么**

行政处罚的适用条件如下：（1）公民、法人或者其他组织的行为违反行政管理秩序，应当承担法律责任。（2）法律、法规或者规章明确规定，公民、法人或者其他组织违反行政管理秩序的行为应当给予行政处罚的，才能给予行政处罚。（3）行政处罚只能由行政机关依照法定程序实施。这是行政处罚区别于刑事处罚的关键。

**第五条** 【适用原则】行政处罚遵循公正、公开的原则。

设定和实施行政处罚必须以事实为依据，与违法行为的事实、性质、情节以及社会危害程度相当。

对违法行为给予行政处罚的规定必须公布；未经公布的，不得作为行政处罚的依据。

> 注解

公正，是指公平正直、不偏私。公正原则是处罚合法原则的必要补充，这是因为在实施行政处罚时，有时虽然在形式上是合法的，是在法定的幅度和范围内实施的，但是有明显的不合理、不适当之处。公开，是指不加隐蔽。公开原则是合法原则、公正原则的外在表现形式，具体是指处罚的依据、过程、决定等是公开的、开放的。

违法行为与处罚相适应的原则，也叫过罚相当原则，是指实施的处罚与行为人的主观过错、违法行为造成的后果相当。需要注意的是，过罚相当原则适用于裁量行为，而非羁束行为。羁束行为是在法律有明确且详细规定的情况下，行政机关严格依法作出的行政行为，不存在选择余地，只发生违法与否的问题，受合法性原则约束。对于裁量行为而言，行政机关享有一定的裁量空间，能够依据违法行为的事实、性质、情节和社会危害程度等因素，确定相应的行政处罚种类和幅度。

应用

4. 公开原则主要体现在哪些方面

行政处罚的公开原则主要表现在：（1）处罚的依据必须是公开的，不能依据内部文件实施处罚；（2）处罚的程序对相对人是公开的，例如，获取证据的渠道是公开的，检查是公开的，处罚决定是公开的；（3）在行政处罚的实施过程中，行为人有申辩和了解有关情况的权利。

5. 过罚相当原则有哪些具体要求

过罚相当原则的具体要求是：对违法事实、性质、情节及社会危害程度等因素基本相同的同类行政违法行为，所采取的措施和手段应当必要、适当，所适用的法律依据、处罚种类和幅度应当基本相同，行政处罚的种类、轻重程度、减免比与违法行为相适应，排除不相关因素的干扰，防止处罚畸轻畸重、重责轻罚、轻责重罚等。违反过罚相当原则的直接表现是行政处罚显失公正。行政处罚显失公正是指行政机关及其工作人员或法律、法规授权的组织在对行政管理相对人实施行政处罚时，给予的行政处罚存在明显的不合理性。其表现形式有畸轻畸重、同种情况不同对待或不同情况同样对待等。

配套

《政府信息公开条例》；《国务院办公厅关于全面推行行政执法公示制度执法全过程记录制度重大执法决定法制审核制度的指导意见》；《交通运输部关于规范交通运输行政处罚自由裁量权的若干意见》；《规范环境行政处罚自由裁量权若干意见》

第六条 【处罚与教育相结合原则】实施行政处罚，纠正违法行为，应当坚持处罚与教育相结合，教育公民、法人或者其他组织自觉守法。

[注 解]

处罚与教育相结合是《行政处罚法》的重要原则之一,在理解该原则时尤其需要理解:行政处罚不是目的,而是一种手段,应当把处罚的手段和教育的目的结合起来,既不能以教代罚,更不能以罚代教,只有坚持处罚与教育相结合,才能真正达到保障法律实施、防范违法和犯罪、保障公民合法权益、维护安定团结的社会秩序的最终目的。

本条应与不予处罚、可以不予处罚、减轻处罚、从轻处罚等条款结合起来适用。实践中,不少地方和部门编制了上述四张清单。各省、自治区、直辖市基本制定了行政处罚裁量基准。

[配 套]

《无证无照经营查处办法》第10条;《公安机关办理行政案件程序规定》第5条;《农业行政处罚程序规定》第4条

**第七条 【行政处罚当事人的权利】**公民、法人或者其他组织对行政机关所给予的行政处罚,享有陈述权、申辩权;对行政处罚不服的,有权依法申请行政复议或者提起行政诉讼。

公民、法人或者其他组织因行政机关违法给予行政处罚受到损害的,有权依法提出赔偿要求。

[应 用]

**6. 行政处罚当事人有哪些权利**

行政处罚当事人的权利包括:陈述权和申辩权,申请行政复议或提起行政诉讼权,请求行政赔偿权。

(1)陈述权和申辩权。陈述权指当事人就所知悉的事实向行政机关进行陈述的权利;申辩权指当事人根据事实和法律规定为自己的行为申述理由和辩解的权利。针对行政机关作出的行政处罚决定,当事人有权进行陈述和申辩,以证明自身没有违法事实或者虽有违法事实,但情节较轻。行政机关实施处罚时应当听取当事人对所指控的事实和适用的法律、法规或者规章的意见,允许其申辩。行政机关不得因当事人陈述、申辩而给予更重的处罚。

（2）申请行政复议或提起行政诉讼权。行政复议是指公民、法人或者其他组织认为行政机关的行政行为侵犯其合法权益，向法律规定的行政复议机关提出申请，由该行政复议机关对引起争议的行政行为进行审查，并作出相应处理决定的一种行政监督活动。行政诉讼则是指当事人受到行政机关的处罚之后不服，直接向人民法院提起诉讼，或经向行政复议机关提出复议后，对其作出的复议决定仍有不服的，向人民法院提起诉讼，请求撤销或者变更原处分或决定的行为。在具体适用时，应当注意两点：一是行政复议的申请人为公民、法人或者其他组织，不限于行政处罚的相对人。利害关系人对行政处罚决定不服，或者认为行政处罚决定侵犯了其合法权益，也可以申请行政复议。二是行政诉讼的原告同样不限于行政处罚的当事人，与行政处罚决定存有法律上利害关系的公民、法人或者其他组织，都可以作为原告提起行政诉讼。

（3）请求行政赔偿权。行政赔偿是指行政机关对因使职权侵犯公民、法人或者其他组织合法权益所造成的损害，依法给予赔偿的法律制度。当行政机关的行政处罚行为使相对人遭受损害时，行政处罚相对人有权依法提出赔偿要求。行政机关承担行政赔偿责任的前提是行政处罚决定存在违法情形，这是行政赔偿与行政补偿的关键区别。行政补偿通常针对的是行政机关及其工作人员合法行为带来的损失。

### 配套

《行政复议法》第11条；《行政诉讼法》第12条；《国家赔偿法》第3—5条

**第八条　【被处罚者的其他法律责任】** 公民、法人或者其他组织因违法行为受到行政处罚，其违法行为对他人造成损害的，应当依法承担民事责任。

违法行为构成犯罪，应当依法追究刑事责任的，不得以行政处罚代替刑事处罚。

### 注解

本条是对违法主体所应承担的不同法律责任的规定。公民、法人或者其他组织因其违法行为对他人造成损害的，除需承担行政责任外，还应依法承担民事责任,违法行为构成犯罪的,不得因已承担行政责任而免除其刑事处罚。本条明确了违法行为人的行政处罚责任、民事责任及刑事责任。

行政处罚与民事责任是两种性质完全不同的法律责任,一个是行政机关给予违法者行政处罚,一个是违法者向受害者承担民事侵权责任,在责任的承担上既不发生冲突,也不会发生重责吸收轻责的情况。因此,违法者应同时承担两种法律责任,不能因予以行政处罚而免除其民事责任,也不能因已承担民事责任而免除或从轻、减轻行政处罚。同样的道理,违法行为构成犯罪的,也不能以行政处罚代替刑事处罚,必须移送司法机关处理。

行政处罚责任与民事责任的衔接,需要结合本法关于没收违法所得、责令退赔的规定,以及《民法典》第187条等,贯彻民事责任优先赔偿的规定。

行政处罚责任与刑事责任的衔接,本条以及本法第27条、第35条都作了相应规定。

### 配 套

《行政执法机关移送涉嫌犯罪案件的规定》

# 第二章 行政处罚的种类和设定

**第九条 【行政处罚的种类】** 行政处罚的种类:
(一)警告、通报批评;
(二)罚款、没收违法所得、没收非法财物;
(三)暂扣许可证件、降低资质等级、吊销许可证件;
(四)限制开展生产经营活动、责令停产停业、责令关闭、限制从业;
(五)行政拘留;
(六)法律、行政法规规定的其他行政处罚。

### 注 解

2021年修订《行政处罚法》时,增加了通报批评、降低资质等级、限制开展生产经营活动、责令关闭、限制从业等行政处罚种类,将修订前的《行政处罚法》中的"暂扣或者吊销许可证、暂扣或者吊销执照"统一规定为"暂扣许可证件"以及"吊销许可证件"。

1. 警告是指行政机关对有违法行为的公民、法人或其他组织提出警示和告诫,使其认识所应负责任的一种处罚。警告属于申诫罚,其目的是通过给予行为人告诫,使其以后不再作出违法的行为,通常用于情节较轻、危害性不大的违法行为。公安机关对当事人作出的"训诫"行为虽与警告较为接近,但性质不同。训诫本义指教导和劝诫,对照本法第2条关于行政处罚的定义,其不属于刑罚、行政处罚或行政强制措施,一般不应理解为行政处罚。

2. 通报批评主要表现为行政机关在一定范围内对违法行为人的违法事实予以公布,借此既制裁和教育违法者,又广泛教育他人。警告和通报批评通常都适用于违法程度轻微、社会危害性不大的行为。两者的主要区别在于,警告通常只针对个人作出,知晓范围也限于当事人本人或限定范围的人员,采取的是"点对点"的方式,而通报批评需要具备一定的公开性,其知晓范围明显大于警告,采取的是"点对面"的方式。

3. 罚款指行政机关责令有违法行为的公民、法人或其他组织在一定期限内缴纳一定数量货币的处罚行为。罚款、没收违法所得、没收非法财物属于传统财产罚。

4. 没收违法所得与没收非法财物指国家行政机关将违法所得与非法财物收归国有的行政处罚,具有强制性与无偿性的特征。根据本法第28条第2款,违法所得,是指实施违法行为所取得的款项,也就是特指金钱。根据本法第74条第1款,依法没收的非法财物必须按照国家规定公开拍卖或者按照国家有关规定处理。因此,非法财物一般指金钱以外的财产,在没收时需通过拍卖等方式转化为款项。

5. 暂扣许可证件、降低资质等级、吊销许可证件属于资格罚,指行政机关对有违法行为的公民、法人或其他组织,通过暂扣许可证件、吊销许可证件、降低资质等级的方式暂时剥夺或永久剥夺其从事生产或经营权利的行政处罚。

6. 限制开展生产经营活动、责令停产停业、责令关闭、限制从业属于行为罚,指行政机关对违反法律、法规的当事人,在一定期限内或者永久剥夺其从事某项生产经营活动权利的行政处罚。

"责令关闭"是较为严厉的一种行政处罚，与责令停产停业不同，责令停产停业通常附有期限要求，受处罚人在一定期限内纠正了违法行为，就可以恢复生产和经营；责令关闭否定了公民、法人或其他组织生产经营行为的存续，并无期限限制。责令关闭与吊销许可证件的关系在于，责令关闭是针对生产经营的事实状态，吊销许可证件是针对可以开展生产经营的法律前提要件。

"限制开展生产经营活动"相对于责令停产停业而言，处罚力度更小，限制开展生产经营活动是在原有生产经营范围的基础上加以控制或缩减，但生产经营活动并不停止，而责令停产停业则意味着生产经营活动处于全面暂停的状态。

"限制从业"多发生在对行业准入有特定要求的专业领域内，如《食品安全法》第135条第1款规定，被吊销许可证的食品生产经营者及其法定代表人、直接负责的主管人员和其他直接责任人员自处罚决定作出之日起5年内不得申请食品生产经营许可，或者从事食品生产经营管理工作、担任食品生产经营企业食品安全管理人员。

7. "行政拘留"是指法定的行政机关依法对违反行政法律规范的人，在短期内限制其人身自由的一种行政处罚。行政拘留是行政处罚中最严厉的处罚，只有公安机关和法律规定的其他机关有权作为实施主体。行政拘留不同于刑事拘留，前者是特定行政机关依据行政管理法律对违反行政法律规范的公民所实施的一种惩戒措施，而后者则是公安机关依据《刑事诉讼法》，对应当逮捕的现行犯或重大犯罪嫌疑分子实施的一种强制措施。另外，行政拘留的期限也不同于刑事拘留的期限。

8. 法律、行政法规规定的其他行政处罚。这一规定主要有两个目的：一是现行法律、行政法规对行政处罚其他种类的规定仍然保留、有效；二是以后的法律、行政法规还可以在《行政处罚法》规定的处罚种类之外设定其他处罚种类。

**应用**

**7. 行政许可证件有哪些形式**

根据《行政许可法》第39条的规定，行政许可证件包括：（1）许可证、执照或者其他许可证书；（2）资格证、资质证或者其他合格证书；（3）行政机关的批准文件或者证明文件；（4）法律、法规规定的其他行政许可证件。

### 8. 责令限期拆除是否属于行政处罚

根据《行政处罚法》第28条关于"行政机关实施行政处罚时，应当责令当事人改正或者限期改正违法行为"的规定，"责令限期拆除"不应当理解为行政处罚行为。

### 9. 金融机构工作人员被处"在一定期限内直至终身不得从事某项工作"，是否属于行政处罚

根据《金融违法行为处罚办法》第3条的规定，"金融机构的工作人员依照本办法受到开除的纪律处分的，终身不得在金融机构工作，由中国人民银行通知各金融机构不得任用，并在全国性报纸上公告。金融机构的高级管理人员依照本办法受到撤职的纪律处分的，由中国人民银行决定在一定期限内直至终身不得在任何金融机构担任高级管理职务或者与原职务相当的职务，通知各金融机构不得任用，并在全国性报纸上公告"。因此，金融机构工作人员被处"在一定期限内直至终身不得从事某项工作"属于纪律处分，不属于行政处罚。

### 10. 收缴是否属于行政处罚

收缴是一种行政命令，具体适用条件包括：一是适用对象是行为人的违法行为，如违法携带违禁书刊入境；二是适用前提是行政机关依法不予行政处罚，如行为人不具有责任能力；三是性质具有处分性，不是行政强制措施；四是具有独立性，不存在现行行政决定，不是行政强制执行；五是不产生补偿的法律后果，不是行政征收。收缴原则上不属于行政处罚，是行政机关对违法行为在依法不予行政处罚的情形下采取的处置措施。收缴不以责任能力、责任条件为条件。

### 11. 责令赔偿、责令恢复原状是否属于行政处罚

责令赔偿、责令恢复原状不是行政处罚，这主要是因为排除妨碍、损害赔偿并没有增加违法行为人"新"的不利义务，而只是要求其恢复原状到违法行为没有发生的状态，不具有制裁性，不是行政处罚。

### 配套

《治安管理处罚法》第10条；《道路交通安全法》第88、89条；《国务院法制办公室对中国人民银行关于〈金融违法行为处罚办法〉有关问题的请示的复函》；《国务院法制办公室关于"责令限期拆除"是否是行政处罚行

为的答复》;《中国银保监会行政处罚办法》第3条;《教育行政处罚暂行实施办法》第9条;《著作权行政处罚实施办法》第4条;《安全生产违法行为行政处罚办法》第5条;《对违法排污行为适用行政拘留处罚问题的意见》

**第十条 【法律的行政处罚设定权】**法律可以设定各种行政处罚。

限制人身自由的行政处罚,只能由法律设定。

注解

本条是关于法律对行政处罚设定权限的规定,"设定"即从无到有地创设。行政处罚的设定权,是指国家机关依照职权和实际需要,在有关法律、法规或者规章中,自行设定行政处罚的权力。

配套

《立法法》第11条

**第十一条 【行政法规的行政处罚设定权】**行政法规可以设定除限制人身自由以外的行政处罚。

法律对违法行为已经作出行政处罚规定,行政法规需要作出具体规定的,必须在法律规定的给予行政处罚的行为、种类和幅度的范围内规定。

法律对违法行为未作出行政处罚规定,行政法规为实施法律,可以补充设定行政处罚。拟补充设定行政处罚的,应当通过听证会、论证会等形式广泛听取意见,并向制定机关作出书面说明。行政法规报送备案时,应当说明补充设定行政处罚的情况。

注解

本条是关于行政法规对行政处罚设定权限的规定。理解本条需要区别"设定""规定""补充设定"三者的含义。

第一,关于设定权。"设定"即为创设,强调行政处罚的从无到有。根据本条第1款规定,限制人身自由的行政处罚由法律排他性设定,行政法规可以设定除此之外的其他所有行政处罚。

第二,关于规定权。"规定"即在已有行政处罚的基础上加以具体化,需要遵守一定的条件和要求。本条第2款规定,对于法律已有规定的,如果有需要,行政法规可以在此基础上作出更为细化而具体的规定。需要注意,后者的具体化不能超出法律已设定的行政处罚的行为、种类和幅度。

第三,关于补充设定权。本条第3款明确在法律空白时,为实施法律,行政法规可以补充设定行政处罚,并且对设定及备案程序作出了具体规定。补充设定权的行使,以"法律对违法行为未作出行政处罚规定"为前提,以实施法律为目的,以通过广泛听取意见并向制定机关作出书面说明为手段,以备案说明补充设定行政处罚的情况为补充。

**配 套**

《立法法》第12条

**第十二条 【地方性法规的行政处罚设定权】**地方性法规可以设定除限制人身自由、吊销营业执照以外的行政处罚。

法律、行政法规对违法行为已经作出行政处罚规定,地方性法规需要作出具体规定的,必须在法律、行政法规规定的给予行政处罚的行为、种类和幅度的范围内规定。

法律、行政法规对违法行为未作出行政处罚规定,地方性法规为实施法律、行政法规,可以补充设定行政处罚。拟补充设定行政处罚的,应当通过听证会、论证会等形式广泛听取意见,并向制定机关作出书面说明。地方性法规报送备案时,应当说明补充设定行政处罚的情况。

**注 解**

本条是关于地方性法规对行政处罚设定权限的规定。《立法法》第80条规定,省、自治区、直辖市的人民代表大会及其常务委员会根据本行政区域的具体情况和实际需要,在不同宪法、法律、行政法规相抵触的前提下,可以制定地方性法规。第81条规定,设区的市的人民代表大会及其常务委员会根据本市的具体情况和实际需要,在不同宪法、法律、行政法规和本省、自治区的地方性法规相抵触的前提下,可以对城乡建设与管理、生态文明建设、历史文化保护、基层治理等方面的事项制定地方性法规，法律对设区的市制定地方性法规的事项另有规定的，从其规定。设区的市的地方性法规须报省、自治区的人民代表大会常务委员会批准后施行。

地方性法规不得超越法律、行政法规规定的行政处罚行为、种类和幅度规定行政处罚。这里的"不得超越"实质是"不抵触"，具体是指法律、行政法规已经对应受行政处罚的行为作出明确规定的，地方性法规不得在此之外再增加新的应受行政处罚的行为。法律、行政法规已经对某一应受行政处罚行为设定了几种处罚种类的，地方性法规不得在此之外增加或者变相增加其他处罚种类，如法律只规定了警告、责令拆除，地方性法规就不能增加罚款。法律、行政法规对行政处罚的幅度已有明确规定的，地方性法规只能在规定的行政处罚幅度内作出规定，而不能设定超过或者以其他方式的规定改变处罚幅度。比如，法律规定对某一行为处以10000元以上20000元以下的罚款，地方性法规就不得改变这个幅度，规定处5000元以上25000元以下的罚款。

本条第3款规定了地方性法规的补充设定权。在法律和行政法规已有考虑但仍存在漏洞的情况下，地方性法规可以对法律、行政法规进行补充。地方性法规补充设定权的行使，以法律、行政法规对违法行为未作出行政处罚规定为前提，以实施法律、行政法规为目的，以通过广泛听取意见并向制定机关作出书面说明为手段，以备案说明补充设定行政处罚的情况为补充。

**应用**

**12. 地方性法规应如何设置行政处罚的幅度？在经济欠发达地区，地方性法规能否降低法律、行政法规规定的处罚下限**

地方性法规规定行政处罚的幅度时，可以在法律、行政法规规定的行政处罚的幅度内提高下限或者降低上限，但不得突破行政处罚的幅度，降低下限或者提高上限。

《行政处罚法》第66条第2款规定："当事人确有经济困难，需要延期或者分期缴纳罚款的，经当事人申请和行政机关批准，可以暂缓或者分期缴纳。"按照这一规定，经济确有困难的当事人可以延期或者分期缴纳罚款。

### 13. 单行条例能否设定行政处罚

自治区制定的地方性法规可以设定行政处罚，自治区制定的自治条例、单行条例也可以设定行政处罚。但自治州、自治县制定的自治条例、单行条例不能设定行政处罚。自治州、自治县对行政管理事项确需设定行政处罚的，可由地方性法规予以规定。另外需注意的是，自治条例和单行条例一律不能设定行政许可。

### 14. 地方性法规对应该安装防雷装置而不安装，无资质从事防雷工程设计、施工、检测，防雷工程未经审查进行施工，防雷工程未经验收投入使用以及拒不接受防雷装置检测等行为能否设定罚款

《气象法》第37条只对安装不符合使用要求的雷电灾害防护装置的行为设置了警告处罚，没有设置罚款，对上述行为也没有作出规定。《行政处罚法》第12条第2款规定："法律、行政法规对违法行为已经作出行政处罚规定，地方性法规需要作出具体规定的，必须在法律、行政法规规定的给予行政处罚的行为、种类和幅度的范围内规定。"根据这一规定，地方性法规在对法律规定的行政处罚予以具体化时，应当在法律规定的行为、种类和幅度范围内作出规定，不能增加新的行为和种类。上述列举的行为如果是对《气象法》第37条的具体化，则只能规定警告的行政处罚；如果有的行为需要予以行政处罚的，可以依据有关法律、法规的规定给予处罚。

### 15. 地方性法规对于"在施工中发现古文化遗址、古墓葬等珍贵文物后拒绝文物部门介入，强行施工造成珍贵文物毁损"的行为，能否设定行政处罚

《文物保护法》第64条中规定，故意或者过失损毁国家保护的珍贵文物，盗窃、哄抢、私分或者非法侵占国有文物，构成犯罪的，依法追究刑事责任。《治安管理处罚法》第63条第2项规定，违反国家规定，在文物保护单位附近进行爆破、挖掘等活动，危及文物安全的，可以依法给予治安管理处罚。根据这些规定，在施工中发现古文化遗址、古墓葬等珍贵文物后拒绝文物部门介入，强行施工造成珍贵文物毁损的，可以依法给予治安管理处罚，构成犯罪的，依法追究刑事责任。地方性法规可以在此基础上作出具体规定。

### 16. 地方性法规对于"盐业公司之外的其他企业购买经营工业用盐"的行为，能否设定行政处罚

盐资源作为关系国计民生的重要物资，盐业行政主管部门应当依法依规

对相关生产、经营活动进行监管,深化"放管服"改革,满足市场和企业发展需求。《盐业管理条例》(后被《食盐专营办法》废止)作为规范盐业管理领域的行政法规,对违反该条例的行为设定了相应的行政处罚,但对盐业公司之外的其他企业购买经营工业用盐的行为没有设定行政处罚,地方性法规不能对该行为设定行政处罚,盐业行政主管部门不能超出《盐业管理条例》规定的给予行政处罚行为的范围作出行政处罚决定。(2020年7月27日最高人民法院发布产权保护行政诉讼典型案例之六)

### 配 套

《立法法》第82条;《国务院法制办公室对〈关于请明确对未取得出租车客运经营许可擅自从事经营活动实施行政处罚法律依据的函〉的复函》

**第十三条 【国务院部门规章的行政处罚设定权】**国务院部门规章可以在法律、行政法规规定的给予行政处罚的行为、种类和幅度的范围内作出具体规定。

尚未制定法律、行政法规的,国务院部门规章对违反行政管理秩序的行为,可以设定警告、通报批评或者一定数额罚款的行政处罚。罚款的限额由国务院规定。

### 注 解

《立法法》第91条第1款规定,国务院各部、委员会、中国人民银行、审计署和具有行政管理职能的直属机构以及法律规定的机构,可以根据法律和国务院的行政法规、决定、命令,在本部门的权限范围内,制定规章。根据该规定,国务院各部委及具有行政管理职能的直属机构均可以制定规章。国务院部门规章设定行政处罚可以分为两种情况:第一,法律、行政法规规定了行政处罚,规章可以在法律、法规规定的给予行政处罚的行为、种类和幅度范围内作出具体的规定,这也是本条第1款的规定。但本条第1款并不是指规章可以设定一项新的行政处罚,而是指规章可以在上位法规定的范围内作出更为具体的规定。也就是说,如果上位法规定了某一行为可以处以相应的处罚,那么规章可以根据这一行为的轻重情节,在处罚种类和幅度范围内作出更为具体、详细的规定,这是对于上位法规定的细化。第二,法律、行政法规尚未规定行政处罚的,规章可以对违反行政管理秩序的行为设定警告、通报批评或者一定数额罚款的行政处罚。规章设定行政处罚的行为范围并没有特别限制，也就是说，规章可以就所有类型的行为设定相应的处罚。规章设定行政处罚的种类范围限于"警告、通报批评或者一定数额罚款的行政处罚"，同时罚款的数额应符合国务院的规定。

法律可以设定各种行政处罚，行政法规可以设定除限制人身自由以外的行政处罚，地方性法规可以设定除限制人身自由、吊销营业执照以外的行政处罚，与法律、法规相比，规章设定行政处罚的种类范围更为狭小，仅能设定警告、通报批评和一定数额的罚款。

**应用**

### 17. 部门规章设定罚款的限额是多少

根据《行政处罚法》规定，尚未制定法律、行政法规的，国务院部门规章对违反行政管理秩序的行为，可以按照国务院规定的限额设定一定数额的罚款。部门规章设定罚款，要坚持过罚相当，罚款数要与违法行为的事实、性质、情节以及社会危害程度相当，该严的要严，该轻的要轻。法律、行政法规对违法行为已经作出罚款规定的，部门规章必须在法律、行政法规规定的给予行政处罚的行为、种类和幅度的范围内作出规定。尚未制定法律、行政法规，因行政管理迫切需要依法先以部门规章设定罚款的，设定的罚款数额最高不得超过10万元，且不得超过法律、行政法规对相似违法行为的罚款数额，涉及公民生命健康安全、金融安全且有危害后果的，设定的罚款数额最高不得超过20万元；超过上述限额的，要报国务院批准。

### 18. 部门规章与地方性法规规定的处罚幅度不一致的，如何适用

《行政诉讼法》第63条规定，人民法院审理行政案件，以法律和行政法规、地方性法规为依据。地方性法规适用于本行政区域内发生的行政案件。人民法院审理行政案件，参照规章。《立法法》第106条第1款第2项规定，地方性法规与部门规章之间对同一事项的规定不一致，不能确定如何适用时，由国务院提出意见，国务院认为应当适用地方性法规的，应当决定在该地方适用地方性法规的规定；认为应当适用部门规章的，应当提请全国人民代表大会常务委员会裁决。

根据上述规定，地方性法规与国务院部门规章对同一事项规定不一致，人民法院认为应当适用地方性法规的，可以适用地方性法规的规定；认为不

能确定如何适用时，可以依照《立法法》第106条第1款第2项的规定办理。

19. 对用人单位无理阻挠劳动保障行政部门及其工作人员行使监督检查权应按什么标准进行罚款

《社会保险费征缴监督检查办法》规定，对缴费单位有阻挠劳动保障监察人员依法行使监察职权，拒绝检查的，应当给予警告，并可以处以10000元以下的罚款。

### 配套

《立法法》第91条；《国务院关于进一步贯彻实施〈中华人民共和国行政处罚法〉的通知》

**第十四条　【地方政府规章的行政处罚设定权】** 地方政府规章可以在法律、法规规定的给予行政处罚的行为、种类和幅度的范围内作出具体规定。

尚未制定法律、法规的，地方政府规章对违反行政管理秩序的行为，可以设定警告、通报批评或者一定数额罚款的行政处罚。罚款的限额由省、自治区、直辖市人民代表大会常务委员会规定。

### 注解

规章除了国务院部门规章之外，还有地方政府规章。省、自治区、直辖市和设区的市、自治州的人民政府，可以根据法律、行政法规和本省、自治区、直辖市的地方性法规，制定规章。地方政府规章有行政处罚规定权，但必须在上位法规定的"行为、种类和幅度"范围内。

### 应用

20. 较大的市能否对违反《道路交通安全法》的行为制定罚款的具体执行标准

《道路交通安全法》对违反该法的行为规定了罚款幅度，对于各地具体的执行标准，在制定《道路交通安全法》时，考虑到各省、自治区、直辖市经济社会发展不平衡等实际情况，该法第123条规定："省、自治区、直辖市人民代表大会常务委员会可以根据本地区的实际情况，在本法规定的罚款幅度内，规定具体的执行标准。"在一个省、自治区的范围内，以制定统一的具体执行标准为宜，较大的市不应单独制定罚款的具体执行标准。

21. 地方政府规章能否就盐业公司之外的其他企业经营盐的批发业务设定行政处罚

（1）盐业管理的法律、行政法规没有设定工业盐准运证的行政许可，地方性法规或者地方政府规章不能设定工业盐准运证这一新的行政许可。（2）盐业管理的法律、行政法规对盐业公司之外的其他企业经营盐的批发业务没有设定行政处罚，地方政府规章不能对该行为设定行政处罚。（3）地方政府规章违反法律规定设定许可、处罚的，人民法院在行政审判中不予适用。[2012年4月9日最高人民法院发布的第二批指导性案例：鲁潍（福建）盐业进出口有限公司苏州分公司诉江苏省苏州市盐务管理局盐业行政处罚案]

### 配 套

《立法法》第82条

**第十五条　【行政处罚的立法后评估】** 国务院部门和省、自治区、直辖市人民政府及其有关部门应当定期组织评估行政处罚的实施情况和必要性，对不适当的行政处罚事项及种类、罚款数额等，应当提出修改或者废止的建议。

### 注 解

本条规定设立了行政处罚立法后的评估机制。立法后评估是对实施一段时间的法律制度进行评估，对法律制度的科学性、法律规定的可操作性、法律执行的有效性等作出客观评价，为修改完善法律、改进立法工作提供参考依据，促进法律制度的有效实施。本条规定重在对行政处罚的实施过程进行跟踪评价，发现不恰当的行政处罚相关规定并及时修正。根据《行政处罚法》的规定，不仅法律、行政法规可以设定行政处罚，地方性法规、国务院部门规章、地方政府规章均可以在一定范围内设定行政处罚，设定行政处罚的机关范围广，层级也各不相同。行政处罚会对公民、法人或者其他组织的权益造成严重不利的影响，在设定行政处罚前需要对其科学性、必要性、合理性作严密论证，在设定之后仍需要对实施过程中反映出的问题加以收集、研判，对于其中不适当的规定应当通过法定程序予以修改或废止。因此，本条规定对于完善行政处罚立法的整体制度、推动行政处罚立法更适应社会现实发展具有重要的意义。

**配套**

《立法法》第 67 条

**第十六条　【其他规范性文件禁止设定行政处罚】** 除法律、法规、规章外，其他规范性文件不得设定行政处罚。

**注解**

本条所指的"规范性文件"是指效力层级在规章之下的规范性文件。《国务院办公厅关于加强行政规范性文件制定和监督管理工作的通知》（国办发〔2018〕37号）阐释了规范性文件的含义：行政规范性文件是除国务院的行政法规、决定、命令以及部门规章和地方政府规章外，由行政机关或者经法律、法规授权的具有管理公共事务职能的组织依照法定权限、程序制定并公开发布，涉及公民、法人和其他组织权利义务，具有普遍约束力，在一定期限内反复适用的公文。规范性文件应当具备如下特征：第一，由特定主体发布。第二，具有普遍约束力。第三，可以反复适用。第四，内容涉及公民、法人和其他组织的权利义务。

法律、法规或者规章以外的规范性文件，虽然不能设定行政处罚，但可以在上一层级法律规范赋予的自由裁量权范围内，对行政处罚的种类、幅度作出具体的规定。

# 第三章　行政处罚的实施机关

**第十七条　【行政处罚的实施】** 行政处罚由具有行政处罚权的行政机关在法定职权范围内实施。

**注解**

行政机关并非都具有行政处罚权。行政机关作为国家机关的一种，是由国家依法设立并代表国家依法行使行政权，掌管国家行政事务的机关，它们都具有法定的行政权力，但作为行政处罚主体的，只能是那些具有外部管理职能的行政机关。没有外部管理职能的内部行政机关，如机关事务管理部门、人事部门、决策咨询机构、内部协调机构等不能作为行政处罚的主体。

违反行政管理秩序的行为只能由主管行政机关依职权给予行政处罚，行政机关对自己职权范围外的违法行为没有行政处罚权。例如，行政拘留只能由公安机关行使，公安机关以外的其他行政机关不得作为实施行政拘留的处罚主体。

【应用】

22. 风景名胜区设立的管理机构能否实施行政处罚

根据《风景名胜区条例》的规定，风景名胜区所在地县级以上地方人民政府可以在风景名胜区设立管理机构并实施行政处罚。当地人民政府在当地风景名胜区设立管理机构（如××风景区管理委员会），依照《风景名胜区条例》的规定实施行政处罚，符合《行政处罚法》第17条关于"行政处罚由具有行政处罚权的行政机关在法定职权范围内实施"的规定。

23. 对擅自设立互联网上网服务营业场所或者擅自从事互联网上网服务经营活动的行为，应由哪个机关实施处罚

根据《互联网上网服务营业场所管理条例》第27条的规定，擅自从事互联网上网服务经营活动的，由文化行政部门或者由文化行政部门会同公安机关依法予以取缔，查封其从事违法经营活动的场所，扣押从事违法经营活动的专用工具、设备。尚不够刑事处罚的，由文化行政部门给予没收违法所得和从事违法经营活动的专用工具、设备以及罚款的处罚。

【配套】

《风景名胜区条例》第40—46条；《国务院法制办公室对〈文化部关于提请就执行《互联网上网服务营业场所管理条例》有关问题进行解释的函〉的复函》；《国务院法制办公室对河南省人民政府法制办公室〈关于转呈郑州市《关于确认查处经营发行非法音像制品案件执法主体的请示》的函〉的复函》；《关于确定地质矿产主管部门行政处罚权限的通知》

**第十八条　【特殊类型的行政处罚实施机关】国家在城市管理、市场监管、生态环境、文化市场、交通运输、应急管理、农业等领域推行建立综合行政执法制度，相对集中行政处罚权。**

国务院或者省、自治区、直辖市人民政府可以决定一个行政机关行使有关行政机关的行政处罚权。

限制人身自由的行政处罚权只能由公安机关和法律规定的其他机关行使。

### 注解

本条首次在立法上确认了"综合行政执法"制度。原则上，行政处罚由具有行政处罚权的行政机关在法定职权范围内实施，但是为了解决多头执法、职权交叉重叠和行政执法机构膨胀等问题，在一定条件下一个行政机关可以行使有关行政机关的行政处罚权。按照本条的规定，建立综合行政执法制度，相对集中行政处罚权应当符合以下条件：一是行政处罚权的集中调配只能由国务院或者省、自治区、直辖市人民政府决定，其他任何组织和个人均不得调配行政处罚权；二是一个行政机关行使另一个行政机关的行政处罚权，这两个行政机关之间的职权应相互接近或者具有相互关联性；三是限制人身自由的行政处罚权只能由公安机关和法律规定的其他机关行使。

### 配套

《行政强制法》第17条；《国务院办公厅关于继续做好相对集中行政处罚权试点工作的通知》；《国务院关于进一步推进相对集中行政处罚权工作的决定》

**第十九条 【授权实施行政处罚】** 法律、法规授权的具有管理公共事务职能的组织可以在法定授权范围内实施行政处罚。

### 注解

授权实施行政处罚是指法律、法规将某些行政处罚权授予非行政机关的组织行使。一般情况下，行政处罚权只能由国家行政机关行使，非国家行政机关不得行使行政处罚权。但在法律、法规授权的情况下，非国家行政机关也能行使行政处罚权。授权主体必须是特定的国家机关，任何个人都不能作为授权主体。根据《行政处罚法》的规定，下列机关可以成为授权的主体：（1）全国人大及其常委会；（2）国务院；（3）省级地方人大及其常委会。当然，不同的授权主体各自的授权范围和授权内容是有明显区别的。授权必须在法律规定的范围内实施，某些专有权力不得授权。如行政拘留等限制人身自由的行政处罚只能由公安机关实施，则法律、法规不得授权给其他行政机关实施。授权应当以公开、规范的方式进行。所谓公开，是指授权的内容、范围及被授权组织的地位、作用等必须公之于众，通过内部文件方式确定授权是无效的，对相对人不具有法律拘束力。所谓规范化，是指授权的内容、范围及被授权组织的地位等事项应当是具有相当稳定性和普遍适用性的。根据《行政处罚法》的规定，授权非行政机关的组织实施行政处罚，必须以法律、行政法规或者地方性法规的方式进行，其他形式的授权是无效的。根据本条的规定，授权实施行政处罚应当符合以下条件：一是被授权的组织必须是具有管理公共事务职能的组织。不具备管理公共事务职能的组织，不得成为经法律、法规授权的行政处罚主体。二是必须经过法律、法规的授权。三是这些组织必须在法定授权范围内实施行政处罚。超出授权范围实施行政处罚属于越权行政，应认定为无效。

法律、法规授权的组织实施行政处罚，应当以自己的名义进行，并承担相应的法律责任。在行政诉讼中，应当以该组织为被告。目前，常见的法律、法规授权的具有管理公共事务职能的组织有卫生监督管理所、卫生防疫站、公积金中心、高等院校、电信企业、盐业公司等。

【应用】

24. 政府赋予行政管理职能的直属事业单位能否实施行政处罚

行政处罚原则上由具有行政处罚权的行政机关在法定职权范围内实施；行政机关以外的其他组织（包括政府直属事业单位），未经法律、法规授权，或者未经具有行政处罚权的行政机关依照法律、法规、规章的规定在其法定权限范围内委托，不得实施行政处罚。

【配套】

《国务院法制办公室对政府赋予行政管理职能的直属事业单位能否作为法定行政执法主体问题的复函》

**第二十条** 【委托实施行政处罚】行政机关依照法律、法规、规章的规定，可以在其法定权限内书面委托符合本法第二十一条规定条件的组织实施行政处罚。行政机关不得委托其他组织或者个人实施行政处罚。

委托书应当载明委托的具体事项、权限、期限等内容。委托行政机关和受委托组织应当将委托书向社会公布。

委托行政机关对受委托组织实施行政处罚的行为应当负责监督，并对该行为的后果承担法律责任。

受委托组织在委托范围内，以委托行政机关名义实施行政处罚；不得再委托其他组织或者个人实施行政处罚。

> 注解

本条是关于委托实施行政处罚的规定。行政处罚的委托，是指有行政处罚权的行政机关，依法将其部分行政处罚权委托给有关组织，由受委托的组织在委托的权限内以委托行政机关的名义实施行政处罚。委托实施行政处罚的主要特征是：被委托者以委托行政机关的名义实施行政处罚，行为的法律后果由委托行政机关承受。在引起行政复议、行政诉讼或者行政赔偿时，由委托行政机关充当被申请人、被告或者赔偿义务机关。但是，受委托组织超出委托的范围实施行政处罚，由此产生的损害赔偿责任应由受委托人承担。

委托行政机关对受委托组织实施的行政处罚行为负责指导和监督，及时纠正其执法中存在的问题。受委托组织不能正确实施行政执法，或超越委托权限范围的，委托行政机关应责令改正；情节严重的，委托行政机关可以解除委托协议。受委托组织应当向委托行政机关定期报告执法情况，并自觉接受委托组织的指导和监督。受委托行政机关的执法人员，必须经过相关法律知识培训，考试合格、取得行政执法资格者，才能上岗。

> 应用

**25. 委托实施行政处罚应当满足什么条件**

实践中，在适用本条第1款时应当注意满足以下条件：

第一，委托实施行政处罚必须具有明确的法律依据，行政机关只能依法在其法定权限内进行委托。行政处罚的委托并不同于委托一般的公共事务管理事务，它涉及被处罚人的权利义务，如果委托的行政处罚权行使不当，就会造成侵权的严重后果。因此，行政处罚的委托必须有明确的依据，即需要有法律、法规或者规章的规定，委托的主体必须是具有行政处罚权的行政机关，委托的范围只能限于委托行政机关的法定权限。行政机关可以将其权限内的行政处罚权中的某一部分委托其他组织实施，在这类委托中，行政机关委托的行政处罚权只能小于其行政处罚权，绝不能超出自己的行政处罚权，委托其他组织实施的行政处罚一般应当是较轻微的行政处罚。

第二，委托实施行政处罚必须以书面的方式，并载明委托行政处罚的具体事项、权限、期限等内容。这是对委托形式和委托书所载内容的具体要求，有利于提高委托实施行政处罚案件的质量，预防和减少行政机关在行政处罚方面滥用行政委托。行政机关委托实施行政处罚，应当以必要为前提，委托机关和接受委托的组织对待委托处罚职权都应更加审慎、严谨、细致。

第三，受委托实施行政处罚的主体必须是依法成立的具有管理公共事务职能的组织，且符合法定的其他条件。行政机关不得委托其他组织或者个人实施行政处罚。在行政机关委托的处罚权限或范围之外，受委托的主体发现当事人违反应当由行政机关实施行政处罚的违法行为，只能向行政机关报告，由行政机关来实施行政处罚，否则该行政处罚将因实施主体不合法而无效。

**26. 县级以上人民政府能否委托事业组织实施行政处罚**

县级以上人民政府依照法律、法规或者规章的规定，可以委托符合法定条件的事业组织实施行政处罚，受委托组织在委托范围内，以委托的县级以上人民政府的名义实施行政处罚。

**配套**

《国务院法制办公室对西宁市人民政府法制办公室〈关于将城市园林、市容卫生、城市建设等行政主管部门的处罚权委托依法成立的城市广场管理事业组织问题的请示〉的答复》

## 第二十一条 【受委托组织的条件】受委托组织必须符合以下条件：

（一）依法成立并具有管理公共事务职能；

（二）有熟悉有关法律、法规、规章和业务并取得行政执法资格的工作人员；

（三）需要进行技术检查或者技术鉴定的，应当有条件组织进行相应的技术检查或者技术鉴定。

> 注 解

行政执法资格是从事行政执法活动人员应当具备的基本要件,是从事行政执法活动的前提和基础。确立行政执法人员资格制度的目的是通过设立执法准入门槛,增强行政执法的严肃性,规范行政执法行为,提高执法水平和质量,达到依法行政的目的。

> 应 用

**27. 受委托组织的资格要件有哪些**

第一,受委托组织主体的公共性要求。受委托组织必须是依法成立的具有管理公共事务职能的组织。非行政机关组织的种类很多,从事活动的内容和目的也不大相同。一般具有管理公共事务职能的组织,一是具有管理某类公共事务的能力;二是内部有完整的监督机制,能够正确执行法律、法规、规章的规定。

第二,受委托组织工作人员资格条件的要求。受委托组织必须具有熟悉有关法律、法规、规章和业务并取得行政执法资格的工作人员。行政处罚是一项严肃的执法工作,执法人员必须熟悉有关的法律、法规、规章,具有较强的专业知识,方能严谨有效地实施行政处罚。

第三,受委托组织技术条件的要求。受委托组织应当具有相应的技术检查或技术鉴定的条件,即必须具有技术检查或技术鉴定的设备和水平等,这是对受委托组织的技术条件的要求。

> 配 套

《民用航空行政处罚实施办法》第11—18条;《水行政处罚实施办法》第6—9条

# 第四章 行政处罚的管辖和适用

**第二十二条 【行政处罚的管辖】** 行政处罚由违法行为发生地的行政机关管辖。法律、行政法规、部门规章另有规定的,从其规定。

> 注 解

本条是关于行政处罚地域管辖的规定。所谓行政处罚的地域管辖,是指同级但不同地域的行政机关之间受理行政处罚案件的分工及权限。根据本条的规定，我国的行政处罚实际上确立了以违法行为发生地的行政机关管辖为一般原则，根据法律、行政法规、部门规章的特别规定为例外的管辖制度。行为人实施了行政违法行为，在其实施过程中任何一个阶段被发现，该地方都可以成为违法行为发生地。违法行为发生地可以包括违法行为实施地和违法行为结果发生地。如制造、运输、销售假药涉及多个地方的，每个地方相应的行政机关都拥有地域管辖权。

**应用**

28. 如何确定海关行政处罚的管辖机关

海关行政处罚由发现违法行为的海关管辖，也可以由违法行为发生地海关管辖。两个以上海关都有管辖权的案件，由最先发现违法行为的海关管辖。管辖不明确的案件，由有关海关协商确定管辖，协商不成的，报请共同的上级海关指定管辖。重大、复杂的案件，可以由海关总署指定管辖。

海关发现的依法应当由其他行政机关处理的违法行为，应当移送有关行政机关处理；违法行为涉嫌犯罪的，应当移送海关侦查走私犯罪公安机构、地方公安机关依法办理。

29. 如何确定教育行政处罚的管辖机关

（1）教育行政处罚由违法行为发生地的教育行政部门管辖。

（2）对给予撤销学校或者其他教育机构处罚的案件，由批准该学校或者其他教育机构设立的教育行政部门管辖。

（3）国务院教育行政部门管辖以下处罚案件：应当由其撤销高等学校或者其他教育机构的案件；应当由其撤销教师资格的案件；全国重大、复杂的案件以及教育法律、法规规定由其管辖的处罚案件。

（4）除国务院教育行政部门管辖的处罚案件外，对其他各级各类学校或者其他教育机构及其内部人员处罚案件的管辖为：①对高等学校或者其他高等教育机构及其内部人员的处罚，为省级人民政府教育行政部门；②对中等学校或者其他中等教育机构及其内部人员的处罚，为省级或地、设区的市级人民政府教育行政部门；③对实施初级中等以下义务教育的学校或者其他教育机构、幼儿园及其内部人员的处罚，为县、区级人民政府教育行政部门。

## 30. 对道路交通安全违法行为的处罚，如何确定管辖

（1）交通警察执勤执法中发现的违法行为由违法行为发生地的公安机关交通管理部门管辖。

（2）违法行为人可以在违法行为发生地、机动车登记地或者其他任意地公安机关交通管理部门处理交通技术监控设备记录的违法行为。违法行为人在违法行为发生地以外的地方（以下简称处理地）处理交通技术监控设备记录的违法行为的，处理地公安机关交通管理部门可以协助违法行为发生地公安机关交通管理部门调查违法事实、代为送达法律文书、代为履行处罚告知程序，由违法行为发生地公安机关交通管理部门按照发生地标准作出处罚决定。

（3）对违法行为人处以警告、罚款或者暂扣机动车驾驶证处罚的，由县级以上公安机关交通管理部门作出处罚决定。

（4）对违法行为人处以吊销机动车驾驶证处罚的，由设区的市公安机关交通管理部门作出处罚决定。

（5）对违法行为人处以行政拘留的，由县、市公安局、公安分局或者相当于县一级的公安机关作出处罚决定。

## 31. 如何确定生态环境行政处罚的管辖机关

（1）生态环境行政处罚由违法行为发生地的具有行政处罚权的生态环境主管部门管辖。法律、行政法规另有规定的，从其规定。

（2）两个以上生态环境主管部门都有管辖权的，由最先立案的生态环境主管部门管辖。

对管辖发生争议的，应当协商解决，协商不成的，报请共同的上一级生态环境主管部门指定管辖；也可以直接由共同的上一级生态环境主管部门指定管辖。

（3）下级生态环境主管部门认为其管辖的案件重大、疑难或者实施处罚有困难的，可以报请上一级生态环境主管部门指定管辖。

上一级生态环境主管部门认为确有必要的，经通知下级生态环境主管部门和当事人，可以对下级生态环境主管部门管辖的案件直接管辖，或者指定其他有管辖权的生态环境主管部门管辖。

上级生态环境主管部门可以将其管辖的案件交由有管辖权的下级生态环境主管部门实施行政处罚。

（4）对不属于本机关管辖的案件，生态环境主管部门应当移送有管辖权

的生态环境主管部门处理。

受移送的生态环境主管部门对管辖权有异议的，应当报请共同的上一级生态环境主管部门指定管辖，不得再自行移送。

（5）生态环境主管部门发现不属于本部门管辖的案件，应当按照有关要求和时限移送有管辖权的机关处理。对涉嫌违法依法应当实施行政拘留的案件，生态环境主管部门应当移送公安机关或者海警机构。

违法行为涉嫌犯罪的，生态环境主管部门应当及时将案件移送司法机关。不得以行政处罚代替刑事处罚。

对涉嫌违法依法应当由人民政府责令停业、关闭的案件，生态环境主管部门应当报有批准权的人民政府。

### 32. 对安全生产违法行为的处罚，如何确定管辖机关

（1）安全生产违法行为的行政处罚，由安全生产违法行为发生地的县级以上安全监管监察部门管辖。中央企业及其所属企业、有关人员的安全生产违法行为的行政处罚，由安全生产违法行为发生地的设区的市级以上安全监管监察部门管辖。

（2）暂扣、吊销有关许可证和暂停、撤销有关执业资格、岗位证书的行政处罚，由发证机关决定。其中，暂扣有关许可证和暂停有关执业资格、岗位证书的期限一般不得超过6个月；法律、行政法规另有规定的，依照其规定。

（3）给予关闭的行政处罚，由县级以上安全监管监察部门报请县级以上人民政府按照国务院规定的权限决定。

（4）给予拘留的行政处罚，由县级以上安全监管监察部门建议公安机关依照《治安管理处罚法》的规定决定。

（5）两个以上安全监管监察部门因行政处罚管辖权发生争议的，由其共同的上一级安全监管监察部门指定管辖。

（6）上级安全监管监察部门可以直接查处下级安全监管监察部门管辖的案件，也可以将自己管辖的案件交由下级安全监管监察部门管辖。下级安全监管监察部门可以将重大、疑难案件报请上级安全监管监察部门管辖。

### 33. 如何确定市场监督管理行政处罚的管辖机关

（1）行政处罚由违法行为发生地的县级以上市场监督管理部门管辖。法律、行政法规、部门规章另有规定的，从其规定。

（2）县级、设区的市级市场监督管理部门依职权管辖本辖区内发生的行

政处罚案件，法律、法规、规章规定由省级以上市场监督管理部门管辖的，从其规定。

（3）市场监督管理部门派出机构在本部门确定的权限范围内以本部门的名义实施行政处罚，法律、法规授权以派出机构名义实施行政处罚的除外。

县级以上市场监督管理部门可以在法定权限内书面委托符合《行政处罚法》规定条件的组织实施行政处罚。受委托组织在委托范围内，以委托行政机关名义实施行政处罚；不得再委托其他任何组织或者个人实施行政处罚。

（4）网络交易平台经营者和通过自建网站、其他网络服务销售商品或者提供服务的网络交易经营者的违法行为由其住所地县级以上市场监督管理部门管辖。

平台内经营者的违法行为由其实际经营地县级以上市场监督管理部门管辖。网络交易平台经营者住所地县级以上市场监督管理部门先行发现违法线索或者收到投诉、举报的，也可以进行管辖。

（5）对利用广播、电影、电视、报纸、期刊、互联网等大众传播媒介发布违法广告的行为实施行政处罚，由广告发布者所在地市场监督管理部门管辖。广告发布者所在地市场监督管理部门管辖异地广告主、广告经营者有困难的，可以将广告主、广告经营者的违法情况移送广告主、广告经营者所在地市场监督管理部门处理。

对于互联网广告违法行为，广告主所在地、广告经营者所在地市场监督管理部门先行发现违法线索或者收到投诉、举报的，也可以进行管辖。

对广告主自行发布违法互联网广告的行为实施行政处罚，由广告主所在地市场监督管理部门管辖。

（6）对当事人的同一违法行为，两个以上市场监督管理部门都有管辖权的，由最先立案的市场监督管理部门管辖。

（7）两个以上市场监督管理部门因管辖权发生争议的，应当自发生争议之日起7个工作日内协商解决，协商不成的，报请共同的上一级市场监督管理部门指定管辖；也可以直接由共同的上一级市场监督管理部门指定管辖。

（8）市场监督管理部门发现立案查处的案件不属于本部门管辖的，应当将案件移送有管辖权的市场监督管理部门。受移送的市场监督管理部门对管辖权有异议的，应当报请共同的上一级市场监督管理部门指定管辖，不得再自行移送。

(9) 上级市场监督管理部门认为必要时,可以将本部门管辖的案件交由下级市场监督管理部门管辖。法律、法规、规章明确规定案件应当由上级市场监督管理部门管辖的,上级市场监督管理部门不得将案件交由下级市场监督管理部门管辖。

上级市场监督管理部门认为必要时,可以直接查处下级市场监督管理部门管辖的案件,也可以将下级市场监督管理部门管辖的案件指定其他下级市场监督管理部门管辖。下级市场监督管理部门认为依法由其管辖的案件存在特殊原因,难以办理的,可以报请上一级市场监督管理部门管辖或者指定管辖。

(10) 报请上一级市场监督管理部门管辖或者指定管辖的,上一级市场监督管理部门应当在收到报送材料之日起7个工作日内确定案件的管辖部门。

(11) 市场监督管理部门发现立案查处的案件属于其他行政管理部门管辖的,应当及时依法移送其他有关部门。

市场监督管理部门发现违法行为涉嫌犯罪的,应当及时将案件移送司法机关,并对涉案物品以及与案件有关的其他材料依照有关规定办理交接手续。

### 配套

《海关行政处罚实施条例》第3、4条;《教育行政处罚暂行实施办法》第5条;《道路交通安全违法行为处理程序规定》第4—6条;《生态环境行政处罚办法》第二章;《安全生产违法行为行政处罚办法》第6—10条;《市场监督管理行政处罚程序规定》第二章

**第二十三条 【县级以上政府的管辖权】** 行政处罚由县级以上地方人民政府具有行政处罚权的行政机关管辖。法律、行政法规另有规定的,从其规定。

### 注解

根据本条的规定,行政处罚由县级以上地方人民政府具有行政处罚权的行政机关管辖。如果县级以上地方人民政府以外的行政机关(如国家的各部、委、办、局)需要配置行政处罚权的,则应当通过法律、行政法规另外作出规定。比如,《反垄断法》就赋予了国务院反垄断执法机构行政处罚权。

《反垄断法》第13条第1款规定:"国务院反垄断执法机构负责反垄断统一执法工作。"第56条第1款规定:"经营者违反本法规定,达成并实施垄断协议的,由反垄断执法机构责令停止违法行为,没收违法所得,并处上一年度销售额百分之一以上百分之十以下的罚款,上一年度没有销售额的,处五百万元以下的罚款;尚未实施所达成的垄断协议的,可以处三百万元以下的罚款。经营者的法定代表人、主要负责人和直接责任人员对达成垄断协议负有个人责任的,可以处一百万元以下的罚款。"另外需注意,如果上级法律规范规定了职能管辖机关的,下级法律规范不能与其相抵触,不能改变这一规定。

### 配 套

《反垄断法》第13、56条

**第二十四条 【乡镇政府和街道办事处的管辖权】**省、自治区、直辖市根据当地实际情况,可以决定将基层管理迫切需要的县级人民政府部门的行政处罚权交由能够有效承接的乡镇人民政府、街道办事处行使,并定期组织评估。决定应当公布。

承接行政处罚权的乡镇人民政府、街道办事处应当加强执法能力建设,按照规定范围、依照法定程序实施行政处罚。

有关地方人民政府及其部门应当加强组织协调、业务指导、执法监督,建立健全行政处罚协调配合机制,完善评议、考核制度。

### 注 解

根据本条的规定,省、自治区、直辖市可以通过公开决定的形式,将基层管理迫切需要的县级人民政府部门的行政处罚权交由能够有效承接的乡镇人民政府、街道办事处行使。本条的规定一方面体现了行政执法权下移、为基层治理赋权的原则和精神,有利于解决实践中乡镇人民政府和街道办事处"事多而无权"的问题;另一方面也考虑到我国区域发展不平衡的客观现实,由省、自治区、直辖市根据当地实际情况决定是否授权以及授权的具体条件和范围等。本条的规定为推进综合行政执法改革,推进行政执法力量下沉,将行政处罚权下放到乡镇人民政府和街道办事处提供了法律依据。

省、自治区、直辖市决定将县级人民政府部门的行政处罚权交由乡镇人民政府、街道办事处行使,在法律上应当理解为行政授权而非行政委托。在法律上,行政授权和行政委托的含义与法律属性截然不同。就行政授权而言,被授权的乡镇人民政府、街道办事处具有完全的行政处罚主体资格,能够以自己的名义作出行政处罚并独立承担相应的法律后果。如果是行政委托,则乡镇人民政府、街道办事处只能以县级人民政府部门的名义行使行政处罚权,法律责任最终也由县级人民政府部门承担。

依照本条规定交由乡镇人民政府、街道办事处行使的行政处罚权,其原实施主体只能是县级政府部门,县级政府、设区的市政府部门、省级政府及其部门等实施的行政处罚权不能依据本条下放到乡镇人民政府和街道办事处。

**第二十五条 【管辖权争议】**两个以上行政机关都有管辖权的,由最先立案的行政机关管辖。

对管辖发生争议的,应当协商解决,协商不成的,报请共同的上一级行政机关指定管辖;也可以直接由共同的上一级行政机关指定管辖。

`注解`

本条进一步补充和完善了行政处罚的地域管辖及其争议的处理规则,丰富了管辖权争议的法定解决路径。即行政处罚案件由最先立案的行政机关管辖;对案件管辖发生争议的,协商解决;协商不成的,由共同的上一级行政机关指定管辖。

1. 两个以上行政机关都有管辖权的,由最先立案的行政机关管辖。所谓立案,是指具有管辖权的行政机关对有初步证据证明存在的行政违法行为,依法进行初步审查的活动,是决定行政机关是否需要采取正式调查取证并作出行政处罚决定的前提。立案作为一个法定程序,应当严格遵守法律、法规和规章的相关规定。例如,国家市场监督管理总局制定的《市场监督管理行政处罚程序规定》第19条第2款规定:"决定立案的,应当填写立案审批表,由办案机构负责人指定两名以上具有行政执法资格的办案人员负责调查处理。"立案审批在执法实践中,一般是由具体承办人员提出是否予以立案的建议,经承办部门负责人审核后,由行政机关的分管负责人或主要负责人审批。因此，行政机关负责人的审批意见最终决定是否立案，其审批日期也是判断不同行政机关谁最先立案的依据；如果系同一天立案，则由行政机关之间协商确定管辖。

2. 协议管辖。一般来说，违法行为的管辖机关是能够依法确定的，且是特定的。但是，地域、职责、共同违法行为等原因可能导致管辖争议，如违法行为人在多个县级行政区域实施了同一性质的违法行为，不同县级行政机关均有管辖权。

本条规定，"对管辖发生争议的，应当协商解决"。这里的协商应当是正式的协商，且应当制作保存协商记录，如共同协商的会议纪要、有关协商的正式函件，也即相关行政机关的协商应在法律规范规定的范围内进行。此外还要注意，协商应当有一定的期限。

3. 指定管辖。指定管辖的原则和法律基础是上下级行政关系。实践中出现管辖权争议时，共同的上一级行政机关可以直接指定管辖机关，无需等待下级行政机关的报请。指定管辖决定具有法律效力，下级行政机关应当服从。

应 用

**34. 如何确定指定管辖中的"共同的上一级行政机关"**

共同的上一级行政机关与共同上级行政机关不同，是指能够同时指挥、管理不同下级行政机关且最为直接的行政管理机关。发生管辖权争议的不同行政机关，如果是同级人民政府的不同工作部门，则共同的上一级行政机关为同级人民政府；如果一个是同级人民政府的工作部门，一个是上级垂直管理部门，则要层报至上级垂直管理部门所属的人民政府指定管辖；如果是不同行政区域的同一性质的工作部门，则层报共同的上一级行政主管部门；如果是不同区域的县级以上人民政府，则由共同的上一级人民政府，直至国务院指定管辖。

**35. 如何报请指定管辖**

报请应当是正式的行政程序，既可以由其中一个行政机关逐级呈报，也可以由涉及管辖权争议的全部行政机关共同进行呈报。报请指定管辖不仅应当制作正式的请示文件，还应当附必要的说明材料或初步调查的证据材料，以供上级行政机关判断是否属于均有法定管辖权的行政机关之间发生的管辖权争议。

### 36. 如何进行指定管辖

共同的上一级行政机关收到报请指定管辖的请示后，应当进行必要的审查后作出指定管辖决定书，并分别通知各具有管辖权的行政机关。为及时解决管辖权争议，尽快启动立案调查程序，上一级行政机关也应当在合理的期限内作出指定管辖决定，如果有法律、法规、规章对此作出明确规定，应当按照该规定执行。例如，《市场监督管理行政处罚程序规定》第16条规定："报请上一级市场监督管理部门管辖或者指定管辖的，上一级市场监督管理部门应当在收到报送材料之日起七个工作日内确定案件的管辖部门。"

### 配套

《市场监督管理行政处罚程序规定》第二章

## 第二十六条 【执法协助】行政机关因实施行政处罚的需要，可以向有关机关提出协助请求。协助事项属于被请求机关职权范围内的，应当依法予以协助。

### 注解

行政协助是行政管理的常态，是指行政机关和法律、法规授权的具有管理公共事务职能的组织，因全面履行行政职责需要，向无隶属关系的行政机关请求协助，被请求机关依法提供协助的行为。协助事项不属于被请求机关职权范围内的，违反请求协助程序的，协助请求缺乏合法性依据，被请求机关应当拒绝协助。由被请求机关以外的其他行政机关提供协助更具效能的，或者被请求行政机关提供协助将严重妨碍自身履行职权的，被请求机关可以拒绝协助。

### 应用

### 37. 协助请求的事项范围包括哪些情形

（1）独自行使职权不能实现行政目的。例如，违法建设查处中，违法行为人是否存在未按照建设工程规划许可证的规定进行建设以及违法建筑是否属于无法采取改正措施消除影响、应当限期拆除的情形，城管部门需要请求规划部门进行专业认定。

（2）因人员、设备不足等原因不能独立行使职权的。例如，城管部门对违法建筑作出限期拆除决定后，没有属地政府、市政部门、公安机关的协助，该限期拆除决定也很难执行到位。

（3）执行公务所必需的文书、资料、信息为其他行政机关所掌握，自行收集难以获得的。例如，应急管理部门对企业违反《安全生产法》的行为进行立案调查时，可以请求市场监管部门、住建部门等行政机关提供涉案企业的市场主体登记、建筑施工许可审批等信息和资料。

（4）其他可以请求行政协助的情形。例如，本地市场监管部门在执法检查时发现经营者销售的商品存在质量问题，立案调查后可以请求涉案商品的生产企业所在地的市场监管部门调查了解相关情况。

配套

《市场监督管理行政处罚程序规定》第45条；《农业行政处罚程序规定》第19条

**第二十七条** 【行政处罚与刑事司法的衔接】违法行为涉嫌犯罪的，行政机关应当及时将案件移送司法机关，依法追究刑事责任。对依法不需要追究刑事责任或者免予刑事处罚，但应当给予行政处罚的，司法机关应当及时将案件移送有关行政机关。

行政处罚实施机关与司法机关之间应当加强协调配合，建立健全案件移送制度，加强证据材料移交、接收衔接，完善案件处理信息通报机制。

注解

本条规定了两种移送情形。第一种情形是行政机关向司法机关的移送。违法当事人的违法行为涉嫌犯罪是行政处罚案件由行政机关向司法机关移送的前提条件。若该违法行为不涉嫌犯罪，则行政机关不必将案件移送给司法机关。第二种情形是司法机关向行政机关的移送。即司法机关审查发现对该违法行为依法不需要追究刑事责任或者免予刑事处罚，但应当给予行政处罚的，司法机关应当及时将案件移送有关行政机关。无论是哪一种情形下的移送，都必须遵循及时性原则。

行政机关及司法机关在移送案件时应当全案移送，同时将所收集的证据材料全部移交。本条规定，行政处罚实施机关与司法机关之间应当加强协调配合，加强证据材料移交、接收衔接。

**应用**

**38. 行政执法机关向公安机关移送涉嫌犯罪案件，应当附有哪些材料**

行政执法机关向公安机关移送涉嫌犯罪案件，应当附有下列材料：（1）涉嫌犯罪案件移送书；（2）涉嫌犯罪案件情况的调查报告；（3）涉案物品清单；（4）有关检验报告或者鉴定结论；（5）其他有关涉嫌犯罪的材料。

**39. 公安机关对行政执法机关移送的涉嫌犯罪案件，应当如何处理**

公安机关对行政执法机关移送的涉嫌犯罪案件，应当在涉嫌犯罪案件移送书的回执上签字；其中，不属于本机关管辖的，应当在24小时内转送有管辖权的机关，并书面告知移送案件的行政执法机关。

公安机关应当自接受行政执法机关移送的涉嫌犯罪案件之日起3日内，依照刑法、刑事诉讼法以及最高人民法院、最高人民检察院关于立案标准和公安部关于公安机关办理刑事案件程序的规定，对所送的案件进行审查。认为有犯罪事实，需要追究刑事责任，依法决定立案的，应当书面通知移送案件的行政执法机关；认为没有犯罪事实，或者犯罪事实显著轻微，不需要追究刑事责任，依法不予立案的，应当说明理由，并书面通知移送案件的行政执法机关，相应退回案卷材料。

**40. 行政执法机关对公安机关对移送案件作出的不予立案决定有异议的，应当如何处理**

行政执法机关接到公安机关不予立案的通知书后，认为依法应当由公安机关决定立案的，可以自接到不予立案通知书之日起3日内，提请作出不予立案决定的公安机关复议，也可以建议人民检察院依法进行立案监督。

作出不予立案决定的公安机关应当自收到行政执法机关提请复议的文件之日起3日内作出立案或者不予立案的决定，并书面通知移送案件的行政执法机关。移送案件的行政执法机关对公安机关不予立案的复议决定仍有异议的，应当自收到复议决定通知书之日起3日内建议人民检察院依法进行立案监督。公安机关应当接受人民检察院依法进行的立案监督。

行政执法机关对公安机关决定不予立案的案件，应当依法作出处理；其中，依照有关法律、法规或者规章的规定应当给予行政处罚的，应当依法实施行政处罚。

> 配套

《行政执法机关移送涉嫌犯罪案件的规定》；《公安机关办理行政案件程序规定》；《公安机关受理行政执法机关移送涉嫌犯罪案件规定》；《最高人民检察院关于推进行政执法与刑事司法衔接工作的规定》

**第二十八条　【改正违法行为及没收违法所得】**行政机关实施行政处罚时，应当责令当事人改正或者限期改正违法行为。

当事人有违法所得，除依法应当退赔的外，应当予以没收。违法所得是指实施违法行为所取得的款项。法律、行政法规、部门规章对违法所得的计算另有规定的，从其规定。

> 应用

41. 责令改正是否属于行政处罚

责令改正只是恢复原状，不属于行政处罚。如《城乡规划法》第66条规定："建设单位或者个人有下列行为之一的，由所在地城市、县人民政府城乡规划主管部门责令限期拆除，可以并处临时建设工程造价一倍以下的罚款：（一）未经批准进行临时建设的；（二）未按照批准内容进行临时建设的；（三）临时建筑物、构筑物超过批准期限不拆除的。"

责令改正实际是责令恢复原状，对行政相对人不构成原有权益的损害；行政处罚是要求承担新的义务，对行政相对人构成原有权益的损害。责令改正与行政处罚概念有以下区别：一是行政处罚是行政主体对违反行政管理秩序的行为依法定程序所给予的法律制裁；而责令改正或限期改正违法行为是指行政机关在实施行政处罚的过程中对违法行为人发出的一种作为命令。二是两者性质、内容不同。行政处罚是法律制裁，是对违法行为人的人身自由、财产权利的限制和剥夺，是对违法行为人精神和声誉造成损害的惩戒；而责令改正或者限期改正违法行为，其本身并不是制裁，只是要求违法行为人履行法定义务，停止违法行为，消除不良后果，恢复原状。三是两者的规制角度不同。行政处罚是从惩戒的角度，对行政相对人科处新的义务，以告诫违法行为人不得再违法，否则将受罚；而责令改正或者限期改正则是命令违法行为人履行既有的法定义务，纠正违法，恢复原状。四是两者形式不同。《行政处罚法》第9条规定了行政处罚的具体种类，包括警告、通报批评、罚款、没收违法所得、没收非法财物、暂扣许可证件、降低资质等级、吊销许可证件、限制开展生产经营活动、责令停产停业、责令关闭、限制从业、行政拘留等;而责令改正或者限期改正违法行为,因各种具体违法行为不同而分别表现为停止违法行为、责令退还、责令赔偿、责令改正、限期拆除等形式。

42. 责令退赔是否属于行政处罚

责令退赔不是行政处罚,对行政相对人不构成原有权益的损害。非法所得的性质为不当得利,根据《民法典》第985条,得利人没有法律根据取得不当利益的,受损失的人可以请求得利人返还取得的利益。《民法典》第187条规定:"民事主体因同一行为应当承担民事责任、行政责任和刑事责任的,承担行政责任或者刑事责任不影响承担民事责任;民事主体的财产不足以支付的,优先用于承担民事责任。"《刑法》对于违法所得规定了追缴和责令退赔两种处理方式。《刑法》第64条规定:"犯罪分子违法所得的一切财物,应当予以追缴或者责令退赔;对被害人的合法财产,应当及时返还;违禁品和供犯罪所用的本人财物,应当予以没收。没收的财物和罚金,一律上缴国库,不得挪用和自行处理。"

**第二十九条** 【同一行为不得重复处罚】对当事人的同一个违法行为,不得给予两次以上罚款的行政处罚。同一个违法行为违反多个法律规范应当给予罚款处罚的,按照罚款数额高的规定处罚。

> 注 解

本条规定有两层含义,一是对当事人的同一个违法行为,可能存在两次以上的行政处罚;二是对当事人同一个违法行为需要给予两次以上行政处罚的,不允许给予两次以上的罚款。但是,以下几种情况不受本条规定的限制:

1. 行政机关作出的罚款处罚因为法定事由被撤销,但根据具体情况仍需要对违法行为进行处理的,行政机关依法重新作出罚款的处罚。例如,某外资企业因拒绝接受税务机关的检查,被罚款5000元,该企业不服并向复议机关申请行政复议,复议机关以处罚过重为由撤销了处罚,并责令重新作出具体行政行为。税务机关据此作出处罚3000元的决定，就是法律允许的。

2. 行政机关对违法行为同时适用了罚款和其他处罚，罚款执行后，其他处罚因为客观原因无法执行，于是行政机关依法将其他处罚变更为罚款。

3. 行政机关作出罚款决定后，行为人有能力履行而拒不履行，行政机关依法提高原罚款数额。

应 用

### 43. 如何理解"一事不再罚"

一事不再罚，又称"一行为不二罚"和"禁止双重处罚"，即针对同一个违法行为，不能给予两次以上的罚款，其他行政处罚类型不受此限。适用本条必须正确理解"同一个违法行为"，即"一行为"。如果存在多个违法行为，则完全可能给予两次以上的行政处罚，包括两次以上的罚款。常见的"法律上一行为"包括但不限于以下几种情形：

一是法律明确规定为一个行为。法律、行政法规、规章的构成要件已经对数个自然行为进行了概括归纳，认为这些行为加在一起，违反了一个行政法的义务，则只需评价一次即可。

二是连续性行为。在某一个时空范围内，以同一方式重复实施相同或者相类似的行为，各行为之间又具有紧密的相互关系。例如，经营者针对不同消费者连续派发虚假广告的行为。

三是继续性行为。行为在时间上存在一定的持续性，且在持续期间内均构成非法。行为持续期间短暂地停止违法，并不中断继续性行为。例如，未经行政许可而从事应获许可事项。在实务中需要区分行为的继续与结果状态的继续。前者是指在持续期间内始终在实施某行为，因此相应的追责时效应当从行为终了时起算；后者是指行为已经结束，只是行为造成的事实效果一直在持续，因此相应的追责时效应当从行为完成时起算，而非结果状态消除时。

### 44. 如何理解"按照罚款数额高的规定处罚"

例如，甲规范的罚款幅度是5000元到10000元，乙规范的处罚幅度是1000元到50000元，则应当按照乙规范的规定处罚。但是，乙规范所授权的行政机关在裁量罚款金额时，应当将甲规范的罚款幅度也纳入裁量要素予以考虑，一般不得低于甲规范的处罚幅度下限。

45. 房地产开发企业违反土地管理法的规定，被收回国有土地使用权，同时，税务机关以房地产开发企业偷漏税为由，对其进行税务处罚，该处罚是否违背"一事不再罚"原则

不同的行政机关针对同一当事人的不同违法行为，依据不同的法律规范，分别作出的行政处罚，不违反本条关于"对当事人的同一个违法行为，不得给予两次以上罚款的行政处罚"的规定。房地产开发经营企业依法应当缴纳营业税、企业所得税、土地增值税、契税和印花税等税，上述税种的缴纳应当建立在合法经营和合法行为的基础上。违法经营的行为应受到有关行政机关的处罚，但是否纳税应当区别对待：（1）违法开发的房地产没有被追认，交易没有成功，该企业不发生纳税问题；（2）违法开发的房地产被追认，交易成功，该企业应当依法纳税。

配套

《公安机关办理行政案件程序规定》第156条；《安全生产违法行为行政处罚办法》第54条

**第三十条 【对未成年人处罚的限制】** 不满十四周岁的未成年人有违法行为的，不予行政处罚，责令监护人加以管教；已满十四周岁不满十八周岁的未成年人有违法行为的，应当从轻或者减轻行政处罚。

注解

确定行政处罚的责任年龄，需要注意两点：（1）应当以实足年龄计算。这一点在注重虚岁的农村地区要特别注意。日期要一律以公历为准。（2）应当以未成年人实施违法行为时的年龄计算。

配套

《治安管理处罚法》第12、21条；《未成年人保护法》；《公安机关办理行政案件程序规定》第157条

**第三十一条 【对精神病人、智力残疾人处罚的限制】** 精神病人、智力残疾人在不能辨认或者不能控制自己行为时有违法行为的，不予行政处罚，但应当责令其监护人严加看管和治疗。间

歇性精神病人在精神正常时有违法行为的，应当给予行政处罚。尚未完全丧失辨认或者控制自己行为能力的精神病人、智力残疾人有违法行为的，可以从轻或者减轻行政处罚。

**注解**

精神病人、智力残疾人不承担行政处罚责任的原因在于其不具备识别和避免风险发生的能力，不构成行政违法行为。精神病人、智力残疾人，间歇性精神病人在不能辨认或者不能控制自己行为时有违法行为的，与违法行为相关的违禁品，有关行政机关可以依法予以收缴。

**配套**

《治安管理处罚法》第13条；《公安机关办理行政案件程序规定》第158条

**第三十二条 【从轻、减轻处罚的条件】** 当事人有下列情形之一，应当从轻或者减轻行政处罚：

（一）主动消除或者减轻违法行为危害后果的；

（二）受他人胁迫或者诱骗实施违法行为的；

（三）主动供述行政机关尚未掌握的违法行为的；

（四）配合行政机关查处违法行为有立功表现的；

（五）法律、法规、规章规定其他应当从轻或者减轻行政处罚的。

**注解**

从轻处罚，是指行政机关在法定的处罚方式和处罚幅度内，对有违法行为的当事人在数种处罚方式所允许的幅度内适用较低限的处罚。从轻处罚并不是绝对要适用最轻的处罚方式和最低的处罚幅度，而是由行政机关在具体的违法案件中，根据法定或者酌定的从轻情节予以裁量。

减轻处罚，是指行政机关对有违法行为的当事人在法定的处罚幅度最低限以下适用行政处罚。减轻处罚是对当事人科以低于法定最低限的处罚，但减轻处罚不是毫无限制地减轻，必须是有减轻处罚的情节，而且体现过罚相当的原则。在程度上，它应位于从轻处罚与免除处罚之间，而不得逾越这一范围，处罚减轻的程度不得达到免除处罚的程度。

应用

46. 如何认定"主动供述行政机关尚未掌握的违法行为"

本条所说的"主动供述行政机关尚未掌握的违法行为"，既包括在行政机关尚未发现违法行为人之前主动向行政机关供述自己的违法行为，也包括在被行政机关调查后主动供述行政机关尚未掌握的自己的其他违法行为。如果供述的是行政机关尚未掌握的他人的违法行为则不属于这种情况，符合立功条件的，按照本条第4项处理。主动供述违法行为表现了违法行为人改恶向善的意愿，相对于负隅顽抗甚至故意编造谎言误导行政机关调查工作的违法行为人而言，更易于教育，适用较轻的行政处罚即可达到处罚目的。应当注意的是，实践中有的违法行为人供述违法事实后，对自己的行为性质进行辩解，这种情况可以视为陈述或申辩，不影响供述情节的成立。

配套

《治安管理处罚法》第19、20条；《公安机关办理行政案件程序规定》第159条；《安全生产违法行为行政处罚办法》第55、56条；《市场监管总局关于规范市场监督管理行政处罚裁量权的指导意见》

**第三十三条　【不予处罚的条件】** 违法行为轻微并及时改正，没有造成危害后果的，不予行政处罚。初次违法且危害后果轻微并及时改正的，可以不予行政处罚。

当事人有证据足以证明没有主观过错的，不予行政处罚。法律、行政法规另有规定的，从其规定。

对当事人的违法行为依法不予行政处罚的，行政机关应当对当事人进行教育。

注解

不予行政处罚，即不予处罚，是指行政机关依照法律、法规的规定，因为有法定事由的存在，对本应给予行政处罚的违法行为人，免予作出行政处罚。不予处罚的行为在本质上仍然属于违法行为，与正当防卫行为、紧急避险行为等免除违法性的行为在本质上存在不同，后者属于合法行为的范畴。

1. 关于"违法行为轻微并及时改正,没有造成危害后果"的理解。

违法行为轻微并及时改正,没有造成危害后果,是不予行政处罚的法定适用情形之一。只有同时满足违法行为轻微、及时改正、没有造成危害后果三个条件,行政机关才可以不予行政处罚。

(1)违法行为轻微。判断一个违法行为是否轻微,需要从违法行为的事实、性质、情节和社会危害性等几个方面进行综合考虑。从实践操作的角度看,一般包括以下情况:一是违法行为单一且行为只违反一个规定,而不是多个规定,例如占道经营但对交通不产生明显影响的;二是没有主观故意,即当事人并非故意违反法律规定或者存在明显正当的事由;三是涉案金额较小等。

(2)及时纠正。对于"及时"的判断,关键在于采取纠正措施时间节点的确定。及时纠正,即实施违法行为尚未造成危害后果时及时采取纠正措施以防止危害结果的发生。如果是危害结果已经发生之后才积极采取措施及时纠正的,虽然能够反映出当事人的主观态度,但也只能将其作为一个量罚因素予以考虑。

(3)没有造成危害后果。一般情况下,"没有造成危害后果"是需要相应证据予以证明的。

2. 关于"初次违法且危害后果轻微并及时改正"的理解。

初次违法且危害后果轻微并及时改正的,可以不予行政处罚,其适用的前提除要同时符合初次违法、危害后果轻微、及时改正三个条件之外,还包括当事人所实施的违法行为系轻微违法行为。"可以不予行政处罚"不等于"不予行政处罚"。前者赋予了行政机关以自由裁量权;后者属于法定情形,行政机关一般没有自由裁量的空间。

(1)初次违法。初次违法是指当事人第一次实施违法行为。如果当事人存在多次违法的情况,即便违法行为轻微、及时纠正且没有危害后果,行政机关一般也不能不予行政处罚。

(2)危害后果轻微。危害后果轻微是指当事人实施了违法行为且已经造成了危害后果,只不过这种危害后果相对较轻。

(3)及时改正。是指当事人对其实施的违法行为已经及时改正。及时纠正并不禁止当事人在受到外在压力情况下予以纠正,哪怕当事人是在"被迫"的主观状态下及时纠正的,也应当认为其是符合"及时纠正"这一规定的。

3. 关于"当事人有证据足以证明没有主观过错"的理解。

（1）当事人需要主动收集自身没有过错的证据。当事人主观上是否存在过错，这一举证责任在于当事人，不在行政机关，当事人只有在行政程序中主动收集其自身没有过错的证据并提交给行政机关，才有可能不被行政处罚。当然，是否主动收集证据对于当事人而言是法定权利，其可以自行处分。当事人在行政程序中能够收集到其没有主观过错的证据但怠于收集，而后在行政复议、行政诉讼程序中提交其没有主观过错的证据的，对此复议机关、人民法院应当严格审查，依法确定该证据是否可以采信。

（2）收集的证据应当达到足以证明自己没有过错的程度。"足以证明"是指当事人提供的证据完全可以达到证明自己没有过错的程度，这样的证据既可以是一个单独的但具有关键性的证据，也可以是多个但相互关联、能够形成证据链条的一组证据。

（3）法律、行政法规另有规定的，从其规定。这里是指法律、行政法规如果明确规定当事人承担行政处罚责任并不以其主观上是否存在过错为前提的，就不适用本条的规定。例如，《道路交通安全法》第92条第1款规定："公路客运车辆载客超过额定乘员的，处二百元以上五百元以下罚款；超过额定乘员百分之二十或者违反规定载货的，处五百元以上二千元以下罚款。"根据该规定，只要公路客运车辆存在载客超过额定乘员的情况，即应当受到行政处罚。

**第三十四条　【行政处罚裁量基准】行政机关可以依法制定行政处罚裁量基准，规范行使行政处罚裁量权。行政处罚裁量基准应当向社会公布。**

**注解**

行政裁量是行政主体在适用法律规范裁断个案时由于法律规范与案件事实之间的差异而享有的通过类推法律要件、补充法律要件进而确定法律效果的自由。简言之，行政机关有事实裁量和效果裁量两类裁量权。国务院有关部门可以依照法律、行政法规等制定本部门本系统的行政裁量权基准。制定过程中，要统筹考虑其他部门已制定的有关规定，确保衔接协调。省、自治区、直辖市和设区的市、自治州人民政府及其部门可以依照法律、法规、规章以及上级行政机关制定的行政裁量权基准，制定本行政区域内的行政裁量权基准。县级人民政府及其部门可以在法定范围内，对上级行政机关制定的行政裁量权基准适用的标准、条件、种类、幅度、方式、时限予以合理细化量化。地方人民政府及其部门在制定行政裁量权基准过程中，可以参考与本地区经济发展水平、人口规模等相近地方的有关规定。

行政机关可以根据工作需要依法制定行政裁量权基准。无法律、法规、规章依据，不得增加行政相对人的义务或者减损行政相对人的权益。对同一行政执法事项，上级行政机关已经制定行政裁量权基准的，下级行政机关原则上应直接适用；如下级行政机关不能直接适用，可以结合本地区经济社会发展状况，在法律、法规、规章规定的行政裁量权范围内进行合理细化量化，但不能超出上级行政机关划定的阶次或者幅度。下级行政机关制定的行政裁量权基准与上级行政机关制定的行政裁量权基准冲突的，应适用上级行政机关制定的行政裁量权基准。

**应用**

### 47. 行政机关行使行政处罚裁量权应遵循哪些基本原则

一是合法原则。即依据法定权限，符合法律、法规、规章规定的裁量条件、处罚种类和幅度等，遵守法定程序。二是合理原则。即行使自由裁量权应当符合法律目的，充分考虑公共政策、社会主流价值观念、社会发展的阶段性、社会公众的认同度等因素，排除不相关因素的干扰；所采取的措施和手段应当必要、适当；可以采用教育等方式实现行政目的的，要避免采用损害当事人权益的方式，或者尽量争取最小损害。三是过罚相当原则。即以事实为依据，处罚的种类和幅度与违法行为的事实、性质、情节、社会危害程度等相当。在保证行政管理目标实现的同时，兼顾保护行政相对人的合法权益，行政处罚以达到行政执法目的和目标为限。四是平等原则。即坚持法律面前人人平等，平等对待当事人，排除干扰，保持中立，不偏私、不歧视；坚持实体公正与程序公正并重。五是处罚与教育相结合原则。要兼顾纠正违法行为和教育当事人，引导当事人自觉守法。六是公开原则。要向社会公开裁量标准，向当事人告知裁量所基于的事实、理由、依据等内容。七是综合裁量原则。综合考虑个案情况，兼顾地区经济社会发展水平、当事人主客观情况等相关因素，实现法律效果、社会效果、政治效果的统一。对相互冲突的权利或利益进行权衡与取舍，正确处理公共利益与个人利益、人身利益与财产利益、生存利益与商业利益的关系，保护合法利益，抑制非法利益，努力实现利益最大化、损害最小化。

**48. 行政机关应如何规范适用行政裁量权基准**

行政机关在作出行政执法决定前，要告知行政相对人有关行政执法行为的依据、内容、事实、理由，有行政裁量权基准的，要在行政执法决定书中对行政裁量权基准的适用情况予以明确。适用本行政机关制定的行政裁量权基准可能出现明显不当、显失公平，或者行政裁量权基准适用的客观情况发生变化的，经本行政机关主要负责人批准或者集体讨论通过后可以调整适用，批准材料或者集体讨论记录应作为执法案卷的一部分归档保存。适用上级行政机关制定的行政裁量权基准可能出现明显不当、显失公平，或者行政裁量权基准适用的客观情况发生变化的，报请该基准制定机关批准后，可以调整适用。对调整适用的行政裁量权基准，制定机关要及时修改。因不规范适用行政裁量权基准造成严重后果的，要依规依纪依法严格追究有关人员责任。

### 配套

《国务院办公厅关于进一步规范行政裁量权基准制定和管理工作的意见》

**第三十五条　【刑罚的折抵】** 违法行为构成犯罪，人民法院判处拘役或者有期徒刑时，行政机关已经给予当事人行政拘留的，应当依法折抵相应刑期。

违法行为构成犯罪，人民法院判处罚金时，行政机关已经给予当事人罚款的，应当折抵相应罚金；行政机关尚未给予当事人罚款的，不再给予罚款。

### 注解

1. 刑事责任优先原则。行政处罚案件实施过程中，违法行为构成犯罪的，应当中止行政处罚程序，根据《行政执法机关移送涉嫌犯罪案件的规定》等规定及时移送。

2. 行政处罚类型和刑罚类型在财产罚、人身自由罚等方面重叠时，同类处罚措施可以折抵。本条的目的是避免同一违法行为受到两次评价，这是广义的"一事不二罚"，或者是"禁止双重评价"。

3. 拘役或者有期徒刑、行政拘留都属于人身自由方面的惩戒，折抵可以一日折抵一日，罚款和罚金也可以直接折抵。

> [配套]

《行政执法机关移送涉嫌犯罪案件的规定》第 11 条

**第三十六条　【行政处罚的时效】**违法行为在二年内未被发现的，不再给予行政处罚；涉及公民生命健康安全、金融安全且有危害后果的，上述期限延长至五年。法律另有规定的除外。

前款规定的期限，从违法行为发生之日起计算；违法行为有连续或者继续状态的，从行为终了之日起计算。

> [注解]

违法行为有连续状态，是指当事人基于同一个违法故意，连续实施数个独立的行政违法行为，并触犯同一个行政处罚规定的情形。如在相隔较短的时间里多次贩卖盗版光碟，或者多次制造假酒等情况，就属于违法行为有连续状态。

违法行为有继续状态，是指行为人的一个违法行为实施后，该行为及其造成的不法状态处于不间断的持续状态。如强令他人违反消防安全规定冒险作业的行为，以及在城镇违反规定使用音量过大的音响器材，不听劝阻，影响周围居民的工作或者休息的行为，在其结束以前，都是有继续状态的违法行为。

> [应用]

49. 如何认定本条规定中的"未被发现"

本条规定的发现违法违纪行为的主体是处罚机关或有权处罚的机关，公安、检察、法院、纪检监察机关和司法行政机关都是行使社会公权力的机关，对违法违纪行为的发现都应当具有《行政处罚法》规定的法律效力。因此上述任何一个机关对违法违纪行为只要启动调查、取证和立案程序，均可视为"发现"；群众举报后被认定属实的，发现时间以举报时间为准。

50. **法律另有规定的行政处罚时效，包括哪些例外情形**

（1）《治安管理处罚法》第 22 条第 1 款规定，违反治安管理行为在 6 个月内没有被公安机关发现的，不再处罚。

(2)《税收征收管理法》第86条规定,违反税收法律、行政法规应当给予行政处罚的行为,在5年内未被发现的,不再给予行政处罚。但该条规定的"在5年内未被发现,不再给予行政处罚",仅适用于违反税收法律、行政法规规定的违法行为;如果不属于税收法律、行政法规规定的税务行政违法行为,追责时效仍然适用2年的规定。例如,某公司系扣缴义务人,违反了国家税务总局部门规章《税务登记管理办法》第42条"扣缴义务人未按照规定办理扣缴税款登记的,税务机关应当自发现之日起3日内责令其限期改正,并可处以1000元以下的罚款"的规定,其违法行为就应当适用2年的追责时效。

**51. 违法建筑物是否适用"2年内未发现的,不再给予行政处罚"的规定**

对于限期拆除违法建筑物的行为性质,不需要界定是行政处罚行为还是行政强制措施行为,违法建筑物即使没有被有关行政机关发现,违法的状态也在持续之中,应随时发现随时处理。只要违法建筑物存在,就不受"2年内未发现"的限制。

### 配套

《国务院法制办公室对湖北省人民政府法制办公室〈关于如何确认违法行为连续或继续状态的请示〉的复函》;《治安管理处罚法》第22条;《税收征收管理法》第86条

**第三十七条 【法律适用的从旧兼从轻原则】** 实施行政处罚,适用违法行为发生时的法律、法规、规章的规定。但是,作出行政处罚决定时,法律、法规、规章已被修改或者废止,且新的规定处罚较轻或者不认为是违法的,适用新的规定。

### 注解

本条规定了行政处罚法律适用上"从旧兼从轻"的原则。根据本条的规定,行政主体作出处罚行为涉及新旧法律规范的选择时,应当遵从"从旧兼从轻"适用原则,即原则上适用旧法,但新法对行为人有利时,适用新法,体现了对当事人权益的保障。

**第三十八条 【行政处罚的无效】** 行政处罚没有依据或者实

施主体不具有行政主体资格的,行政处罚无效。

违反法定程序构成重大且明显违法的,行政处罚无效。

**注解**

本条规定了行政处罚的无效制度。根据本条的规定,行政处罚无效的情形包括:一是实施主体不具有行政主体资格,二是处罚没有法定依据,三是未遵循法定程序构成重大且明显违法。

行政机关必须在本机关职权范围内实施行政处罚,超出自己机关的职权实施行政处罚的,该行政处罚行为无效。行政机关之外的其他组织实施行政处罚,应当具有法律、行政法规、地方性法规的授权。除了以上按照职权执法之外,还有委托执法,受委托组织也可以以委托主体的名义开展执法。

违反法定程序重大且明显违法,是构成因程序违法而导致处罚无效的条件。所谓程序重大违法,是指行政行为的实施将给公民、法人或者其他组织的合法权益带来重大影响;所谓程序明显违法,是指行政行为的违法性已经明显到任何有理智的人都能够判断的程度。行政处罚违反法定程序的程度必须同时具备重大与明显两个条件,才构成行政处罚无效。例如,行政机关及其执法人员在作出行政处罚决定之前,未依照法律规定向当事人告知给予行政处罚的事实、理由和依据,或者拒绝听取当事人的陈述、申辩,应当被确认无效。《行政诉讼法》第74条规定,行政行为程序轻微违法,但对原告权利不产生实际影响的,人民法院判决确认违法,但不撤销行政行为。第75条规定,行政行为有实施主体不具有行政主体资格或者没有依据等重大且明显违法情形,原告申请确认行政行为无效的,人民法院判决确认无效。第76条规定,人民法院判决确认违法或者无效的,可以同时判决责令被告采取补救措施;给原告造成损失的,依法判决被告承担赔偿责任。

**配套**

《行政诉讼法》第74—76条

# 第五章 行政处罚的决定

## 第一节 一般规定

**第三十九条** 【行政处罚信息公示】行政处罚的实施机关、

立案依据、实施程序和救济渠道等信息应当公示。

**注解**

本条通过列举加兜底的方式对行政处罚应公示的内容作出了规定,明确规定"行政处罚的实施机关、立案依据、实施程序和救济渠道"四个方面的内容必须予以公示,除此之外,以"等"字涵盖了未尽的信息公示内容。本条规定是《政府信息公开条例》施行后,又一重要执法领域的专项公开规定,是行政执法公示制度的权责清单公示、事前公开制度在行政处罚领域的体现,对保障当事人和社会公众知情权、参与权、表达权、监督权,提高行政处罚的公开透明度具有重要意义。

《国务院办公厅关于全面推行行政执法公示制度执法全过程记录制度重大执法决定法制审核制度的指导意见》规定,行政执法机关要统筹推进行政执法事前公开与政府信息公开、权责清单公布、"双随机、一公开"监管等工作。全面准确及时主动公开行政执法主体、人员、职责、权限、依据、程序、救济渠道和随机抽查事项清单等信息。根据有关法律法规,结合自身职权职责,编制并公布本机关的服务指南、执法流程图,明确执法事项名称、受理机构、审批机构、受理条件、办理时限等内容。公开的信息要简明扼要、通俗易懂,并及时根据法律法规及机构职能变化情况进行动态调整。

**配套**

《政府信息公开条例》;《国务院办公厅关于全面推行行政执法公示制度执法全过程记录制度重大执法决定法制审核制度的指导意见》

**第四十条** 【行政处罚应当查明事实】公民、法人或者其他组织违反行政管理秩序的行为,依法应当给予行政处罚的,行政机关必须查明事实;违法事实不清、证据不足的,不得给予行政处罚。

**注解**

本条规定明确了行政机关在对违法行为给予行政处罚时,需以查明事实且证据充分为前提。行政机关给予行政处罚,应查明以下事实:查明违法行为主体是一人还是几个人(法人或者其他组织),行为主体是否具有责任能力；是在什么时间实施的行为，是否超过追究时效；是在什么地点实施的行为；行为的具体情况、过程等；行为造成了什么结果。证据的种类需要结合本法第46条理解，证据需要具有真实性、关联性、合法性。

**配套**

《治安管理处罚法》第93条

**第四十一条 【电子技术监控设备的适用】**行政机关依照法律、行政法规规定利用电子技术监控设备收集、固定违法事实的，应当经过法制和技术审核，确保电子技术监控设备符合标准、设置合理、标志明显，设置地点应当向社会公布。

电子技术监控设备记录违法事实应当真实、清晰、完整、准确。行政机关应当审核记录内容是否符合要求；未经审核或者经审核不符合要求的，不得作为行政处罚的证据。

行政机关应当及时告知当事人违法事实，并采取信息化手段或者其他措施，为当事人查询、陈述和申辩提供便利。不得限制或者变相限制当事人享有的陈述权、申辩权。

**注解**

设定电子技术监控设备必须经过法制和技术审核。实践中，应注意与本法第50条关于国家秘密、商业秘密和个人隐私的保密规定结合起来适用。《民法典》第1039条规定："国家机关、承担行政职能的法定机构及其工作人员对于履行职责过程中知悉的自然人的隐私和个人信息，应当予以保密，不得泄露或者向他人非法提供。"

电子技术监控设备记录具有证据效力的前提是满足证据的真实性、关联性、合法性要求，"真实、清晰、完整、准确"是具体标准。鉴于电子技术监控设备记录可能存在瑕疵，因此，本条规定了"人机结合"，目的是通过执法人员的审核，确保其符合证据的基本要求。实践中，注意与本法第58条关于处罚决定法制审核的规定结合起来适用。

> 应用

**52. 行政机关设置电子技术监控设备应符合什么要求**

设置电子技术监控设备（以下简称监控设备）除应当由法律、行政法规授权外，还应当符合以下三个要求：一是质量要求。监控设备应符合国家、地方制定的统一标准及行业技术标准等。二是合理性要求。设置监控设备时必须在公民隐私权和社会公共利益间进行妥善的价值衡平。具体而言，应当符合以下两个原则：公益原则，即监控设备只能为公共利益、公共安全需要而设置和利用；比例原则，即设置监控设备时，应当选择对公民权利"最小侵害"的方式。例如，道路交通管理部门设置监控设备，应当尽量选择道路交通事故易发、多发，人流、车流量大、交通易拥堵等地段，同时避免监控区域涉及非公共区域。三是公开性要求。监控设备的设置必须全面公开，不仅设置地点要向社会进行公布，而且监控设备本身以及提示标志均要明显可见，不得有故意遮挡等情形。通过隐蔽的监控设备收集的违法事实，不得作为行政处罚的证据使用。此外，监控设备的设置还应当经过行政机关法制和技术审核。

> 配套

《民法典》第1039条；《道路交通安全违法行为处理程序规定》第15—20条

**第四十二条　【公正文明执法】**行政处罚应当由具有行政执法资格的执法人员实施。执法人员不得少于两人，法律另有规定的除外。

执法人员应当文明执法，尊重和保护当事人合法权益。

> 注解

不是行政机关所有的工作人员都有权开展执法活动。行政执法人员是通过行政执法资格认证，取得行政执法证件，在法定职权范围内从事行政执法活动的人员。目前，绝大多数地方都规定了行政执法人员资格制度，如《山东省行政执法人员资格认证和行政执法证件管理办法》

行政执法人员在行政处罚执法过程中，应当主动向公民、法人或其他组织出示执法证件表明身份。不出示执法证件表明身份的，公民、法人或其他组织有权拒绝，并有权向相关部门投诉。与此同时，各行政机关也要重视加强行政执法人员资格管理，建立行政执法人员数据库，健全行政执法人员岗前培训和岗位培训制度，建立科学的考核评价体系和人员激励机制，增强执法队伍稳定性。

> 配套

《山东省行政执法人员资格认证和行政执法证件管理办法》

**第四十三条　【回避制度】**执法人员与案件有直接利害关系或者有其他关系可能影响公正执法的，应当回避。

当事人认为执法人员与案件有直接利害关系或者有其他关系可能影响公正执法的，有权申请回避。

当事人提出回避申请的，行政机关应当依法审查，由行政机关负责人决定。决定作出之前，不停止调查。

> 注解

回避是正当程序的基本要求。本条列明了主动回避、依申请回避的情形；规定了对回避申请的审查程序；为保证行政执法效率，明确了回避决定作出前不停止调查的原则。行政执法人员违反回避相关规定的，将会产生一定的法律后果。根据《公务员法》的有关规定，公务员应当及时主动报告需要回避的情形，对有需要回避的情形不及时报告或者故意隐瞒的，应当区分不同情况，予以批评教育、责令检查、诫勉、组织调整或者组织处理等。行政执法人员违反回避制度规定的，可能产生内部纪律处分责任。但对于当事人而言，基于行政执法人员的特殊身份，相关法律责任应当由行政机关承担，应回避未回避的行政执法人员所作行政处罚决定应当被视为违反法定程序，行政复议机关、人民法院可据此对行政行为的效力作出否定性评价。

> 应用

**53. 什么情形下执法人员需要回避**

（1）执法人员是本案的当事人或者是当事人的近亲属；（2）执法人员与本案有利害关系；（3）执法人员与案件当事人之间存在其他利害关系，可能影响案件公正执法。近亲属的范围包括与执法人员系夫妻关系，系直系血亲、三代以内旁系血亲及近姻亲关系的亲属，上述近亲属关系之外的其他社会关系，如同学、朋友、战友等关系，凡存在可能影响公正执法情形的，也属于回避的范畴。

**配套**

《治安管理处罚法》第81条；《公务员法》第76、77条

**第四十四条** 【行政机关的告知义务】行政机关在作出行政处罚决定之前，应当告知当事人拟作出的行政处罚内容及事实、理由、依据，并告知当事人依法享有的陈述、申辩、要求听证等权利。

**注解**

告知是行政机关作出行政处罚决定的必经程序，行政机关不告知当事人拟作出的行政处罚内容及事实、理由、依据的，行政处罚决定可以被撤销。告知有利于发现客观事实，同时也是惩罚和教育相结合的体现，能够充分发挥行政处罚的矫正和预防功能。告知是当事人的重大行政程序权利，适用于简易程序、普通程序和听证程序，特别注意简易程序也要充分履行告知义务。

**应用**

**54. 行政机关作出行政处罚决定前应当告知当事人哪些内容**

行政机关作出行政处罚决定前，应当告知当事人如下事项：一是拟作出行政处罚的内容及事实。主要涉及行政处罚的基本情况，当事人在什么时间、什么地点、实施了什么行为，告知的内容应当具体明确，不能笼统地告知当事人事实、理由，否则当事人难以有针对性地进行陈述、申辩。

二是拟作出行政处罚的理由。行政机关在作出对当事人合法权益产生不利影响的行政行为时，应当说明作出该行为的事实因素、法律依据以及进行自由裁量时所考虑的政策、公益等因素。

三是拟作出行政处罚的依据。行政机关作出行政处罚决定适用的法律、法规、规章以及具体的条款，应当明确告知当事人，不能含糊其词，如仅使用"违反有关规定""根据有关规定"等。

四是当事人依法享有的陈述、申辩、要求听证等权利。具体涉及陈述自己行为的理由，对所作行为的事实认定及法律适用予以辩解的权利，对重大、复杂行政案件要求听证的权利，对处罚决定不服申请复议或者提起行政

诉讼的权利，以及对因行政机关违法行为造成损失申请行政赔偿的权利。

**第四十五条　【当事人的陈述、申辩权】** 当事人有权进行陈述和申辩。行政机关必须充分听取当事人的意见，对当事人提出的事实、理由和证据，应当进行复核；当事人提出的事实、理由或者证据成立的，行政机关应当采纳。

行政机关不得因当事人陈述、申辩而给予更重的处罚。

▌注解

陈述是指当事人表明自己的意见和看法，提出自己的主张和证据。申辩是指当事人进行解释、辩解，反驳对自己不利的意见和主张。陈述、申辩权是当事人的法定权利，行政机关也具有依照法律规定作出行政决定的职责，但当事人的陈述、申辩权与行政机关维护社会秩序稳定的职能并不冲突。本条之所以规定行政机关不得因当事人陈述、申辩而给予其更重处罚，在于当事人陈述、申辩权与行政机关法定职权之间的价值衡量中，不应忽视对当事人陈述、申辩权的保障。否则，当事人就会因担忧可能受到更重处罚，而放弃陈述、申辩权的行使，这将会侵害正当程序原则存在的基础，并最终影响行政处罚制度的合法性。需要注意的是，本条规定不得因当事人陈述、申辩给予更重处罚，是指不得在同一事实情形下因为当事人进行陈述、申辩而加重处罚，不包括在违法事实发生变化的情形下进行的处罚。

▌配套

《治安管理处罚法》第94条；《道路交通安全法实施条例》第110条；《国家环境保护总局关于实施行政处罚时听取陈述申辩时限问题的复函》

**第四十六条　【证据种类及适用规则】** 证据包括：

（一）书证；

（二）物证；

（三）视听资料；

（四）电子数据；

（五）证人证言；

（六）当事人的陈述；

（七）鉴定意见；

（八）勘验笔录、现场笔录。

证据必须经查证属实，方可作为认定案件事实的根据。

以非法手段取得的证据，不得作为认定案件事实的根据。

> **注解**

书证。是指以文字、符号所记录或者表达的思想内容，证明案件事实的文书，如罚款单据、财产没收单据、营业执照、商标注册证、档案、报表、图纸、会计账册、专业技术资料等。收集、调取的书证应当是原件。提供原件确有困难的，可以提供与原件核对无误的复印件、照片、节录本。

物证。是指用外形、特征、质量等说明案件事实的部分或者全部物品。书证和物证的区别在于，书证以其内容来证明案件事实，物证则以其物质属性和外观特征来证明案件事实。有时同一个物体既可以作物证也可以作书证。收集调取的物证应当是原物。提供原物确有困难的，可以提供与原物核对无误的复制件或者证明该物证的照片、录像等其他证据。物证为数量较多的种类物的，提供其中的一部分。

视听资料。是指运用录音、录像等科学技术手段记录下来的有关案件事实和材料，如用手机录制的当事人的谈话、拍摄的当事人形象及活动等。结合《最高人民法院关于行政诉讼证据若干问题的规定》第12条规定，行政机关用以证明案件事实的录音、录像等视听资料，应当符合下列要求：（1）提供有关资料的原始载体，提供原始载体确有困难的，可以提供复制件；（2）注明制作方法、制作时间、制作人和证明对象等；（3）声音资料应当附有该声音内容的文字记录。难以识别是否经过修改的视听资料，不能单独作为定案依据。同时，行政机关利用电子技术监控设备形成的视听资料，还应符合本法第41条的相关规定。

电子数据。是指以数字化形式存储、处理、传输的数据。电子数据的载体包括磁盘、硬盘、光盘等计算机软硬件和网上淘宝、电子邮件、微博、QQ账号等虚拟网络交易和交流方式的记录等。《最高人民法院关于民事诉讼证据的若干规定》第14条规定，电子数据包括下列信息、电子文件：（1）网页、博客、微博客等网络平台发布的信息；（2）手机短信、电子邮件、即时通信、通讯群组等网络应用服务的通信信息；（3）用户注册信息、身份认证信息、电子交易记录、通信记录、登录日志等信息；（4）文档、图片、音频、视频、数字证书、计算机程序等电子文件；（5）其他以数字化形式存储、处理、传输的能够证明案件事实的信息。

证人证言。是指证人以口头或者书面方式向行政机关所作的对案件事实的陈述。凡是知道案件情况，可以真实表述的人，都可以成为证人。一般来说，未成年人所作的与其年龄和智力状况不相适应的证言，与一方当事人有亲属关系或者其他密切关系的证人所作的对该当事人有利的证言，或者与一方当事人有不利关系的证人所作的对该当事人不利的证言，不能单独作为认定案件事实的依据。

当事人的陈述。是指当事人就自己所经历的案件事实，向行政机关所作的叙述、承认和辩解。当事人主要包括违法行为人及受害人。当事人陈述通常具有主观性、片面性和情绪性等特点。

鉴定意见。是指鉴定机构或者行政机关指定具有专门知识或者技能的人，对案件中出现的专门性问题，通过分析、检验、鉴别等方式作出的书面意见，如人体损伤程度鉴定、医疗事故鉴定、产品质量鉴定等。

勘验笔录、现场笔录。勘验笔录是指行政机关对能够证明案件事实的现场的物证，就地进行分析、检验、勘查后作出的记录。

**应用**

**55. 哪些证据属于"以非法手段取得的证据"**

根据《最高人民法院关于适用〈中华人民共和国行政诉讼法〉的解释》第43条的规定，有下列情形之一的，属于"以非法手段取得的证据"：（1）严重违反法定程序收集的证据材料；（2）以违反法律强制性规定的手段获取且侵害他人合法权益的证据材料；（3）以利诱、欺诈、胁迫、暴力等手段获取的证据材料。

**配套**

《最高人民法院关于行政诉讼证据若干问题的规定》；《最高人民法院关于民事诉讼证据的若干规定》

**第四十七条 【行政处罚全过程记录】** 行政机关应当依法以文字、音像等形式，对行政处罚的启动、调查取证、审核、决定、送达、执行等进行全过程记录,归档保存。

**注解**

本条规定确立了行政执法全过程记录制度。行政处罚全过程记录对案卷评查、执法监督、评议考核、舆情应对、行政决策和健全社会信用体系等工作均具有积极作用。行政执法机关要通过文字、音像等记录形式,对行政执法的启动、调查取证、审核决定、送达执行等全部过程进行记录,并全面系统归档保存,做到执法全过程留痕和可回溯管理。

文字记录是以纸质文件或电子文件形式对行政执法活动进行全过程记录的方式。主要包括对行政处罚程序的立案审批、调查取证、行政处罚事先告知书、听证告知书、听证笔录、鉴定意见、法制审核过程、处罚决定、文书送达过程等的记录。音像记录是通过照相机、录音机、摄像机、执法记录仪、视频监控等记录设备,实时对行政执法过程进行记录的方式。行政机关应建立健全执法音像记录管理制度,明确执法音像记录的设备配备、使用规范、记录要素、存储应用、监督管理等要求。

**配套**

《公安机关办理行政案件程序规定》第 52 条;《国务院办公厅关于全面推行行政执法公示制度执法全过程记录制度重大执法决定法制审核制度的指导意见》

**第四十八条 【行政处罚决定的公开与撤回】**具有一定社会影响的行政处罚决定应当依法公开。

公开的行政处罚决定被依法变更、撤销、确认违法或者确认无效的,行政机关应当在三日内撤回行政处罚决定信息并公开说明理由。

**注解**

本条明确了重大行政处罚公示制度,同时也与《政府信息公开条例》第 20 条第 6 项相衔接。行政执法公示是保障行政相对人和社会公众知情权、参与权、表达权、监督权的重要措施。行政执法机关要在执法决定作出之日起 20 个工作日内,向社会公布执法机关、执法对象、执法类别、执法结论等信息，接受社会监督，行政许可、行政处罚的执法决定信息要在执法决定作出之日起7个工作日内公开，但法律、行政法规另有规定的除外。根据《政府信息公开条例》第20条，本行政机关认为具有一定社会影响的行政处罚决定，属于主动公开的范围。

### 配套

《政府信息公开条例》第20条；《国务院办公厅关于全面推行行政执法公示制度执法全过程记录制度重大执法决定法制审核制度的指导意见》；《自然资源行政处罚办法》第40条；《市场监督管理行政处罚信息公示规定》

**第四十九条　【突发事件应对】**发生重大传染病疫情等突发事件，为了控制、减轻和消除突发事件引起的社会危害，行政机关对违反突发事件应对措施的行为，依法快速、从重处罚。

### 注解

突发事件是指突然发生，造成或者可能造成严重社会危害，需要采取应急处置措施予以应对的自然灾害、事故灾难、公共卫生事件和社会安全事件。按照社会危害程度、影响范围等因素，自然灾害、事故灾难、公共卫生事件分为特别重大、重大、较大和一般四级。在此状态下，对违反突发事件应对措施的行为"快速、从重处罚"的目的是减轻社会危害后果，充分发挥行政处罚的矫正和预防功能。突发事件具有发生的突然性、发展的不确定性、危害的严重性和公共性、时间的紧迫性等特征。突发事件的特殊性意味着，较之于常规事件，即便没有针对某种特殊情况的具体法律规定，行政机关也应作出紧急处置，而不应以法无授权为由而无所作为。

### 应用

**56. 如何理解发生突发事件时，行政机关对违反突发事件应对措施的行为，依法快速、从重处罚**

因突发事件具有发生的突然性、危害的严重性及处置时间的紧迫性，对于违反应对措施的行为，行政机关应在最短时间内作出快速且有力的回应，方能起到应有的惩戒和警示效果，从而为后续应急处置工作的有序开展扫清障碍，以确保应急管理目标的如期实现。对于违反突发事件应对措施的行为，行政机关应依法快速、从重处罚。

快速处罚的内涵包括缩短办案时间和简化处罚程序。需要注意的是，行政机关仍需保障当事人依法享有的陈述、申辩、要求听证等基本权利，不得任意取消程序。

所谓从重处罚，是指对违法行为人在法定的处罚限度内决定实施较重的行政处罚，以及在若干种类行政处罚中选择一个较重的行政处罚种类。适用从重处罚的两个要点为：一是从重处罚应限定在法定的处罚幅度以内，而不应在法定行政处罚的限度以外实施行政处罚；二是行政机关在决定从重处罚时仍应结合违法行为的发生原因、事实、情节、性质、社会危害程度等具体情况作出具体判断。

### 配套

《突发事件应对法》；《突发公共卫生事件应急条例》；《国家突发公共卫生事件应急预案》

**第五十条　【保密条款】行政机关及其工作人员对实施行政处罚过程中知悉的国家秘密、商业秘密或者个人隐私，应当依法予以保密。**

### 注解

本条需要和民法典的规定结合起来理解，需要保密的除了本条列举的内容，还要增加个人信息。《民法典》第1039条规定："国家机关、承担行政职能的法定机构及其工作人员对于履行职责过程中知悉的自然人的隐私和个人信息，应当予以保密，不得泄露或者向他人非法提供。"

国家秘密是指关系国家安全和利益，依照法定程序确定，在一定时间内只限一定范围的人员知悉的事项。具体内容包括：（1）国家事务重大决策中的秘密事项；（2）国防建设和武装力量活动中的秘密事项；（3）外交和外事活动中的秘密事项以及对外承担保密义务的秘密事项；（4）国民经济和社会发展中的秘密事项；（5）科学技术中的秘密事项；（6）维护国家安全活动和追查刑事犯罪中的秘密事项；（7）经国家保密行政管理部门确定的其他秘密事项。政党的秘密事项中符合上述规定的，属于国家秘密。

商业秘密是指不为公众所知悉、具有商业价值并经权利人采取相应保密措施的技术信息、经营信息等商业信息。商业秘密的构成要件有三：一是该信息不为公众所知悉，即该信息是不能从公开渠道直接获取的；二是该信息能为权利人带来经济利益，具有实用性，其所有人可以凭借技术优势、经营优势等获取更高利润及其他竞争优势；三是权利人对信息采取了保密措施。判断权利人是否采取了相应保密措施，可以根据商业秘密及其载体的性质、商业秘密的商业价值、保密措施的可识别程度、保密措施与商业秘密的对应程度以及权利人的保密意愿等因素综合认定。

隐私是指自然人的私人生活安宁和不愿为他人知晓的私密空间、私密活动、私密信息。自然人享有隐私权，任何组织或者个人不得以刺探、侵扰、泄露、公开等方式侵害他人的隐私权。

自然人的个人信息受法律保护，个人信息是指以电子或者其他方式记录的能够单独或者与其他信息结合识别特定自然人的各种信息，包括自然人的姓名、出生日期、身份证件号码、生物识别信息、住址、电话号码、电子邮箱、健康信息、行踪信息等。

### 配套

《民法典》第1032、1034、1039条；《保守国家秘密法》第2、9条；《反不正当竞争法》第9条；《最高人民法院关于审理侵犯商业秘密民事案件适用法律若干问题的规定》第1条

## 第二节 简 易 程 序

**第五十一条　【简易程序的适用条件】**违法事实确凿并有法定依据，对公民处以二百元以下、对法人或者其他组织处以三千元以下罚款或者警告的行政处罚的，可以当场作出行政处罚决定。法律另有规定的，从其规定。

### 注解

1. 简易程序，又称当场处罚程序，是指在具备某些条件的情况下，由执法人员当场作出行政处罚决定（有些处罚决定甚至当场执行）的步骤、方式、时限、形式等程序过程。适用当场处罚，应符合以下条件：一是违法的事实确凿。一般来说，当场处罚的行政违法行为具有案情简单、事实清楚、证据确凿的特点，因此执法人员比较容易查明事实真相。二是当场处罚须有

法定的依据。对当场处罚的行为，必须有法律、行政法规或者规章的规定，而且这些规定应符合本法规定。三是仅限于对公民处以200元以下、对法人或者其他组织处以3000元以下罚款或者警告的行政处罚。

2. 违反治安管理行为事实清楚，证据确凿，处警告或者200元以下罚款的，可以当场作出治安管理处罚决定。

3. 对道路交通违法行为人予以警告、200元以下罚款，交通警察可以当场作出行政处罚决定，并出具行政处罚决定书。

### 配 套

《治安管理处罚法》第100条；《道路交通安全法》第107条

**第五十二条 【简易程序的适用要求】** 执法人员当场作出行政处罚决定的，应当向当事人出示执法证件，填写预定格式、编有号码的行政处罚决定书，并当场交付当事人。当事人拒绝签收的，应当在行政处罚决定书上注明。

前款规定的行政处罚决定书应当载明当事人的违法行为，行政处罚的种类和依据、罚款数额、时间、地点，申请行政复议、提起行政诉讼的途径和期限以及行政机关名称，并由执法人员签名或者盖章。

执法人员当场作出的行政处罚决定，应当报所属行政机关备案。

### 注 解

根据本条规定，当场作出行政处罚决定的，必须用编有号码的格式文书，事后还要备案，送达方式是当场直接送达。执法文书不能省略违法行为，必须告知当事人救济权。公民、法人或者其他组织认为行政行为侵犯其合法权益的，可以自知道或者应当知道该行政行为之日起60日内提出行政复议申请；但是法律规定的申请期限超过60日的除外。因不可抗力或者其他正当理由耽误法定申请期限的，申请期限自障碍消除之日起继续计算。行政机关作出行政行为时，未告知公民、法人或者其他组织申请行政复议的权利、行政复议机关和申请期限的，申请期限自公民、法人或者其他组织知道或者应当知道申请行政复议的权利、行政复议机关和申请期限之日起计算，但是自知道或者应当知道行政行为内容之日起最长不得超过1年。

【配套】

《治安管理处罚法》第101条；《道路交通安全法》第107条

**第五十三条** 【简易程序的履行】对当场作出的行政处罚决定，当事人应当依照本法第六十七条至第六十九条的规定履行。

【注解】

本条是关于履行当场作出的行政处罚决定的规定。当事人签收行政处罚决定书后，该行政处罚决定即发生法律效力，当事人应当依法全面履行行政处罚决定确定的义务。本条规定，简易程序作出的行政处罚决定同样应当遵照本法第67条、第68条、第69条的规定，以决定和收缴相分离为原则、以当场收缴为例外。需要指出的是，无论是决定和收缴分离还是当场收缴罚款，行政机关及其执法人员都必须依法出具国务院财政部门或者省、自治区、直辖市人民政府财政部门统一制发的专用票据。不出具财政部门统一制发的专用票据的，当事人有权拒绝缴纳罚款。

## 第三节 普通程序

**第五十四条** 【取证与立案】除本法第五十一条规定的可以当场作出的行政处罚外，行政机关发现公民、法人或者其他组织有依法应当给予行政处罚的行为的，必须全面、客观、公正地调查，收集有关证据；必要时，依照法律、法规的规定，可以进行检查。

符合立案标准的，行政机关应当及时立案。

【注解】

行政调查的基本要求是全面、客观、公正。所谓全面，就是要收集所有能够证明行政违法行为的证据，既要收集对当事人可以实施行政处罚的证据，也要收集有利于当事人的证据；既要收集原始证据，也要收集传来证据；既要收集直接证据，也要收集间接证据；既要收集书面证据，也要收集口头证据。所谓客观，就是从客观实际出发，避免先入为主地去收集证据。所谓公正，主要是指依法实施行政处罚可能要涉及双方当事人，或者当事人有数个，此时收集证据就要做到公正，不能为偏袒某方而在收集证据上失去公正。

本条第2款的目的是防止行政机关不作为，应当立案而不予立案的，依据本法第75条，县级以上人民政府可以主动监督，公民、法人或者其他组织对行政机关实施行政处罚的行为，有权申诉或者检举；行政机关应当认真审查，发现有错误的，应当主动改正。第76条对不及时立案的法律责任亦作出了规定。

【应用】

**57. 行政处罚立案的标准是什么**

（1）存在违反行政管理法律、法规、规章且相关法条设定了行政处罚的行为，或者有存在前述违法行为的确切线索。此因素最为关键。经初步调查证明存在违法嫌疑时，才应当立案；经初步调查有确凿证据证明不存在违法行为的，不能立案。涉嫌违法，只要求有初步证据，不要求证据确凿。

（2）办案机关具有管辖权。

（3）违法行为仍在行政处罚追究时效内。

（4）不违反一事不再罚款原则。

（5）初步调查中未发现存在其他依法应当不予处罚的情形。

【配套】

《治安管理处罚法》第79条；《行政诉讼法》第70条；《市场监督管理行政处罚程序规定》第18、19、23条；《海关关于当事人查阅行政处罚案件材料的暂行规定》

**第五十五条** 【执法调查检查程序】执法人员在调查或者进行检查时，应当主动向当事人或者有关人员出示执法证件。当事人或者有关人员有权要求执法人员出示执法证件。执法人员不出示执法证件的，当事人或者有关人员有权拒绝接受调查或者检查。

当事人或者有关人员应当如实回答询问，并协助调查或者检查，不得拒绝或者阻挠。询问或者检查应当制作笔录。

**注解**

行政执法人员执法必须出示执法证件，以代表国家公权力，各省、自治区、直辖市所属部门执法人员实施行政处罚的，必须持省级政府颁发的执法证件，国务院部门执法人员执法的，需要持本部门颁发的执法证件。根据《行政强制法》第18条，行政机关实施行政强制措施应当出示执法身份证件。

**配套**

《行政强制法》第18条

**第五十六条 【证据收集程序】** 行政机关在收集证据时，可以采取抽样取证的方法；在证据可能灭失或者以后难以取得的情况下，经行政机关负责人批准，可以先行登记保存，并应当在七日内及时作出处理决定，在此期间，当事人或者有关人员不得销毁或者转移证据。

**注解**

在司法实践中，对先行登记保存证据行为进行审查应注意以下几个方面：一是先行登记保存的证据必须是与违法行为有直接必然关联的证据；二是先行登记保存证据是行政执法人员收集证据时，在证据可能灭失或者以后难以取得的情况下采取的必要措施，必须具有先行登记保存的必要性；三是证据保存手段应当与证据保存目的相适应，采取适当的手段和方法；四是需要利用涉案物品的实质性特征作为证据，而又不能用其他取证手段代替时，才能对证据先行登记保存，如果可采取询问、拍照、录像、勘验等其他形式收集证明和认定行为人违法事实的证据，就不应采取查封、扣押方式进行先行登记保存；五是需经行政机关负责人批准，并在7日内作出相应处理。

**第五十七条 【处罚决定】** 调查终结，行政机关负责人应当对调查结果进行审查，根据不同情况，分别作出如下决定：

（一）确有应受行政处罚的违法行为的，根据情节轻重及具体情况，作出行政处罚决定；

（二）违法行为轻微，依法可以不予行政处罚的，不予行政处罚；

（三）违法事实不能成立的，不予行政处罚；

（四）违法行为涉嫌犯罪的，移送司法机关。

对情节复杂或者重大违法行为给予行政处罚，行政机关负责人应当集体讨论决定。

▋注解

根据《最高人民法院关于行政机关负责人出庭应诉若干问题的规定》第2条第1款的规定，本条有关行政机关负责人的界定，应当包括行政机关的正职、副职负责人、参与分管被诉行政行为实施工作的副职级别的负责人以及其他参与分管的负责人。

人民法院对一般行政处罚案件应当审查是否经过行政机关负责人审查，主要审查是否有行政机关负责人相应的书面审查记录。未经行政机关负责人审查而径行作出行政处罚决定的，该行政处罚决定违法。对复杂、重大的行政处罚案件，应当审查是否经过行政机关负责人集体讨论程序，这里主要审查是否有集体讨论的书面证据。未经行政机关负责人集体讨论的，该行政处罚决定构成重大程序违法，依法应予撤销。

▋配套

《治安管理处罚法》第95条

**第五十八条　【法制审核】**有下列情形之一，在行政机关负责人作出行政处罚的决定之前，应当由从事行政处罚决定法制审核的人员进行法制审核；未经法制审核或者审核未通过的，不得作出决定：

（一）涉及重大公共利益的；

（二）直接关系当事人或者第三人重大权益，经过听证程序的；

（三）案件情况疑难复杂、涉及多个法律关系的；

（四）法律、法规规定应当进行法制审核的其他情形。

行政机关中初次从事行政处罚决定法制审核的人员，应当通过国家统一法律职业资格考试取得法律职业资格。

**应用**

**58. 行政处罚法制审核应着重审查哪些内容**

一是行政执法主体是否合法，行政执法人员是否具备执法资格；二是行政执法程序是否合法；三是案件事实是否清楚，证据是否合法充分；四是适用法律、法规、规章是否准确，裁量基准运用是否适当；五是执法是否超越执法机关法定权限；六是行政执法文书是否完备、规范；七是违法行为是否涉嫌犯罪、需要移送司法机关等。

法制审核机构完成审核后，要根据不同情形，提出同意或者存在问题的书面审核意见。行政执法承办机构要对法制审核机构提出的存在问题的审核意见进行研究，作出相应处理后再次报送法制审核。行政执法机关主要负责人是推动落实本机关重大执法决定法制审核制度的第一责任人，对本机关作出的行政执法决定负责。

**配套**

《国家统一法律职业资格考试实施办法》；《国务院办公厅关于全面推行行政执法公示制度执法全过程记录制度重大执法决定法制审核制度的指导意见》

**第五十九条　【处罚决定书的内容】** 行政机关依照本法第五十七条的规定给予行政处罚，应当制作行政处罚决定书。行政处罚决定书应当载明下列事项：

（一）当事人的姓名或者名称、地址；

（二）违反法律、法规、规章的事实和证据；

（三）行政处罚的种类和依据；

（四）行政处罚的履行方式和期限；

（五）申请行政复议、提起行政诉讼的途径和期限；

（六）作出行政处罚决定的行政机关名称和作出决定的日期。

行政处罚决定书必须盖有作出行政处罚决定的行政机关的印章。

**配套**

《治安管理处罚法》第96条;《安全生产违法行为行政处罚办法》第30条

**第六十条 【行政处罚决定作出期限】** 行政机关应当自行政处罚案件立案之日起九十日内作出行政处罚决定。法律、法规、规章另有规定的,从其规定。

**注解**

本条是关于行政处罚决定作出期限的规定。规定90日的办理时限,是为了体现效率行政的要求,但证券、农业、生态环境等有些领域的案件办理具有一定特殊性,本条为例外规定留了余地。

**配套**

《生态环境行政处罚办法》第57条;《市场监督管理行政处罚程序规定》第64条

**第六十一条 【行政处罚决定书的送达】** 行政处罚决定书应当在宣告后当场交付当事人;当事人不在场的,行政机关应当在七日内依照《中华人民共和国民事诉讼法》的有关规定,将行政处罚决定书送达当事人。

当事人同意并签订确认书的,行政机关可以采用传真、电子邮件等方式,将行政处罚决定书等送达当事人。

**注解**

行政机关在将行政处罚决定书送达当事人时,应遵循以下规定:

1. 送达文书必须有送达回证,由受送达人在送达回证上记明收到日期,签名或者盖章。受送达人在送达回证上的签收日期为送达日期。

2. 送达文书,应当直接送交受送达人。受送达人是公民的,本人不在时交他的同住成年家属签收;受送达人是法人或者其他组织的,应当由法人的法定代表人、其他组织的主要负责人或者该法人、组织负责收件的人签收;受送达人有诉讼代理人的,可以送交其代理人签收;受送达人已向行政机关指定代收人的，送交代收人签收。受送达人的同住成年家属，法人或者其他组织的负责收件的人，诉讼代理人或者代收人在送达回证上签收的日期为送达日期。

3. 受送达人或者他的同住成年家属拒绝接收诉讼文书的，送达人可以邀请有关基层组织或者所在单位的代表到场，说明情况，在送达回证上记明拒收事由和日期，由送达人、见证人签名或者盖章，把文书留在受送达人的住所；也可以把文书留在受送达人的住所，并采用拍照、录像等方式记录送达过程，即视为送达。

4. 直接送达文书有困难的，可以委托其他机关代为送达。

5. 邮寄送达的，以回执上注明的收件日期为送达日期。

6. 受送达人是军人的，通过其所在部队团以上单位的政治机关转交。受送达人被监禁的，通过其所在监所转交。受送达人被采取强制性教育措施的，通过其所在强制性教育机构转交。

7. 受送达人下落不明，或者用其他方式无法送达的，可以公告送达。自发出公告之日起，经过30日，即视为送达。公告送达，应当在案卷中记明原因和经过。

> 配套

《民事诉讼法》第87—95条；《治安管理处罚法》第97条；《海关办理行政处罚案件程序规定》第24—28条；《安全生产违法行为行政处罚办法》第31条

**第六十二条　【行政机关不履行告知义务不得作出处罚】**行政机关及其执法人员在作出行政处罚决定之前，未依照本法第四十四条、第四十五条的规定向当事人告知拟作出的行政处罚内容及事实、理由、依据，或者拒绝听取当事人的陈述、申辩，不得作出行政处罚决定；当事人明确放弃陈述或者申辩权利的除外。

> 注解

根据本法第38条第2款，违反法定程序构成重大且明显违法的，行政处罚无效。第44条、第45条规定的告知、陈述、申辩属于重要法定程序，没有经过这些程序的，行政处罚无效。

## 第四节 听证程序

**第六十三条** 【听证的适用范围】行政机关拟作出下列行政处罚决定，应当告知当事人有要求听证的权利，当事人要求听证的，行政机关应当组织听证：

（一）较大数额罚款；
（二）没收较大数额违法所得、没收较大价值非法财物；
（三）降低资质等级、吊销许可证件；
（四）责令停产停业、责令关闭、限制从业；
（五）其他较重的行政处罚；
（六）法律、法规、规章规定的其他情形。

当事人不承担行政机关组织听证的费用。

> 注解

本条重点明确听证的适用范围。所谓听证，是指在行政机关非本案调查人员的主持下，由调查取证人员、案件当事人、利害关系人以及委托代理人参加，听取各方的陈述意见、质证、提供证据的一种法律制度。

> 应用

**59. 公安机关作出哪些治安管理处罚决定前，应当告知当事人有权要求听证**

公安机关作出吊销许可证以及处 2000 元以上罚款的治安管理处罚决定前，应当告知违反治安管理行为人有权要求举行听证；违反治安管理行为人要求听证的，公安机关应当及时依法举行听证。

**60. 海关作出哪些处罚决定前，应当告知当事人有权要求听证**

海关在作出行政处罚决定前，应当告知当事人作出行政处罚决定的事实、理由和依据，并且告知当事人依法享有的权利。海关作出暂停从事有关业务、撤销海关注册登记、禁止从事报关活动、对公民处 1 万元以上罚款、对法人或者其他组织处 10 万元以上罚款、没收有关货物、物品、走私运输工具等行政处罚决定之前，应当告知当事人有要求举行听证的权利；当事人要求听证的，海关应当组织听证。在履行告知义务时，海关应当制发行政处罚告知单，送达当事人。

61. 中国证监会作出哪些行政处罚以前，当事人要求举行听证的，应当组织听证

（1）责令停止发行证券；

（2）责令停业整顿；

（3）暂停或者撤销证券、期货业务许可；

（4）撤销任职资格或者证券从业资格；

（5）对个人处以罚款或者没收违法所得人民币5万元以上；

（6）对法人或者其他组织处以罚款或者没收违法所得人民币30万元以上；

（7）法律、法规和规章规定的可以要求听证的其他情形。

**配套**

《治安管理处罚法》第98条；《海关行政处罚实施条例》第49条；《中国证券监督管理委员会行政处罚听证规则》第5条；《财政行政处罚听证实施办法》；《司法行政机关行政处罚听证程序规定》

**第六十四条　【听证的基本程序】** 听证应当依照以下程序组织：

（一）当事人要求听证的，应当在行政机关告知后五日内提出；

（二）行政机关应当在举行听证的七日前，通知当事人及有关人员听证的时间、地点；

（三）除涉及国家秘密、商业秘密或者个人隐私依法予以保密外，听证公开举行；

（四）听证由行政机关指定的非本案调查人员主持；当事人认为主持人与本案有直接利害关系的，有权申请回避；

（五）当事人可以亲自参加听证，也可以委托一至二人代理；

（六）当事人及其代理人无正当理由拒不出席听证或者未经许可中途退出听证的，视为放弃听证权利，行政机关终止听证；

（七）举行听证时，调查人员提出当事人违法的事实、证据

和行政处罚建议，当事人进行申辩和质证；

（八）听证应当制作笔录。笔录应当交当事人或者其代理人核对无误后签字或者盖章。当事人或者其代理人拒绝签字或者盖章的，由听证主持人在笔录中注明。

**注解**

听证主持人是指由行政机关指定，在听证程序中处于主导地位，组织并主持听证活动，确保听证活动顺利进行的行政机关工作人员。当事人认为主持人与本案有直接利害关系的，有权申请回避，以确保听证程序的公正性。如果行政机关认为当事人的回避申请成立，则应当另行指定听证程序的主持人。

当事人可以自行参加听证，进行陈述、申辩、反驳、辩论等，行使听证权利，也可以委托他人行使权利，由他人代理自己参加听证。代理人在听证过程中的陈述、申辩、反驳、辩论等视为委托人的意见。如果当事人委托他人参加听证，应向行政机关提供法定的委托手续，代理人代理他人参加听证，需有委托人的明确授权。关于代理人的人数，本条规定限于1至2人。

**第六十五条** 【听证结束后的处理】听证结束后，行政机关应当根据听证笔录，依照本法第五十七条的规定，作出决定。

**应用**

**62. 如何理解行政机关作出行政处罚决定"应当根据听证笔录"**

一是听证程序是行政机关调查案件事实的方式之一。听证程序是行政机关调查案件事实的手段，在听证程序中，调查人员仅提出行政处罚的建议，行政相对人可以发表意见、提出申辩、出示证据。在听证结束后，行政机关根据听证过程中提交的证据及听证调查情况，依照本法第57条规定的不同情况，分别作出决定。

二是听证笔录应当作为行政处罚决定作出的根据。听证笔录作为听证活动的完整记录，能够全面、准确呈现行政机关提出的行政相对人违法的事实、证据和行政处罚建议以及行政相对人提出的陈述、申辩意见、质证意见等内容。行政机关作出后续行政决定时，应当对听证程序中是否采纳证据、是否采纳行政相对人的陈述申辩、查明事实等相关情况作出说明,根据听证笔录的内容作出行政决定。行政机关不应采纳未经听证程序而由调查机关任意提交的事实和证据作为行政处罚的根据。

# 第六章 行政处罚的执行

**第六十六条 【处罚决定的自行履行】**行政处罚决定依法作出后,当事人应当在行政处罚决定书载明的期限内,予以履行。

当事人确有经济困难,需要延期或者分期缴纳罚款的,经当事人申请和行政机关批准,可以暂缓或者分期缴纳。

>[!注解]

行政处罚决定生效后,当事人应当自觉履行。判断当事人是否自行、主动履行了处罚决定应从以下三个方面展开:一是当事人是否实际履行。行政处罚决定书依法送达后,当事人应当以自己的实际行动履行行政处罚决定所设定的义务,如缴纳罚款、主动停产停业、改正违法行为等,即以实际的作为或者不作为履行行政处罚决定。二是当事人是否按时履行。通常情况下,行政处罚决定书都会载明当事人履行处罚决定的期限,如在行政处罚决定作出后15日内到指定的银行缴纳罚款等。如果当事人逾期不缴纳罚款,就意味着其已经放弃自愿履行的机会,行政机关便可以采取强制措施,督促或迫使其履行。三是当事人是否完全履行。当事人接到行政处罚决定书后,应当全面履行行政处罚决定的内容,不能只履行其中的一部分。如果行政处罚决定要求当事人缴纳罚款并责令其停产停业,而当事人只缴纳了罚款却没有停产停业,就属于没有完全履行行政处罚决定。

根据本条规定,行政处罚决定依法作出后,当事人应当在行政处罚决定书载明的期限内予以履行。当事人申请延期或者分期缴纳罚款需要符合以下几个条件:第一,行政机关依法作出了对当事人予以罚款的行政处罚决定,且已经生效。行政机关对当事人作出处罚决定且已经依法向其送达,是该当事人向行政机关申请延期或者分期缴纳罚款的前提。第二,当事人缴纳罚款存在困难。第三,当事人提出申请。第四,行政机关批准。

**第六十七条** 【罚款的缴纳】作出罚款决定的行政机关应当与收缴罚款的机构分离。

除依照本法第六十八条、第六十九条的规定当场收缴的罚款外，作出行政处罚决定的行政机关及其执法人员不得自行收缴罚款。

当事人应当自收到行政处罚决定书之日起十五日内，到指定的银行或者通过电子支付系统缴纳罚款。银行应当收受罚款，并将罚款直接上缴国库。

### 注解

罚缴分离原则，是指除了依法当场收缴的罚款外，作出行政处罚决定的行政机关及其执法人员不得自行收缴罚款。行政机关可以指定银行作为收受罚款的专门机构，当事人到指定的银行缴纳罚款，银行应当收受罚款后直接上缴国库。

### 配套

《罚款决定与罚款收缴分离实施办法》；《违反行政事业性收费和罚没收入收支两条线管理规定行政处分暂行规定》；《罚款代收代缴管理办法》；《罚没财物管理办法》

**第六十八条** 【当场收缴罚款】依照本法第五十一条的规定当场作出行政处罚决定，有下列情形之一，执法人员可以当场收缴罚款：

（一）依法给予一百元以下罚款的；

（二）不当场收缴事后难以执行的。

### 应用

63. 关于当场收缴罚款的范围，治安管理处罚法有哪些特殊规定

受到罚款处罚的人应当自收到处罚决定书之日起 15 日内，到指定的银行缴纳罚款。但是，有下列情形之一，人民警察可以当场收缴罚款：

（1）被处 50 元以下罚款，被处罚人对罚款无异议的；

（2）在边远、水上、交通不便地区，公安机关及其人民警察作出罚款决

定后,被处罚人向指定的银行缴纳罚款确有困难,经被处罚人提出的;

(3)被处罚人在当地没有固定住所,不当场收缴事后难以执行的。

▶配 套◀

《治安管理处罚法》第104、105条

**第六十九条 【可以当场收缴罚款的特殊规定】** 在边远、水上、交通不便地区,行政机关及其执法人员依照本法第五十一条、第五十七条的规定作出罚款决定后,当事人到指定的银行或者通过电子支付系统缴纳罚款确有困难,经当事人提出,行政机关及其执法人员可以当场收缴罚款。

▶注 解◀

本条是关于行政机关及其执法人员可以当场收缴罚款的特殊规定,主要是针对特殊地区收缴罚款所遇到的特殊情况而作出的特别规定。本条既适用于依据简易程序作出的处罚决定,也适用于依据普通程序作出的处罚决定。

依据本条规定,在同时具备以下三个条件的特殊情形下,执法人员才可当场收缴罚款:(1)违法行为地限于边远、水上、交通不便地区。(2)当事人到指定的银行或者通过电子支付系统缴纳罚款确有困难。虽处于边远、水上、交通不便地区,但结合处罚案件及当事人的具体情况,如果当事人到指定的银行或通过电子支付系统缴纳罚款不存在困难,执法人员不得当场收缴罚款。(3)当事人自行提出当场缴纳罚款的要求。这是当场收缴罚款的必要条件,如当事人没有提出当场缴纳罚款,其愿意自行到指定的银行或者通过电子支付系统缴纳,执法人员也不得当场收缴罚款。另外,行政机关及其执法人员不得以此为依据,要求或者变相要求当事人"提出"当场缴纳罚款,更不得进行"议价"罚款。

**第七十条 【行政机关出具专用票据的义务】** 行政机关及其执法人员当场收缴罚款的,必须向当事人出具国务院财政部门或者省、自治区、直辖市人民政府财政部门统一制发的专用票据;不出具财政部门统一制发的专用票据的,当事人有权拒绝缴纳罚款。

**配套**

《财政票据管理办法》第4条

**第七十一条 【当场收缴罚款的缴纳期限】**执法人员当场收缴的罚款，应当自收缴罚款之日起二日内，交至行政机关；在水上当场收缴的罚款，应当自抵岸之日起二日内交至行政机关；行政机关应当在二日内将罚款缴付指定的银行。

**第七十二条 【执行措施】**当事人逾期不履行行政处罚决定的，作出行政处罚决定的行政机关可以采取下列措施：

（一）到期不缴纳罚款的，每日按罚款数额的百分之三加处罚款，加处罚款的数额不得超出罚款的数额；

（二）根据法律规定，将查封、扣押的财物拍卖、依法处理或者将冻结的存款、汇款划拨抵缴罚款；

（三）根据法律规定，采取其他行政强制执行方式；

（四）依照《中华人民共和国行政强制法》的规定申请人民法院强制执行。

行政机关批准延期、分期缴纳罚款的，申请人民法院强制执行的期限，自暂缓或者分期缴纳罚款期限结束之日起计算。

**注解**

1. 加处罚款的性质为行政强制执行。《行政强制法》第12条规定了行政强制执行的方式包括加处罚款，第45条规定了加处罚款或者滞纳金的数额不得超出金钱给付义务的数额，并且将加处罚款的适用范围从《行政处罚法》规定的只适用于对罚款的强制执行措施扩大至适用于对所有"金钱给付义务的行政决定"的强制执行措施。据此，当事人不履行具有金钱给付义务的行政处罚的，行政机关可以决定加处罚款，而无须局限于罚款情形。对于加处罚款的行政行为，当事人不服的可以申请行政复议或者提起行政诉讼。

2. 行政机关在作出处罚决定之后，如果当事人在规定的期限内拒不缴纳罚款，行政机关可以将查封、扣押的当事人的财物予以拍卖，对于禁止拍卖的物品，行政机关应当按照国家有关规定依法处理；拍卖、处理所得用于抵缴罚款；抵缴罚款之后有剩余的，应当依法退还当事人。如果当事人在银行等金融机构有存款、汇款，当事人逾期不缴纳罚款的，行政机关可以采取划拨、冻结存款、汇款的执行措施。

3. 根据《行政强制法》第53条的规定，当事人在法定期限内不申请行政复议或者提起行政诉讼，又不履行行政决定的，没有行政强制执行权的行政机关可以自期限届满之日起3个月内，依法申请人民法院强制执行。当事人向行政机关申请延期、分期缴纳罚款，行政机关批准的，应当明确暂缓缴纳的期限或者分期缴纳的期限和每期缴纳的金额，并送达当事人。行政机关批准延期、分期缴纳罚款的，申请人民法院强制执行的期限，自暂缓或者分期缴纳罚款期限结束之日起计算。无强制执行权的行政机关逾期不申请人民法院强制执行的，将面临不利的法律后果。

**应用**

**64.《环境保护法》规定的按日计罚属于加处罚款的执行罚吗**

《环境保护法》第59条规定，企业事业单位和其他生产经营者违法排放污染物，受到罚款处罚，被责令改正，拒不改正的，依法作出处罚决定的行政机关可以自责令改正之日的次日起，按照原处罚数额按日连续处罚。该规定仅针对违法排放污染物，受到罚款处罚，被责令改正，拒不改正的情形，并且是按照原处罚数额按日连续处罚，与《行政处罚法》加处罚款在适用情形、处罚基数、处罚比例、起算时间上完全不同，其本质区别在于按日计罚规则属于对拒不改正行为的基础处罚行为，对于连续违法行为增加罚款数额体现了过罚相当原则的要求，不属于执行罚。

**65. 法律规定的其他行政强制执行方式有哪些**

行政机关在强制执行行政处罚时应当适用《行政强制法》，可以采取《行政强制法》规定的其他强制执行方式，如滞纳金、代履行等，也可以采取法律规定的其他强制执行方式。

**配套**

《行政强制法》第12、45条；《全国人民代表大会常务委员会法制工作委员会关于环保部门就环境行政处罚决定申请人民法院强制执行的期限有关问题的答复》

**第七十三条** 【申请复议、提起诉讼不停止处罚执行及例外】当事人对行政处罚决定不服，申请行政复议或者提起行政诉讼的，行政处罚不停止执行，法律另有规定的除外。

当事人对限制人身自由的行政处罚决定不服，申请行政复议或者提起行政诉讼的，可以向作出决定的机关提出暂缓执行申请。符合法律规定情形的，应当暂缓执行。

当事人申请行政复议或者提起行政诉讼的，加处罚款的数额在行政复议或者行政诉讼期间不予计算。

> 注 解

当事人对限制人身自由的行政处罚决定不服，申请行政复议或者提起行政诉讼的，可以提出暂缓执行申请。符合法律规定情形的，应当暂缓执行。此外，还有一些情形也可以停止执行。

> 应 用

**66. 行政复议期间，行政处罚在哪些情形下应当停止执行**

行政复议期间行政行为不停止执行；但是有下列情形之一的，应当停止执行：

（1）被申请人认为需要停止执行；

（2）行政复议机关认为需要停止执行；

（3）申请人、第三人申请停止执行，行政复议机关认为其要求合理，决定停止执行；

（4）法律、法规、规章规定停止执行的其他情形。

**67. 行政诉讼期间，行政处罚在哪些情形下应当停止执行**

行政诉讼期间，不停止行政行为的执行。但有下列情形之一的，裁定停止执行：

（1）被告认为需要停止执行的；

（2）原告或者利害关系人申请停止执行，人民法院认为该行政行为的执行会造成难以弥补的损失，并且停止执行不损害国家利益、社会公共利益的；

（3）人民法院认为该行政行为的执行会给国家利益、社会公共利益造成

重大损害的;

(4) 法律、法规规定停止执行的。

当事人对停止执行或者不停止执行的裁定不服的,可以申请复议一次。

> 配套

《行政复议法》第42条;《行政诉讼法》第56条;《行政强制法》第39条;《治安管理处罚法》第107条;《最高人民法院行政审判庭关于行政处罚的加处罚款在诉讼期间应否计算问题的答复》

**第七十四条 【依法没收非法财物的处理】** 除依法应当予以销毁的物品外,依法没收的非法财物必须按照国家规定公开拍卖或者按照国家有关规定处理。

罚款、没收的违法所得或者没收非法财物拍卖的款项,必须全部上缴国库,任何行政机关或者个人不得以任何形式截留、私分或者变相私分。

罚款、没收的违法所得或者没收非法财物拍卖的款项,不得同作出行政处罚决定的行政机关及其工作人员的考核、考评直接或者变相挂钩。除依法应当退还、退赔的外,财政部门不得以任何形式向作出行政处罚决定的行政机关返还罚款、没收的违法所得或者没收非法财物拍卖的款项。

> 注解

"依法应当予以销毁的物品"指的是不具有使用价值和回收利用价值或依法禁止流通的物品。如可能危及人体健康、人身和财产安全的物品,失效、变质的物品,不能消除伪造产地、冒用厂名厂址以及伪造、冒用的认证标志的物品等。

"按照国家规定公开拍卖的非法物品"指的是那些具有使用价值或回收利用价值,且依法可以流通的物品。这些物品需符合安全标准,且物品上的违法状态可以消除,才可以进入拍卖程序。

"必须按照国家有关规定处理的物品"指的是国家规定需作特殊处理的物品,这些物品不能公开拍卖,也无必要销毁或销毁会对环境造成一定损害，应当按照国家有关规定处理。如《固体废物污染环境防治法》第90条规定，医疗废物应当交由医疗废物集中处置单位及时处置。

**第七十五条　【行政处罚的监督】** 行政机关应当建立健全对行政处罚的监督制度。县级以上人民政府应当定期组织开展行政执法评议、考核，加强对行政处罚的监督检查，规范和保障行政处罚的实施。

行政机关实施行政处罚应当接受社会监督。公民、法人或者其他组织对行政机关实施行政处罚的行为，有权申诉或者检举；行政机关应当认真审查，发现有错误的，应当主动改正。

# 第七章　法律责任

**第七十六条　【违法实施行政处罚的法律责任】** 行政机关实施行政处罚，有下列情形之一，由上级行政机关或者有关机关责令改正，对直接负责的主管人员和其他直接责任人员依法给予处分：

（一）没有法定的行政处罚依据的；
（二）擅自改变行政处罚种类、幅度的；
（三）违反法定的行政处罚程序的；
（四）违反本法第二十条关于委托处罚的规定的；
（五）执法人员未取得执法证件的。

行政机关对符合立案标准的案件不及时立案的，依照前款规定予以处理。

> 注解
> 
> 根据本法第42条的规定，行政处罚应当由具有行政执法资格的执法人员实施。代表行政机关实施行政处罚措施的必须是具备行政执法资格的行政执法人员，其他人员不得实施。在具体执法中，部分执法人员是聘用的合同工、临时工、协管等，均不具备执法资格，有的行政机关以此作为不承担法律责任的借口，这不符合法治政府建设的要求。国务院发布的《全面推进依

法行政实施纲要》《国务院关于加强市县政府依法行政的决定》规定，健全行政执法人员资格制度，对拟上岗行政执法的人员要进行相关法律知识考试，经考试合格的才能授予其行政执法资格、上岗行政执法，没有取得执法资格的不得从事行政执法工作。如果行政机关派出不具备资格的行政执法人员实施行政处罚，该处罚行为违法，需要追究法律责任的，由该行政机关承担。

**第七十七条 【不使用或使用非法罚没财物单据的法律责任】**行政机关对当事人进行处罚不使用罚款、没收财物单据或者使用非法定部门制发的罚款、没收财物单据的，当事人有权拒绝，并有权予以检举，由上级行政机关或者有关机关对使用的非法单据予以收缴销毁，对直接负责的主管人员和其他直接责任人员依法给予处分。

**第七十八条 【自行收缴罚款的处理】**行政机关违反本法第六十七条的规定自行收缴罚款的，财政部门违反本法第七十四条的规定向行政机关返还罚款、没收的违法所得或者拍卖款项的，由上级行政机关或者有关机关责令改正，对直接负责的主管人员和其他直接责任人员依法给予处分。

注解

罚款决定与罚款收缴分离是基本规定，本法第68条是例外规定，行政机关不能将罚款充作经费，作为创收的手段。行政机关执法所需经费的拨付，按照国家有关规定执行。财政部门不得将行政机关的罚款、没收违法所得或者拍卖款项，与行政机关的经费挂钩或者变相挂钩。如果有关机关违反这些基本规定，则行政处罚将丧失基本的监管功能，且造成不良社会影响，因此，本条规定了责任条款。

**第七十九条 【私分罚没财物的处理】**行政机关截留、私分或者变相私分罚款、没收的违法所得或者财物的，由财政部门或者有关机关予以追缴，对直接负责的主管人员和其他直接责任人员依法给予处分；情节严重构成犯罪的，依法追究刑事责任。

执法人员利用职务上的便利，索取或者收受他人财物、将收缴罚款据为己有，构成犯罪的，依法追究刑事责任；情节轻微不构成犯罪的，依法给予处分。

第八十条 【使用、损毁查封、扣押财物的法律责任】行政机关使用或者损毁查封、扣押的财物，对当事人造成损失的，应当依法予以赔偿，对直接负责的主管人员和其他直接责任人员依法给予处分。

注解

本条所指的行政机关使用或者毁损查封、扣押的财物，对当事人造成损失而应承担的赔偿责任，应为行政赔偿责任。有关行政机关承担赔偿责任的损失范围、赔偿义务机关的确定、赔偿方式、赔偿标准及赔偿程序等，应当适用《国家赔偿法》中有关行政赔偿的规定以及《最高人民法院关于审理行政赔偿案件若干问题的规定》等。

配套

《国家赔偿法》第4条；《最高人民法院关于审理行政赔偿案件若干问题的规定》

第八十一条 【违法实行检查和执行措施的法律责任】行政机关违法实施检查措施或者执行措施，给公民人身或者财产造成损害、给法人或者其他组织造成损失的，应当依法予以赔偿，对直接负责的主管人员和其他直接责任人员依法给予处分；情节严重构成犯罪的，依法追究刑事责任。

配套

《治安管理处罚法》117条；《国家赔偿法》

第八十二条 【以罚代刑的法律责任】行政机关对应当依法移交司法机关追究刑事责任的案件不移交，以行政处罚代替刑事处罚，由上级行政机关或者有关机关责令改正，对直接负责的主管人员和其他直接责任人员依法给予处分；情节严重构成犯罪的，依法追究刑事责任。

> 配套

《公职人员政务处分法》;《行政机关公务员处分条例》;《刑法》第 397 条

**第八十三条　【行政不作为的法律责任】**行政机关对应当予以制止和处罚的违法行为不予制止、处罚，致使公民、法人或者其他组织的合法权益、公共利益和社会秩序遭受损害的，对直接负责的主管人员和其他直接责任人员依法给予处分；情节严重构成犯罪的，依法追究刑事责任。

> 配套

《最高人民检察院关于渎职侵权犯罪案件立案标准的规定》

# 第八章　附　　则

**第八十四条　【涉外行政处罚】**外国人、无国籍人、外国组织在中华人民共和国领域内有违法行为，应当给予行政处罚的，适用本法，法律另有规定的除外。

**第八十五条　【期限的计算】**本法中"二日""三日""五日""七日"的规定是指工作日，不含法定节假日。

> 注解

本条主要是关于期限含义的规定。在立法中，"日"和"工作日"在法律时限中的区别是："日"包含节假日，"工作日"不包含节假日。对于限制公民人身自由或者行使权力可能严重影响公民、法人和其他组织的其他权利的，应当用"日"，不用"工作日"。

> 配套

《全国年节及纪念日放假办法》

**第八十六条　【施行日期】**本法自 2021 年 7 月 15 日起施行。

# 配套法规

## 国务院关于进一步贯彻实施
## 《中华人民共和国行政处罚法》的通知

(2021年11月15日 国发〔2021〕26号)

各省、自治区、直辖市人民政府,国务院各部委、各直属机构:

《中华人民共和国行政处罚法》(以下简称行政处罚法)已经十三届全国人大常委会第二十五次会议修订通过。为进一步贯彻实施行政处罚法,现就有关事项通知如下:

**一、充分认识贯彻实施行政处罚法的重要意义**

行政处罚法是规范政府行为的一部重要法律。贯彻实施好新修订的行政处罚法,对推进严格规范公正文明执法,保障和监督行政机关有效实施行政管理,优化法治化营商环境,保护公民、法人或者其他组织的合法权益,加快法治政府建设,推进国家治理体系和治理能力现代化,具有重要意义。新修订的行政处罚法体现和巩固了近年来行政执法领域取得的重大改革成果,回应了当前的执法实践需要,明确了行政处罚的定义,扩充了行政处罚种类,完善了行政处罚程序,强化了行政执法责任。各地区、各部门要从深入学习贯彻习近平法治思想,加快建设法治国家、法治政府、法治社会的高度,充分认识新修订的行政处罚法施行的重要意义,采取有效措施,作出具体部署,扎实做好贯彻实施工作。

**二、加强学习、培训和宣传工作**

(一)开展制度化规范化常态化培训。行政机关工作人员特别是领导干部要带头认真学习行政处罚法，深刻领会精神实质和内在要求，做到依法行政并自觉接受监督。各地区、各部门要将行政处罚法纳入行政执法培训内容，作为行政执法人员的必修课，使行政执法人员全面理解和准确掌握行政处罚法的规定，依法全面正确履行行政处罚职能。各地区、各部门要于2022年6月前通过多种形式完成对现有行政执法人员的教育培训，并持续做好新上岗行政执法人员培训工作。

（二）加大宣传力度。各地区、各部门要将行政处罚法宣传纳入本地区、本部门的"八五"普法规划，面向社会广泛开展宣传，增强全民法治观念，提高全民守法意识，引导各方面监督行政处罚行为、维护自身合法权益。要按照"谁执法谁普法"普法责任制的要求，落实有关属地管理责任和部门主体责任，深入开展行政执法人员、行政复议人员等以案释法活动。

**三、依法规范行政处罚的设定**

（三）加强立法释法有关工作。起草法律、法规、规章草案时，对违反行政管理秩序的公民、法人或者其他组织，以减损权益或者增加义务的方式实施惩戒的，要依法设定行政处罚，不得以其他行政管理措施的名义变相设定，规避行政处罚设定的要求。对上位法设定的行政处罚作出具体规定的，不得通过增减违反行政管理秩序的行为和行政处罚种类、在法定幅度之外调整罚款上下限等方式层层加码或者"立法放水"。对现行法律、法规、规章中的行政管理措施是否属于行政处罚有争议的，要依法及时予以解释答复或者提请有权机关解释答复。

（四）依法合理设定罚款数额。根据行政处罚法规定，尚未制定法律、行政法规的，国务院部门规章对违反行政管理秩序的行为，可以按照国务院规定的限额设定一定数额的罚款。部门规章设定罚款，要坚持过罚相当，罚款数额要与违法行为的事实、性质、情节以及社会危害程度相当，该严的要严，该轻的要轻。法律、行政法规对违法行为已经作出罚款规定的，部门规章必须在法律、行政法规规定的给予行政处罚的行为、种类和幅度的范围内规定。尚未制定法律、行政法规，因行政管理迫切需要依法先以部门规章设定罚款的，设定的罚款数额最高不得超过10万元，且不得超过法律、行政法规对相似违法行为的罚款数额，涉及公民生命健康安全、金融安全且有危害后果的，设定的罚款数额最高不得超过20万元；超过上述限额的，要报国务院批准。上述情况下，部门规章实施一定时间后，需要继续实施其所设定的罚款且需要上升为法律、行政法规的，有关部门要及时报请国务院提请全国人大及其常委会制定法律，或者提请国务院制定行政法规。本通知印发后，修改部门规章时，要结合实际研究调整罚款数额的必要性，该降低的要降低，确需提高的要严格依照法定程序在限额范围内提高。地方政府规章设定罚款的限额，依法由省、自治区、直辖市人大常委会规定。

（五）强化定期评估和合法性审核。国务院部门和省、自治区、直辖市人民政府及其有关部门要认真落实行政处罚定期评估制度，结合立法计划规划每5年分类、分批组织一次评估。对评估发现有不符合上位法规定、不适应经济社会发展需要、明显过罚不当、缺乏针对性和实用性等情形的行政处罚规定，要及时按照立法权限和程序自行或者建议有权机关予以修改、废止。要加强行政规范性文件合法性审核，行政规范性文件不得设定行政处罚；违法规定行政处罚的，相关规定一律无效，不得作为行政处罚依据。

**四、进一步规范行政处罚的实施**

（六）依法全面正确履行行政处罚职能。行政机关要坚持执法为民，通过行政处罚预防、纠正和惩戒违反行政管理秩序的行为，维护公共利益和社会秩序，保护公民、法人或者其他组织的合法权益，不得违法实施行政处罚，不得为了处罚而处罚，坚决杜绝逐利执法，严禁下达罚没指标。财政部门要加强对罚缴分离、收支两条线等制度实施情况的监督，会同司法行政等部门按规定开展专项监督检查。

要持续规范行政处罚行为,推进事中事后监管法治化、制度化、规范化,坚决避免运动式执法等执法乱象。

(七)细化管辖、立案、听证、执行等程序制度。各地区、各部门要严格遵守法定程序,结合实际制定、修改行政处罚配套制度,确保行政处罚法的有关程序要求落到实处。要进一步完善地域管辖、职能管辖等规定,建立健全管辖争议解决机制。两个以上行政机关属于同一主管部门,发生行政处罚管辖争议、协商不成的,由共同的上一级主管部门指定管辖;两个以上行政机关属于不同主管部门,发生行政处罚管辖争议、协商不成的,司法行政部门要会同有关单位进行协调,在本级人民政府领导下做好指定管辖工作。要建立健全立案制度、完善立案标准,对违反行政管理秩序的行为,按规定及时立案并严格遵守办案时限要求,确保案件得到及时有效查处。确需通过立法对办案期限作出特别规定的,要符合有利于及时查清案件事实、尽快纠正违法行为、迅速恢复正常行政管理秩序的要求。要建立健全行政处罚听证程序规则,细化听证范围和流程,严格落实根据听证笔录作出行政处罚决定的规定。要逐步提高送达地址确认书的利用率,细化电子送达工作流程,大力推进通过电子支付系统缴纳罚款,加强信息安全保障和技术支撑。

(八)规范电子技术监控设备的设置和使用。行政机关设置电子技术监控设备要确保符合标准、设置合理、标志明显,严禁违法要求当事人承担或者分摊设置电子技术监控设备的费用,严禁交由市场主体设置电子技术监控设备并由市场主体直接或者间接收取罚款。除有证据证明当事人存在破坏或者恶意干扰电子技术监控设备、伪造或者篡改数据等过错的,不得因设备不正常运行给予其行政处罚。要定期对利用电子技术监控设备取证的行政处罚决定进行数据分析;对同一区域内的高频违法行为,要综合分析研判原因,推动源头治理,需要改进行政管理行为的,及时采取相应措施,杜绝以罚代管。要严格限制电子技术监控设备收集信息的使用范围,不得泄露或者向他人非法提供。

（九）坚持行政处罚宽严相济。各地区、各部门要全面推行行政裁量基准制度，规范行政处罚裁量权，确保过罚相当，防止畸轻畸重。行政机关不得在未查明违法事实的情况下，对一定区域、领域的公民、法人或者其他组织"一刀切"实施责令停产停业、责令关闭等行政处罚。各地区、各部门要按照国务院关于复制推广自由贸易试验区改革试点经验的要求，全面落实"初次违法且危害后果轻微并及时改正的，可以不予行政处罚"的规定，根据实际制定发布多个领域的包容免罚清单；对当事人违法行为依法免予行政处罚的，采取签订承诺书等方式教育、引导、督促其自觉守法。要加大食品药品、公共卫生、自然资源、生态环境、安全生产、劳动保障等关系群众切身利益的重点领域执法力度。发生重大传染病疫情等突发事件，行政机关对违反突发事件应对措施的行为依法快速、从重处罚时，也要依法合理保护当事人的合法权益。

（十）健全法律责任衔接机制。各地区、各部门要细化责令退赔违法所得制度，依法合理保护利害关系人的合法权益；当事人主动退赔，消除或者减轻违法行为危害后果的，依法予以从轻或者减轻行政处罚。要全面贯彻落实《行政执法机关移送涉嫌犯罪案件的规定》，加强行政机关和司法机关协调配合，按规定畅通案件移送渠道，完善案件移送标准和证据认定保全、信息共享、工作协助等机制，统筹解决涉案物品归口处置和检验鉴定等问题。积极推进行政执法与刑事司法衔接信息平台建设。对有案不移等，情节严重构成犯罪的，依法追究刑事责任。

**五、持续改革行政处罚体制机制**

（十一）纵深推进综合行政执法体制改革。省、自治区、直辖市人民政府要统筹协调推进综合行政执法改革工作，建立健全配套制度，组织编制并公开本地区综合行政执法事项清单。有条件的地区可以在统筹考虑综合性、专业性以及防范风险的基础上，积极稳妥探索开展更大范围、更多领域集中行使行政处罚权以及与之相关的行政检查权、行政强制权。建立健全综合行政执法机关与业务主管部门、其他行政机关行政执法信息互联互通共享、协作配合工作机制。同时实施相对集中行政许可权和行政处罚权的，要建立健全相关制度机制，确保有序衔接，防止出现监管真空。

（十二）积极稳妥赋权乡镇街道实施行政处罚。省、自治区、直辖市根据当地实际情况，采取授权、委托、相对集中行政处罚权等方式向能够有效承接的乡镇人民政府、街道办事处赋权，要注重听取基层意见，关注基层需求，积极稳妥、科学合理下放行政处罚权，成熟一批、下放一批，确保放得下、接得住、管得好、有监督；要定期组织评估，需要调整的及时调整。有关市、县级人民政府及其部门要加强对乡镇人民政府、街道办事处行政处罚工作的组织协调、业务指导、执法监督，建立健全评议考核等配套制度，持续开展业务培训，研究解决实际问题。乡镇人民政府、街道办事处要不断加强执法能力建设，依法实施行政处罚。

（十三）规范委托行政处罚。委托行政处罚要有法律、法规、规章依据，严格依法采用书面委托形式，委托行政机关和受委托组织要将委托书向社会公布。对已经委托行政处罚，但是不符合行政处罚法要求的，要及时清理；不符合书面委托规定、确需继续实施的，要依法及时完善相关手续。委托行政机关要向本级人民政府或者实行垂直管理的上级行政机关备案委托书，司法行政等部门要加强指导、监督。

（十四）提升行政执法合力。逐步完善联合执法机制，复制推广"综合查一次"经验，探索推行多个行政机关同一时间、针对同一执法对象开展联合检查、调查，防止执法扰民。要健全行政处罚协助制度，明确协助的实施主体、时限要求、工作程序等内容。对其他行政机关请求协助、属于自身职权范围内的事项，要积极履行协助职责，不得无故拒绝、拖延；无正当理由拒绝、拖延的，由上级行政机关责令改正，对相关责任人员依法依规予以处理。要综合运用大数据、物联网、云计算、区块链、人工智能等技术，先行推进高频行政处罚事项协助，实现违法线索互联、监管标准互通、处理结果互认。有关地区可积极探索跨区域执法一体化合作的制度机制，建立健全行政处罚预警通报机制，完善管辖、调查、执行等方面的制度机制，为全国提供可复制推广的经验。

**六、加强对实施行政处罚的监督**

（十五）强化行政执法监督。要加快建设省市县乡四级全覆盖的行政执法协调监督工作体系，创新监督方式，强化全方位、全流程监督，提升行政执法质量。要完善执法人员资格管理、执法行为动态监测、行政处罚案卷评查、重大问题调查督办、责任追究等制度机制，更新行政处罚文书格式文本，完善办案信息系统，加大对行政处罚的层级监督力度，切实整治有案不立、有案不移、久查不结、过罚不当、怠于执行等顽瘴痼疾，发现问题及时整改；对行政处罚实施过程中出现的同类问题，及时研究规范。要完善评议考核、统计分析制度，不得以处罚数量、罚没数额等指标作为主要考核依据。要综合评估行政处罚对维护经济社会秩序，保护公民、法人或者其他组织合法权益，提高政府管理效能的作用，探索建立行政处罚绩效评估制度。各级人民政府要不断加强行政执法协调监督队伍建设，确保力量配备、工作条件、能力水平与工作任务相适应。

各地区、各部门要把贯彻实施好新修订的行政处罚法作为当前和今后一段时期加快建设法治政府的重要抓手，切实加强和改进相关行政立法，规范行政执法，强化行政执法监督，不断提高依法行政的能力和水平。要梳理总结贯彻实施行政处罚法的经验做法，及时将重要情况和问题报送司法部。司法部要加强统筹协调监督，指导各地区、各部门抓好贯彻实施工作，组织开展行政处罚法贯彻实施情况检查，重大情况及时报国务院。此前发布的国务院文件有关规定与本通知不一致的，以本通知为准。

# 国务院办公厅关于进一步规范行政裁量权基准制定和管理工作的意见

（2022年7月29日 国办发〔2022〕27号）

各省、自治区、直辖市人民政府，国务院各部委、各直属机构：

行政裁量权基准是行政机关结合本地区本部门行政管理实际，按照裁量涉及的不同事实和情节，对法律、法规、规章中的原则性规定或者具有一定弹性的执法权限、裁量幅度等内容进行细化量化，以特定形式向社会公布并施行的具体执法尺度和标准。规范行政裁量权基准制定和管理，对保障法律、法规、规章有效实施，规范行政执法行为，维护社会公平正义具有重要意义。近年来，各地区各部门不断加强制度建设，细化量化行政裁量权基准，执法能力和水平有了较大提高，但仍存在行政裁量权基准制定主体不明确、制定程序不规范、裁量幅度不合理等问题，导致行政执法该严不严、该宽不宽、畸轻畸重、类案不同罚等现象时有发生。为建立健全行政裁量权基准制度，规范行使行政裁量权，更好保护市场主体和人民群众合法权益，切实维护公平竞争市场秩序，稳定市场预期，经国务院同意，现提出以下意见。

## 一、总体要求

（一）指导思想。坚持以习近平新时代中国特色社会主义思想为指导，全面贯彻党的十九大和十九届历次全会精神，深入贯彻习近平法治思想，认真落实党中央、国务院决策部署，立足新发展阶段，完整、准确、全面贯彻新发展理念，构建新发展格局，切实转变政府职能，建立健全行政裁量权基准制度，规范行使行政裁量权，完善执法程序，强化执法监督，推动严格规范公正文明执法，提高依法行政水平，为推进政府治理体系和治理能力现代化提供有力法治保障。

（二）基本原则。

坚持法制统一。行政裁量权基准的设定要于法于规有据，符合法律、法规、规章有关行政执法事项、条件、程序、种类、幅度的规定，充分考虑调整共同行政行为的一般法与调整某种具体社会关系或者某一方面内容的单行法之间的关系，做到相互衔接，确保法制的统一性、系统性和完整性。

坚持程序公正。严格依照法定程序科学合理制定行政裁量权基准，广泛听取公民、法人和其他组织的意见，依法保障行政相对人、利害关系人的知情权和参与权。行政裁量权基准一律向社会公开，接受市场主体和人民群众监督。

坚持公平合理。制定行政裁量权基准要综合考虑行政职权的种类，以及行政执法行为的事实、性质、情节、法律要求和本地区经济社会发展状况等因素，应确属必要、适当，并符合社会公序良俗和公众合理期待。要平等对待公民、法人和其他组织，对类别、性质、情节相同或者相近事项处理结果要基本一致。

坚持高效便民。牢固树立执法为民理念，积极履行法定职责，简化流程、明确条件、优化服务，切实提高行政效能，避免滥用行政裁量权，防止执法扰民和执法简单粗暴"一刀切"，最大程度为市场主体和人民群众提供便利。

（三）工作目标。到2023年底前，行政裁量权基准制度普遍建立，基本实现行政裁量标准制度化、行为规范化、管理科学化，确保行政机关在具体行政执法过程中有细化量化的执法尺度，行政裁量权边界明晰，行政处罚、行政许可、行政征收征用、行政确认、行政给付、行政强制、行政检查等行为得到有效规范，行政执法质量和效能大幅提升，社会满意度显著提高。

## 二、明确行政裁量权基准制定职责权限

（四）严格履行行政裁量权基准制定职责。国务院有关部门可以依照法律、行政法规等制定本部门本系统的行政裁量权基准。制定过程中，要统筹考虑其他部门已制定的有关规定，确保衔接协调。省、自治区、直辖市和设区的市、自治州人民政府及其部门可以依照法律、法规、规章以及上级行政机关制定的行政裁量权基准，制定本行政区域内的行政裁量权基准。县级人民政府及其部门可以在法定范围内，对上级行政机关制定的行政裁量权基准适用的标准、条件、种类、幅度、方式、时限予以合理细化量化。地方人民政府及其部门在制定行政裁量权基准过程中，可以参考与本地区经济发展水平、人口规模等相近地方的有关规定。

（五）严格规范行政裁量权基准制定权限。行政机关可以根据工作需要依法制定行政裁量权基准。无法律、法规、规章依据，不得增加行政相对人的义务或者减损行政相对人的权益。对同一行政执法事项，上级行政机关已经制定行政裁量权基准的，下级行政机关原则上应直接适用；如下级行政机关不能直接适用，可以结合本地区经济社会发展状况，在法律、法规、规章规定的行政裁量权范围内进行合理细化量化，但不能超出上级行政机关划定的阶次或者幅度。下级行政机关制定的行政裁量权基准与上级行政机关制定的行政裁量权基准冲突的，应适用上级行政机关制定的行政裁量权基准。

## 三、准确规定行政裁量权基准内容

（六）推动行政处罚裁量适当。对同一种违法行为，法律、法规、规章规定可以选择处罚种类、幅度，或者法律、法规、规章对不予处罚、免予处罚、从轻处罚、减轻处罚、从重处罚的条件只有原则性规定的，要根据违法行为的事实、性质、情节以及社会危害程度细化量化行政处罚裁量权基准，防止过罚不相适应、重责轻罚、轻责重罚。行政处罚裁量权基准应当包括违法行为、法定依据、裁量阶次、适用条件和具体标准等内容。要严格依照《中华人民共和

国行政处罚法》有关规定，明确不予处罚、免予处罚、从轻处罚、减轻处罚、从重处罚的裁量阶次，有处罚幅度的要明确情节轻微、情节较轻、情节较重、情节严重的具体情形。

要坚持过罚相当、宽严相济，避免畸轻畸重、显失公平。坚持处罚与教育相结合，发挥行政处罚教育引导公民、法人和其他组织自觉守法的作用。对违法行为依法不予行政处罚的，行政机关要加强对当事人的批评教育，防止违法行为再次发生。

要依法合理细化具体情节、量化罚款幅度，坚决避免乱罚款，严格禁止以罚款进行创收，严格禁止以罚款数额进行排名或者作为绩效考核的指标。罚款数额的从轻、一般、从重档次情形要明确具体，严格限定在法定幅度内，防止简单地一律就高或者就低处罚；罚款数额为一定金额的倍数的，要在最高倍数与最低倍数之间划分阶次；罚款数额有一定幅度的，要在最高额与最低额之间划分阶次，尽量压缩裁量空间。需要在法定处罚种类或幅度以下减轻处罚的，要严格进行评估，明确具体情节、适用条件和处罚标准。

（七）推动行政许可便捷高效。法律、法规、规章对行政许可的条件、程序、办理时限、不予受理以及行政许可的变更、撤回、撤销、注销只有原则性规定，或者对行政许可的申请材料没有明确规定的，有关行政机关可以对相关内容进行细化量化，但不得增加许可条件、环节，不得增加证明材料，不得设置或者变相设置歧视性、地域限制等不公平条款，防止行业垄断、地方保护、市场分割。拟在法律、法规、国务院决定中设定行政许可的，应当同时规定行政许可的具体条件；暂时没有规定的，原则上有关行政机关应以规章形式制定行政许可实施规范，进一步明确行政许可的具体条件。对法定的行政许可程序，有关行政机关要优化简化内部工作流程，合理压缩行政许可办理时限。

行政许可需要由不同层级行政机关分别实施的，要明确不同层级行政机关的具体权限、流程和办理时限，不得无故拖延办理、逾期办理；不同层级行政机关均有权实施同一行政许可的，有关行政机关不得推诿或者限制申请人的自主选择权。法律、法规、规章没有对行政许可规定数量限制的，不得以数量控制为由不予审批。实施行政许可需要申请人委托中介服务机构提供资信证明、检验检测、评估等中介服务的，行政机关不得指定中介服务机构。

（八）推动行政征收征用公平合理。制定行政征收征用裁量权基准要遵循征收征用法定、公平公开、尊重行政相对人财产权等原则，重点对行政征收征用的标准、程序和权限进行细化量化，合理确定征收征用财产和物品的范围、数量、数额、期限、补偿标准等。对行政征收项目的征收、停收、减收、缓收、免收情形，要明确具体情形、审批权限和程序。除法律、法规规定的征收征用项目外，一律不得增设新的征收征用项目。法律、法规规定可以委托实施征收征用事务的，要明确委托的具体事项、条件、权限、程序和责任。不得将法定职责范围内的征收征用事务通过购买服务的方式交由其他单位或者个人实施。

（九）规范行政确认、行政给付、行政强制和行政检查行为。法律、法规、规章对行政确认、行政给付、行政强制的条件、程序和办理时限只有原则性规定，对行政检查的职责和范围只有原则性规定，对行政确认的申请材料没有明确规定，对行政给付数额规定一定幅度的，有关行政机关可以依照法定权限和程序对相关内容进行细化量化。

**四、严格行政裁量权基准制定程序**

（十）明确制定程序。加强行政裁量权基准制发程序管理，健全工作机制，根据行政裁量权的类型确定行政裁量权基准的发布形式。以规章形式制定行政裁量权基准的，要按照《规章制定程序条例》规定，认真执行立项、起草、审查、决定、公布等程序。行政机关为实施法律、法规、规章需要对裁量的阶次、幅度、程序等作出具体规定的，可以在法定权限内以行政规范性文件形式作出规定。以行政规范性文件形式制定行政裁量权基准的，要按照《国务院办公厅关于加强行政规范性文件制定和监督管理工作的通知》（国办发〔2018〕37号）要求，严格执行评估论证、公开征求意见、合法性审核、集体审议决定、公开发布等程序。

（十一）**充分研究论证**。制定行政裁量权基准，要根据管理需要，科学分析影响行政执法行为的裁量因素，充分考量行政裁量权基准的实施效果，做好裁量阶次与裁量因素的科学衔接、有效结合，实现各裁量阶次适当、均衡，确保行政执法适用的具体标准科学合理、管用好用。

**五、加强行政裁量权基准管理**

（十二）**规范适用行政裁量权基准**。行政机关在作出行政执法决定前，要告知行政相对人有关行政执法行为的依据、内容、事实、理由，有行政裁量权基准的，要在行政执法决定书中对行政裁量权基准的适用情况予以明确。适用本行政机关制定的行政裁量权基准可能出现明显不当、显失公平，或者行政裁量权基准适用的客观情况发生变化的，经本行政机关主要负责人批准或者集体讨论通过后可以调整适用，批准材料或者集体讨论记录应作为执法案卷的一部分归档保存。适用上级行政机关制定的行政裁量权基准可能出现明显不当、显失公平，或者行政裁量权基准适用的客观情况发生变化的，报请该基准制定机关批准后，可以调整适用。对调整适用的行政裁量权基准，制定机关要及时修改。因不规范适用行政裁量权基准造成严重后果的，要依规依纪依法严格追究有关人员责任。

（十三）**强化日常监督管理**。各地区各部门要通过行政执法情况检查、行政执法案卷评查、依法行政考核、行政执法评议考核、行政复议附带审查、行政执法投诉举报处理等方式，加强对行政裁量权基准制度执行情况的监督检查。要建立行政裁量权基准动态调整机制，行政裁量权基准所依据的法律、法规、规章作出修改，或者客观情况发生重大变化的，要及时进行调整。行政裁量权基准制定后，要按照规章和行政规范性文件备案制度确定的程序和时限报送备案，主动接受备案审查机关监督。备案审查机关发现行政裁量权基准与法律、法规、规章相抵触的，要依法予以纠正。

（十四）大力推进技术应用。要推进行政执法裁量规范化、标准化、信息化建设，充分运用人工智能、大数据、云计算、区块链等技术手段，将行政裁量权基准内容嵌入行政执法信息系统，为行政执法人员提供精准指引，有效规范行政裁量权行使。

**六、加大实施保障力度**

（十五）加强组织实施。各地区各部门要高度重视行政裁量权基准制定和管理工作，加强统筹协调，明确任务分工，落实责任。要将行政裁量权基准制定和管理工作纳入法治政府建设考评指标体系，列入法治政府建设督察内容。国务院有关部门要加强对本系统行政裁量权基准制定和管理工作的指导，推进相关标准统一，及时研究解决重点难点问题。司法行政部门要充分发挥组织协调、统筹推进、指导监督作用，总结推广典型经验，研究解决共性问题，督促做好贯彻落实工作。

（十六）强化宣传培训。各地区各部门要加大宣传力度，通过政府网站、新闻发布会以及报刊、广播、电视、新媒体等方式开展多种形式宣传，使广大公民、法人和其他组织充分了解建立健全行政裁量权基准制度的重要性、积极参与监督和评议行政执法活动。司法行政部门要结合实际，综合采取举办培训班和专题讲座等多种方式，组织开展业务培训。国务院部门和地方各级行政机关要加强对行政执法人员的培训，通过专业讲解、案例分析、情景模拟等方式，提高行政执法人员熟练运用行政裁量权基准解决执法问题的能力。

各地区各部门要按照本意见要求，及时做好行政裁量权基准制定和管理工作，并将本意见的贯彻落实情况和工作中遇到的重要事项及时报司法部。

# 国务院办公厅关于全面推行
# 行政执法公示制度执法全过程记录制度
# 重大执法决定法制审核制度的指导意见

(2018年12月5日　国办发〔2018〕118号)

行政执法是行政机关履行政府职能、管理经济社会事务的重要方式。近年来,各地区、各部门不断加强行政执法规范化建设,执法能力和水平有了较大提高,但执法中不严格、不规范、不文明、不透明等问题仍然较为突出,损害人民群众利益和政府公信力。《中共中央关于全面推进依法治国若干重大问题的决定》和《法治政府建设实施纲要(2015—2020年)》对全面推行行政执法公示制度、执法全过程记录制度、重大执法决定法制审核制度(以下统称"三项制度")作出了具体部署、提出了明确要求。聚焦行政执法的源头、过程、结果等关键环节,全面推行"三项制度",对促进严格规范公正文明执法具有基础性、整体性、突破性作用,对切实保障人民群众合法权益,维护政府公信力,营造更加公开透明、规范有序、公平高效的法治环境具有重要意义。为指导各地区、各部门全面推行"三项制度",经党中央、国务院同意,现提出如下意见。

**一、总体要求**

(一)指导思想。

以习近平新时代中国特色社会主义思想为指导,全面贯彻党的十九大和十九届二中、三中全会精神,着力推进行政执法透明、规范、合法、公正,不断健全执法制度、完善执法程序、创新执法方式、加强执法监督,全面提高执法效能,推动形成权责统一、权威高效的行政执法体系和职责明确、依法行政的政府治理体系,确保行政机关依法履行法定职责，切实维护人民群众合法权益，为落实全面依法治国基本方略、推进法治政府建设奠定坚实基础。

（二）基本原则。

坚持依法规范。全面履行法定职责，规范办事流程，明确岗位责任，确保法律法规规章严格实施，保障公民、法人和其他组织依法行使权利，不得违法增加办事的条件、环节等负担，防止执法不作为、乱作为。

坚持执法为民。牢固树立以人民为中心的发展思想，贴近群众、服务群众，方便群众及时获取执法信息、便捷办理各种手续、有效监督执法活动，防止执法扰民、执法不公。

坚持务实高效。聚焦基层执法实践需要，着力解决实际问题，注重措施的有效性和针对性，便于执法人员操作，切实提高执法效率，防止程序繁琐、不切实际。

坚持改革创新。在确保统一、规范的基础上，鼓励、支持、指导各地区、各部门因地制宜、更新理念、大胆实践，不断探索创新工作机制，更好服务保障经济社会发展，防止因循守旧、照搬照抄。

坚持统筹协调。统筹推进行政执法各项制度建设，加强资源整合、信息共享，做到各项制度有机衔接、高度融合，防止各行其是、重复建设。

（三）工作目标。

"三项制度"在各级行政执法机关全面推行，行政处罚、行政强制、行政检查、行政征收征用、行政许可等行为得到有效规范，行政执法公示制度机制不断健全，做到执法行为过程信息全程记载、执法全过程可回溯管理、重大执法决定法制审核全覆盖，全面实现执法信息公开透明、执法全过程留痕、执法决定合法有效，行政执法能力和水平整体大幅提升，行政执法行为被纠错率明显下降，行政执法的社会满意度显著提高。

## 二、全面推行行政执法公示制度

行政执法公示是保障行政相对人和社会公众知情权、参与权、表达权、监督权的重要措施。行政执法机关要按照"谁执法谁公示"的原则，明确公示内容的采集、传递、审核、发布职责，规范信息公示内容的标准、格式。建立统一的执法信息公示平台，及时通过政府网站及政务新媒体、办事大厅公示栏、服务窗口等平台向社会公开行政执法基本信息、结果信息。涉及国家秘密、商业秘密、个人隐私等不宜公开的信息，依法确需公开的，要作适当处理后公开。发现公开的行政执法信息不准确的，要及时予以更正。

（四）强化事前公开。行政执法机关要统筹推进行政执法事前公开与政府信息公开、权责清单公布、"双随机、一公开"监管等工作。全面准确及时主动公开行政执法主体、人员、职责、权限、依据、程序、救济渠道和随机抽查事项清单等信息。根据有关法律法规，结合自身职权职责，编制并公开本机关的服务指南、执法流程图，明确执法事项名称、受理机构、审批机构、受理条件、办理时限等内容。公开的信息要简明扼要、通俗易懂，并及时根据法律法规及机构职能变化情况进行动态调整。

（五）规范事中公示。行政执法人员在进行监督检查、调查取证、采取强制措施和强制执行、送达执法文书等执法活动时，必须主动出示执法证件，向当事人和相关人员表明身份，鼓励采取佩戴执法证件的方式，执法全程公示执法身份；要出具行政执法文书，主动告知当事人执法事由、执法依据、权利义务等内容。国家规定统一着执法服装、佩戴执法标识的，执法时要按规定着装、佩戴标识。政务服务窗口要设置岗位信息公示牌，明示工作人员岗位职责、申请材料示范文本、办理进度查询、咨询服务、投诉举报等信息。

（六）加强事后公开。行政执法机关要在执法决定作出之日起20个工作日内，向社会公布执法机关、执法对象、执法类别、执法结论等信息，接受社会监督，行政许可、行政处罚的执法决定信息要在执法决定作出之日起7个工作日内公开,但法律、行政法规另有规定的除外。建立健全执法决定信息公开发布、撤销和更新机制。已公开的行政执法决定被依法撤销、确认违法或者要求重新作出的,应当及时从信息公示平台撤下原行政执法决定信息。建立行政执法统计年报制度,地方各级行政执法机关应当于每年1月31日前公开本机关上年度行政执法总体情况有关数据,并报本级人民政府和上级主管部门。

### 三、全面推行执法全过程记录制度

行政执法全过程记录是行政执法活动合法有效的重要保证。行政执法机关要通过文字、音像等记录形式,对行政执法的启动、调查取证、审核决定、送达执行等全部过程进行记录,并全面系统归档保存,做到执法全过程留痕和可回溯管理。

(七)完善文字记录。文字记录是以纸质文件或电子文件形式对行政执法活动进行全过程记录的方式。要研究制定执法规范用语和执法文书制作指引,规范行政执法的重要事项和关键环节,做到文字记录合法规范、客观全面、及时准确。司法部负责制定统一的行政执法文书基本格式标准,国务院有关部门可以参照该标准,结合本部门执法实际,制定本部门、本系统统一适用的行政执法文书格式文本。地方各级人民政府可以在行政执法文书基本格式标准基础上,参考国务院部门行政执法文书格式,结合本地实际,完善有关文书格式。

(八)规范音像记录。音像记录是通过照相机、录音机、摄像机、执法记录仪、视频监控等记录设备,实时对行政执法过程进行记录的方式。各级行政执法机关要根据行政执法行为的不同类别、阶段、环节,采用相应音像记录形式,充分发挥音像记录直观有力的证据作用、规范执法的监督作用、依法履职的保障作用。要做好音像记录与文字记录的衔接工作,充分考虑音像记录方式的必要性、适当性和实效性,对文字记录能够全面有效记录执法行为的,可以不进行音像记录；对查封扣押财产、强制拆除等直接涉及人身自由、生命健康、重大财产权益的现场执法活动和执法办案场所，要推行全程音像记录；对现场执法、调查取证、举行听证、留置送达和公告送达等容易引发争议的行政执法过程，要根据实际情况进行音像记录。要建立健全执法音像记录管理制度，明确执法音像记录的设备配备、使用规范、记录要素、存储应用、监督管理等要求。研究制定执法行为用语指引，指导执法人员规范文明开展音像记录。配备音像记录设备、建设询问室和听证室等音像记录场所，要按照工作必需、厉行节约、性能适度、安全稳定、适量够用的原则，结合本地区经济发展水平和本部门执法具体情况确定，不搞"一刀切"。

（九）严格记录归档。要完善执法案卷管理制度，加强对执法台账和法律文书的制作、使用、管理，按照有关法律法规和档案管理规定归档保存执法全过程记录资料，确保所有行政执法行为有据可查。对涉及国家秘密、商业秘密、个人隐私的记录资料，归档时要严格执行国家有关规定。积极探索成本低、效果好、易保存、防删改的信息化记录储存方式，通过技术手段对同一执法对象的文字记录、音像记录进行集中储存。建立健全基于互联网、电子认证、电子签章的行政执法全过程数据化记录工作机制，形成业务流程清晰、数据链条完整、数据安全有保障的数字化记录信息归档管理制度。

（十）发挥记录作用。要充分发挥全过程记录信息对案卷评查、执法监督、评议考核、舆情应对、行政决策和健全社会信用体系等工作的积极作用，善于通过统计分析记录资料信息，发现行政执法薄弱环节，改进行政执法工作，依法公正维护执法人员和行政相对人的合法权益。建立健全记录信息调阅监督制度，做到可实时调阅，切实加强监督，确保行政执法文字记录、音像记录规范、合法、有效。

**四、全面推行重大执法决定法制审核制度**

重大执法决定法制审核是确保行政执法机关作出的重大执法决定合法有效的关键环节。行政执法机关作出重大执法决定前，要严格进行法制审核,未经法制审核或者审核未通过的,不得作出决定。

(十一)明确审核机构。各级行政执法机关要明确具体负责本单位重大执法决定法制审核的工作机构,确保法制审核工作有机构承担、有专人负责。加强法制审核队伍的正规化、专业化、职业化建设,把政治素质高、业务能力强、具有法律专业背景的人员调整充实到法制审核岗位,配强工作力量,使法制审核人员的配置与形势任务相适应,原则上各级行政执法机关的法制审核人员不少于本单位执法人员总数的5%。要充分发挥法律顾问、公职律师在法制审核工作中的作用,特别是针对基层存在的法制审核专业人员数量不足、分布不均等问题,探索建立健全本系统内法律顾问、公职律师统筹调用机制,实现法律专业人才资源共享。

(十二)明确审核范围。凡涉及重大公共利益,可能造成重大社会影响或引发社会风险,直接关系行政相对人或第三人重大权益,经过听证程序作出行政执法决定,以及案件情况疑难复杂、涉及多个法律关系的,都要进行法制审核。各级行政执法机关要结合本机关行政执法行为的类别、执法层级、所属领域、涉案金额等因素,制定重大执法决定法制审核目录清单。上级行政执法机关要对下一级执法机关重大执法决定法制审核目录清单编制工作加强指导,明确重大执法决定事项的标准。

(十三)明确审核内容。要严格审核行政执法主体是否合法,行政执法人员是否具备执法资格;行政执法程序是否合法;案件事实是否清楚,证据是否合法充分;适用法律、法规、规章是否准确,裁量基准运用是否适当;执法是否超越执法机关法定权限;行政执法文书是否完备、规范;违法行为是否涉嫌犯罪、需要移送司法机关等。法制审核机构完成审核后,要根据不同情形,提出同意或者存在问题的书面审核意见。行政执法承办机构要对法制审核机构提出的存在问题的审核意见进行研究,作出相应处理后再次报送法制审核。

（十四）明确审核责任。行政执法机关主要负责人是推动落实本机关重大执法决定法制审核制度的第一责任人，对本机关作出的行政执法决定负责。要结合实际，确定法制审核流程，明确送审材料报送要求和审核的方式、时限、责任，建立健全法制审核机构与行政执法承办机构对审核意见不一致时的协调机制。行政执法承办机构对送审材料的真实性、准确性、完整性，以及执法的事实、证据、法律适用、程序的合法性负责。法制审核机构对重大执法决定的法制审核意见负责。因行政执法承办机构的承办人员、负责法制审核的人员和审批行政执法决定的负责人滥用职权、玩忽职守、徇私枉法等，导致行政执法决定错误，要依纪依法追究相关人员责任。

**五、全面推进行政执法信息化建设**

行政执法机关要加强执法信息管理，及时准确公示执法信息，实现行政执法全程留痕，法制审核流程规范有序。加快推进执法信息互联互通共享，有效整合执法数据资源，为行政执法更规范、群众办事更便捷、政府治理更高效、营商环境更优化奠定基础。

（十五）加强信息化平台建设。依托大数据、云计算等信息技术手段，大力推进行政执法综合管理监督信息系统建设，充分利用已有信息系统和数据资源，逐步构建操作信息化、文书数据化、过程痕迹化、责任明晰化、监督严密化、分析可量化的行政执法信息化体系，做到执法信息网上录入、执法程序网上流转、执法活动网上监督、执法决定实时推送、执法信息统一公示、执法信息网上查询，实现对行政执法活动的即时性、过程性、系统性管理。认真落实国务院关于加快全国一体化在线政务服务平台建设的决策部署，推动政务服务"一网通办"，依托电子政务外网开展网上行政服务工作，全面推行网上受理、网上审批、网上办公，让数据多跑路、群众少跑腿。

（十六）推进信息共享。完善全国行政执法数据汇集和信息共享机制，制定全国统一规范的执法数据标准，明确执法信息共享的种类、范围、流程和使用方式，促进执法数据高效采集、有效整合。充分利用全国一体化在线政务服务平台，在确保信息安全的前提下，加快推进跨地区、跨部门执法信息系统互联互通，已建设并使用的有关执法信息系统要加强业务协同，打通信息壁垒，实现数据共享互通，解决"信息孤岛"等问题。认真梳理涉及各类行政执法的基础数据，建立以行政执法主体信息、权责清单信息、办案信息、监督信息和统计分析信息等为主要内容的全国行政执法信息资源库，逐步形成集数据储存、共享功能于一体的行政执法数据中心。

（十七）强化智能应用。要积极推进人工智能技术在行政执法实践中的运用，研究开发行政执法裁量智能辅助信息系统，利用语音识别、文本分析等技术对行政执法信息数据资源进行分析挖掘，发挥人工智能在证据收集、案例分析、法律文件阅读与分析中的作用，聚焦争议焦点，向执法人员精准推送办案规范、法律法规规定、相似案例等信息，提出处理意见建议，生成执法决定文书，有效约束规范行政自由裁量权，确保执法尺度统一。加强对行政执法大数据的关联分析、深化应用，通过提前预警、监测、研判，及时发现解决行政机关在履行政府职能、管理经济社会事务中遇到的新情况、新问题，提升行政立法、行政决策和风险防范水平，提高政府治理的精准性和有效性。

## 六、加大组织保障力度

（十八）加强组织领导。地方各级人民政府及其部门的主要负责同志作为本地区、本部门全面推行"三项制度"工作的第一责任人，要切实加强对本地区、本部门行政执法工作的领导，做好"三项制度"组织实施工作，定期听取有关工作情况汇报，及时研究解决工作中的重大问题，确保工作有方案、部署有进度、推进有标准、结果有考核。要建立健全工作机制，县级以上人民政府建立司法行政、编制管理、公务员管理、信息公开、电子政务、发展改革、财政、市场监管等单位参加的全面推行"三项制度"工作协调机制，指导协调、督促检查工作推进情况。国务院有关部门要加强对本系统全面推行"三项制度"工作的指导，强化行业规范和标准统一，及时研究解决本部门、本系统全面推行"三项制度"过程中遇到的问题。上级部门要切实做到率先推行、以上带下，充分发挥在行业系统中的带动引领作用，指导、督促下级部门严格规范实施"三项制度"。

（十九）健全制度体系。要根据本指导意见的要求和各地区、各部门实际情况，建立健全科学合理的"三项制度"体系。加强和完善行政执法案例指导、行政执法裁量基准、行政执法案卷管理和评查、行政执法投诉举报以及行政执法考核监督等制度建设，推进全国统一的行政执法资格和证件管理，积极做好相关制度衔接工作，形成统筹行政执法各个环节的制度体系。

（二十）开展培训宣传。要开展"三项制度"专题学习培训，加强业务交流。认真落实"谁执法谁普法"普法责任制的要求，加强对全面推行"三项制度"的宣传，通过政府网站、新闻发布会以及报刊、广播、电视、网络、新媒体等方式，全方位宣传全面推行"三项制度"的重要意义、主要做法、典型经验和实施效果，发挥示范带动作用，及时回应社会关切，合理引导社会预期，为全面推行"三项制度"营造良好的社会氛围。

（二十一）加强督促检查。要把"三项制度"推进情况纳入法治政府建设考评指标体系，纳入年底效能目标考核体系，建立督查情况通报制度，坚持鼓励先进与鞭策落后相结合，充分调动全面推行"三项制度"工作的积极性、主动性。对工作不力的要及时督促整改，对工作中出现问题造成不良后果的单位及人员要通报批评，依纪依法问责。

（二十二）保障经费投入。要建立责任明确、管理规范、投入稳定的执法经费保障机制，保障行政执法机关依法履职所需的执法装备、经费，严禁将收费、罚没收入同部门利益直接或者变相挂钩。省级人民政府要分类制定行政执法机关执法装备配备标准、装备配备规划、设施建设规划和年度实施计划。地方各级行政执法机关要结合执法实际,将执法装备需求报本级人民政府列入财政预算。

(二十三)加强队伍建设。高素质的执法人员是全面推行"三项制度"取得实效的关键。要重视执法人员能力素质建设,加强思想道德和素质教育,着力提升执法人员业务能力和执法素养,打造政治坚定、作风优良、纪律严明、廉洁务实的执法队伍。加强行政执法人员资格管理,统一行政执法证件样式,建立全国行政执法人员和法制审核人员数据库。健全行政执法人员和法制审核人员岗前培训和岗位培训制度。鼓励和支持行政执法人员参加国家统一法律职业资格考试,对取得法律职业资格的人员可以简化或免于执法资格考试。建立科学的考核评价体系和人员激励机制。保障执法人员待遇,完善基层执法人员工资政策,建立和实施执法人员人身意外伤害和工伤保险制度,落实国家抚恤政策,提高执法人员履职积极性,增强执法队伍稳定性。

各地区、各部门要于2019年3月底前制定本地区、本部门全面推行"三项制度"的实施方案,并报司法部备案。司法部要加强对全面推行"三项制度"的指导协调,会同有关部门进行监督检查和跟踪评估,重要情况及时报告国务院。

# 罚款决定与罚款收缴分离实施办法

(1997年11月17日中华人民共和国国务院令第235号发布 自1998年1月1日起施行)

**第一条** 为了实施罚款决定与罚款收缴分离,加强对罚款收缴活动的监督,保证罚款及时上缴国库,根据《中华人民共和国行政处罚法》(以下简称行政处罚法)的规定,制定本办法。

**第二条** 罚款的收取、缴纳及相关活动，适用本办法。

**第三条** 作出罚款决定的行政机关应当与收缴罚款的机构分离；但是，依照行政处罚法的规定可以当场收缴罚款的除外。

**第四条** 罚款必须全部上缴国库，任何行政机关、组织或者个人不得以任何形式截留、私分或者变相私分。

行政机关执法所需经费的拨付，按照国家有关规定执行。

**第五条** 经中国人民银行批准有代理收付款项业务的商业银行、信用合作社（以下简称代收机构），可以开办代收罚款的业务。

具体代收机构由县级以上地方人民政府组织本级财政部门、中国人民银行当地分支机构和依法具有行政处罚权的行政机关共同研究，统一确定。海关、外汇管理等实行垂直领导的依法具有行政处罚权的行政机关作出罚款决定的，具体代收机构由财政部、中国人民银行会同国务院有关部门确定。依法具有行政处罚权的国务院有关部门作出罚款决定的，具体代收机构由财政部、中国人民银行确定。

代收机构应当具备足够的代收网点，以方便当事人缴纳罚款。

**第六条** 行政机关应当依照本办法和国家有关规定，同代收机构签订代收罚款协议。

代收罚款协议应当包括下列事项：

（一）行政机关、代收机构名称；

（二）具体代收网点；

（三）代收机构上缴罚款的预算科目、预算级次；

（四）代收机构告知行政机关代收罚款情况的方式、期限；

（五）需要明确的其他事项。

自代收罚款协议签订之日起 15 日内，行政机关应当将代收罚款协议报上一级行政机关和同级财政部门备案；代收机构应当将代收罚款协议报中国人民银行或者其当地分支机构备案。

**第七条** 行政机关作出罚款决定的行政处罚决定书应当载明代

收机构的名称、地址和当事人应当缴纳罚款的数额、期限等,并明确对当事人逾期缴纳罚款是否加处罚款。

当事人应当按照行政处罚决定书确定的罚款数额、期限,到指定的代收机构缴纳罚款。

**第八条** 代收机构代收罚款,应当向当事人出具罚款收据。

罚款收据的格式和印制,由财政部规定。

**第九条** 当事人逾期缴纳罚款,行政处罚决定书明确需要加处罚款的,代收机构应当按照行政处罚决定书加收罚款。

当事人对加收罚款有异议的,应当先缴纳罚款和加收的罚款,再依法向作出行政处罚决定的行政机关申请复议。

**第十条** 代收机构应当按照代收罚款协议规定的方式、期限,将当事人的姓名或者名称、缴纳罚款的数额、时间等情况书面告知作出行政处罚决定的行政机关。

**第十一条** 代收机构应当按照行政处罚法和国家有关规定,将代收的罚款直接上缴国库。

**第十二条** 国库应当按照《中华人民共和国国家金库条例》的规定,定期同财政部门和行政机关对账,以保证收受的罚款和上缴国库的罚款数额一致。

**第十三条** 代收机构应当在代收网点、营业时间、服务设施、缴款手续等方面为当事人缴纳罚款提供方便。

**第十四条** 财政部门应当向代收机构支付手续费,具体标准由财政部制定。

**第十五条** 法律、法规授权的具有管理公共事务职能的组织和依法受委托的组织依法作出的罚款决定与罚款收缴,适用本办法。

**第十六条** 本办法由财政部会同中国人民银行组织实施。

**第十七条** 本办法自1998年1月1日起施行。

# 罚款代收代缴管理办法

(1998年5月28日 财预字〔1998〕201号)

## 第一章 总 则

**第一条** 为了加强罚款收缴入库的管理,根据《中华人民共和国行政处罚法》、《罚款决定与罚款收缴分离实施办法》、《中华人民共和国国家金库条例》等有关法律、法规的规定,制定本办法。

**第二条** 具有行政处罚权的行政机关及法律、法规授权或依法受行政机关委托实施行政处罚的组织(以下简称行政机关),实行罚款决定与罚款收缴分离的,其罚款的收缴,适用本办法。

行政机关按法律规定实行当场收缴罚款的,其罚款的收缴,不适用本办法。

## 第二章 罚款代收机构

**第三条** 海关、外汇管理等实行垂直领导的依法具有行政处罚权的行政机关所处的罚款,由国有商业银行分支机构代收。国有商业银行代收有困难的,经财政部驻当地财政监察专员办事机构、中国人民银行当地分支机构协商确定,委托其他商业银行代收。

**第四条** 依法具有行政处罚权的国务院有关部门处以的罚款,由国有商业银行分支机构代收。

**第五条** 具有行政处罚权的地方行政机关所处的罚款,由县级以上地方人民政府组织本级财政部门、中国人民银行当地分支机构和依法具有行政处罚权的行政机关共同研究,统一确定代收机构。

## 第三章 罚款收据

**第六条** 代收机构代收罚款，必须使用全国统一格式的"代收罚款收据"。

**第七条** "代收罚款收据"一式四联（每联规格：9.5公分×17.5公分，具体格式附后）：

第一联，收据（白纸黑油墨），由代收机构收款盖章后退缴款人。

第二联，存根（白纸红油墨），由代收机构收款盖章后作收入凭证留存。

第三联，回执（白纸绿油墨），代收机构收款盖章后退作出处罚决定的行政机关。

第四联，报查（白纸紫油墨），代收机构收款盖章后，随一般缴款书的第五联（报查联）送国库，国库收款后送财政部门。

**第八条** "代收罚款收据"由省级政府财政部门按统一格式指定企业印制，其他任何单位和个人不得印制。

"代收罚款收据"由省级财政部门负责组织发放。财政部门必须保证供应，并不得向领取收据的单位收取费用。

## 第四章 罚款收缴

**第九条** 代收机构应根据与行政机关签订的代收罚款协议，严格履行代收代缴罚款义务，加强对罚款代收工作的管理。经办人对单位和个人缴纳罚款，应认真办理，不得拒收罚款。

**第十条** 代收机构应根据行政机关的行政处罚决定书决定的罚款数额收取罚款。对逾期缴纳罚款的单位和个人，行政处罚决定书明确需要加处罚款的，根据逾期天数加收罚款。行政处罚决定书没有明确需要加处罚款的，代收机构不得自行加收罚款。

**第十一条** 代收机构代收的罚款，应统一使用"待结算财政款项"科目的"待报解预算收入（罚款收入）"专户核算，并于当日办理缴库；当日来不及办理的，应于次日（节假日顺延）办理，不得占压、挪用。

代收机构不参加票据交换、罚款不能直接缴入当地国库的，代收机构应于当日将代收的罚款（附"代收罚款收据"三、四联）上划管辖行。管辖行对上划的罚款，应于当日或次日（节假日顺延）办理缴库。

**第十二条** 代收机构代收的罚款和代收机构管辖行收到上划的罚款，应按行政机关的隶属关系和罚款收入的预算科目、预算级次就地缴入中央国库和地方国库。代收机构或管辖行在办理缴库时，应填写"一般缴款书"，其中，"缴款单位"一栏，"全称"按行政机关全称填写，其他各项，根据《中华人民共和国国家金库条例》及其实施细则的要求填写。

缴款书第一联，代收机构盖章后连同代收罚款收据第三联送作出处罚决定的行政机关；第二联，代收机构留作付款凭证。第三-五联（附"代收罚款收据"第四联），由代收机构或管辖行通过票据交换，送当地国库。国库收款盖章后，第三联留存作收入凭证；第四、五联（附代收罚款收据第四联）按预算级次分送财政部门：属于中央的罚款收入，退财政部驻当地财政监察专员办事机构；属于地方的罚款收入，退同级财政部门；属于中央与地方分成的罚款收入，代收罚款收据第四联和缴款书第五联退财政部驻当地财政监察专员办事机构，缴款书第四联退地方同级财政部门。

**第十三条** 代收机构只办理罚款的代收与缴库。凡错缴和多缴的罚款，以及经行政机关复议后不应处罚的罚款须办理退付的，应由作出处罚决定的行政机关提出申请，报经同级财政部门（缴入中央国库的，报财政部驻当地财政监察专员办事机构）审查批准后，由财政部门开具收入退还书，分别从中央国库和地方国库退付。代收机构不得从罚款收入中冲退。

## 第五章 代收手续费

**第十四条** 财政部门按代收机构管辖行缴入国库罚款总额0.5%的比例，按季支付手续费。其中，缴入中央国库的，手续费由各地财政监察专员办事机构支付，缴入地方国库的，由地方同级财政部门支付。

**第十五条** 代收机构应于每季终了后3日内，将上季代收并缴入中央和地方国库的各项罚款分别汇总，填写罚款汇总表（格式附后），分送财政部驻各地财政监察专员办事机构和地方财政部门、作出处罚决定的行政机关核对。财政监察专员办事机构和地方财政部门收到代收机构报送的罚款汇总表，应与国库转来的缴款书及所附"代收罚款收据"进行核对，审核完毕按实际入库数支付上季手续费。

## 第六章 监 督

**第十六条** 作出罚款决定的行政机关财务部门应按月与委托的代收机构就罚款收入的代收情况进行对账，对未到指定代收机构缴纳罚款的，应责成被处罚单位和个人缴纳并加处罚款。

**第十七条** 各级财政部门应按月与国库、作出罚款决定的行政机关就罚款收入的收缴情况进行对账检查，对账中发现的问题，应通知有关单位及时纠正。

**第十八条** 各级国库有权对代收机构代收罚款的情况进行监督检查。对违反规定，拒收和占压、挪用代收罚款收入的，应依法进行处理。

**第十九条** 各级财政部门对同级行政机关罚款的收缴情况，有权进行监督检查，对违反规定拒不执行罚款决定与罚款收缴分离规定，截留、挪用应缴罚款收入的，应按《国务院关于违反财政法规处罚的暂行规定》予以处理。

第二十条 代收机构、行政机关应按照国库和财政部门的要求，如实提供必要的资料，认真配合国库、财政机关的检查工作。

第二十一条 代收机构不履行代收协议所规定义务的，由确定代收机构的部门取消其代收罚款的资格，并按规定重新确定代收机构。

## 第七章 附 则

第二十二条 人民法院和人民检察院所处罚款的收缴，比照本办法的规定办理。

第二十三条 税务部门所处税收罚款的收缴，仍按现行办法办理。

第二十四条 各地财政监察专员办事机构支付罚款代收手续费以及其他相关费用，由财政部驻各省、自治区、直辖市、计划单列市财政监察专员办事处根据实际应付数按季汇总报财政部。经财政部与中央总金库核对无误后，由财政部下拨到各财政监察专员办事处，各专员办事处转拨到所属办事机构。

第二十五条 本办法由财政部会同中国人民银行解释。

第二十六条 本办法自颁布之日起实行。其他有关罚款收缴的规定与本办法不一致的，以本办法为准。

# 中华人民共和国治安管理处罚法

(2005年8月28日第十届全国人民代表大会常务委员会第十七次会议通过 根据2012年10月26日第十一届全国人民代表大会常务委员会第二十九次会议《关于修改〈中华人民共和国治安管理处罚法〉的决定》修正)

## 第一章 总 则

**第一条** 为维护社会治安秩序,保障公共安全,保护公民、法人和其他组织的合法权益,规范和保障公安机关及其人民警察依法履行治安管理职责,制定本法。

**第二条** 扰乱公共秩序,妨害公共安全,侵犯人身权利、财产权利,妨害社会管理,具有社会危害性,依照《中华人民共和国刑法》的规定构成犯罪的,依法追究刑事责任;尚不够刑事处罚的,由公安机关依照本法给予治安管理处罚。

**第三条** 治安管理处罚的程序,适用本法的规定;本法没有规定的,适用《中华人民共和国行政处罚法》的有关规定。

**第四条** 在中华人民共和国领域内发生的违反治安管理行为,除法律有特别规定的外,适用本法。

在中华人民共和国船舶和航空器内发生的违反治安管理行为,除法律有特别规定的外,适用本法。

**第五条** 治安管理处罚必须以事实为依据,与违反治安管理行为的性质、情节以及社会危害程度相当。

实施治安管理处罚,应当公开、公正,尊重和保障人权,保护公民的人格尊严。

办理治安案件应当坚持教育与处罚相结合的原则。

**第六条** 各级人民政府应当加强社会治安综合治理，采取有效措施，化解社会矛盾，增进社会和谐，维护社会稳定。

**第七条** 国务院公安部门负责全国的治安管理工作。县级以上地方各级人民政府公安机关负责本行政区域内的治安管理工作。

治安案件的管辖由国务院公安部门规定。

**第八条** 违反治安管理的行为对他人造成损害的，行为人或者其监护人应当依法承担民事责任。

**第九条** 对于因民间纠纷引起的打架斗殴或者损毁他人财物等违反治安管理行为，情节较轻的，公安机关可以调解处理。经公安机关调解，当事人达成协议的，不予处罚。经调解未达成协议或者达成协议后不履行的，公安机关应当依照本法的规定对违反治安管理行为人给予处罚，并告知当事人可以就民事争议依法向人民法院提起民事诉讼。

## 第二章 处罚的种类和适用

**第十条** 治安管理处罚的种类分为：

（一）警告；

（二）罚款；

（三）行政拘留；

（四）吊销公安机关发放的许可证。

对违反治安管理的外国人，可以附加适用限期出境或者驱逐出境。

**第十一条** 办理治安案件所查获的毒品、淫秽物品等违禁品、赌具、赌资，吸食、注射毒品的用具以及直接用于实施违反治安管理行为的本人所有的工具，应当收缴，按照规定处理。

违反治安管理所得的财物，追缴退还被侵害人；没有被侵害人的，登记造册，公开拍卖或者按照国家有关规定处理，所得款项上缴国库。

**第十二条** 已满十四周岁不满十八周岁的人违反治安管理的，从轻或者减轻处罚；不满十四周岁的人违反治安管理的，不予处罚，但是应当责令其监护人严加管教。

**第十三条** 精神病人在不能辨认或者不能控制自己行为的时候违反治安管理的，不予处罚，但是应当责令其监护人严加看管和治疗。间歇性的精神病人在精神正常的时候违反治安管理的，应当给予处罚。

**第十四条** 盲人或者又聋又哑的人违反治安管理的，可以从轻、减轻或者不予处罚。

**第十五条** 醉酒的人违反治安管理的，应当给予处罚。

醉酒的人在醉酒状态中，对本人有危险或者对他人的人身、财产或者公共安全有威胁的，应当对其采取保护性措施约束至酒醒。

**第十六条** 有两种以上违反治安管理行为的，分别决定，合并执行。行政拘留处罚合并执行的，最长不超过二十日。

**第十七条** 共同违反治安管理的，根据违反治安管理行为人在违反治安管理行为中所起的作用，分别处罚。

教唆、胁迫、诱骗他人违反治安管理的，按照其教唆、胁迫、诱骗的行为处罚。

**第十八条** 单位违反治安管理的，对其直接负责的主管人员和其他直接责任人员依照本法的规定处罚。其他法律、行政法规对同一行为规定给予单位处罚的，依照其规定处罚。

**第十九条** 违反治安管理有下列情形之一的，减轻处罚或者不予处罚：

（一）情节特别轻微的；

（二）主动消除或者减轻违法后果，并取得被侵害人谅解的；

（三）出于他人胁迫或者诱骗的；

（四）主动投案，向公安机关如实陈述自己的违法行为的；

（五）有立功表现的。

**第二十条** 违反治安管理有下列情形之一的，从重处罚：

（一）有较严重后果的；

（二）教唆、胁迫、诱骗他人违反治安管理的；

（三）对报案人、控告人、举报人、证人打击报复的；

（四）六个月内曾受过治安管理处罚的。

**第二十一条** 违反治安管理行为人有下列情形之一，依照本法应当给予行政拘留处罚的，不执行行政拘留处罚：

（一）已满十四周岁不满十六周岁的；

（二）已满十六周岁不满十八周岁，初次违反治安管理的；

（三）七十周岁以上的；

（四）怀孕或者哺乳自己不满一周岁婴儿的。

**第二十二条** 违反治安管理行为在六个月内没有被公安机关发现的，不再处罚。

前款规定的期限，从违反治安管理行为发生之日起计算；违反治安管理行为有连续或者继续状态的，从行为终了之日起计算。

## 第三章 违反治安管理的行为和处罚

### 第一节 扰乱公共秩序的行为和处罚

**第二十三条** 有下列行为之一的，处警告或者二百元以下罚款；情节较重的，处五日以上十日以下拘留，可以并处五百元以下罚款：

（一）扰乱机关、团体、企业、事业单位秩序，致使工作、生产、营业、医疗、教学、科研不能正常进行，尚未造成严重损失的；

（二）扰乱车站、港口、码头、机场、商场、公园、展览馆或者其他公共场所秩序的；

（三）扰乱公共汽车、电车、火车、船舶、航空器或者其他公共交通工具上的秩序的；

（四）非法拦截或者强登、扒乘机动车、船舶、航空器以及其他交通工具，影响交通工具正常行驶的；

（五）破坏依法进行的选举秩序的。

聚众实施前款行为的，对首要分子处十日以上十五日以下拘留，可以并处一千元以下罚款。

**第二十四条** 有下列行为之一，扰乱文化、体育等大型群众性活动秩序的，处警告或者二百元以下罚款；情节严重的，处五日以上十日以下拘留，可以并处五百元以下罚款：

（一）强行进入场内的；

（二）违反规定，在场内燃放烟花爆竹或者其他物品的；

（三）展示侮辱性标语、条幅等物品的；

（四）围攻裁判员、运动员或者其他工作人员的；

（五）向场内投掷杂物，不听制止的；

（六）扰乱大型群众性活动秩序的其他行为。

因扰乱体育比赛秩序被处以拘留处罚的，可以同时责令其十二个月内不得进入体育场馆观看同类比赛；违反规定进入体育场馆的，强行带离现场。

**第二十五条** 有下列行为之一的，处五日以上十日以下拘留，可以并处五百元以下罚款；情节较轻的，处五日以下拘留或者五百元以下罚款：

（一）散布谣言，谎报险情、疫情、警情或者以其他方法故意扰乱公共秩序的；

（二）投放虚假的爆炸性、毒害性、放射性、腐蚀性物质或者传染病病原体等危险物质扰乱公共秩序的；

（三）扬言实施放火、爆炸、投放危险物质扰乱公共秩序的。

**第二十六条** 有下列行为之一的，处五日以上十日以下拘留，

可以并处五百元以下罚款;情节较重的,处十日以上十五日以下拘留,可以并处一千元以下罚款:

(一)结伙斗殴的;

(二)追逐、拦截他人的;

(三)强拿硬要或者任意损毁、占用公私财物的;

(四)其他寻衅滋事行为。

第二十七条　有下列行为之一的,处十日以上十五日以下拘留,可以并处一千元以下罚款;情节较轻的,处五日以上十日以下拘留,可以并处五百元以下罚款:

(一)组织、教唆、胁迫、诱骗、煽动他人从事邪教、会道门活动或者利用邪教、会道门、迷信活动,扰乱社会秩序、损害他人身体健康的;

(二)冒用宗教、气功名义进行扰乱社会秩序、损害他人身体健康活动的。

第二十八条　违反国家规定,故意干扰无线电业务正常进行的,或者对正常运行的无线电台(站)产生有害干扰,经有关主管部门指出后,拒不采取有效措施消除的,处五日以上十日以下拘留;情节严重的,处十日以上十五日以下拘留。

第二十九条　有下列行为之一的,处五日以下拘留;情节较重的,处五日以上十日以下拘留:

(一)违反国家规定,侵入计算机信息系统,造成危害的;

(二)违反国家规定,对计算机信息系统功能进行删除、修改、增加、干扰,造成计算机信息系统不能正常运行的;

(三)违反国家规定,对计算机信息系统中存储、处理、传输的数据和应用程序进行删除、修改、增加的;

(四)故意制作、传播计算机病毒等破坏性程序,影响计算机信息系统正常运行的。

## 第二节 妨害公共安全的行为和处罚

**第三十条** 违反国家规定,制造、买卖、储存、运输、邮寄、携带、使用、提供、处置爆炸性、毒害性、放射性、腐蚀性物质或者传染病病原体等危险物质的,处十日以上十五日以下拘留;情节较轻的,处五日以上十日以下拘留。

**第三十一条** 爆炸性、毒害性、放射性、腐蚀性物质或者传染病病原体等危险物质被盗、被抢或者丢失,未按规定报告的,处五日以下拘留;故意隐瞒不报的,处五日以上十日以下拘留。

**第三十二条** 非法携带枪支、弹药或者弩、匕首等国家规定的管制器具的,处五日以下拘留,可以并处五百元以下罚款;情节较轻的,处警告或者二百元以下罚款。

非法携带枪支、弹药或者弩、匕首等国家规定的管制器具进入公共场所或者公共交通工具的,处五日以上十日以下拘留,可以并处五百元以下罚款。

**第三十三条** 有下列行为之一的,处十日以上十五日以下拘留:

(一) 盗窃、损毁油气管道设施、电力电信设施、广播电视设施、水利防汛工程设施或者水文监测、测量、气象测报、环境监测、地质监测、地震监测等公共设施的;

(二) 移动、损毁国家边境的界碑、界桩以及其他边境标志、边境设施或者领土、领海标志设施的;

(三) 非法进行影响国(边)界线走向的活动或者修建有碍国(边)境管理的设施的。

**第三十四条** 盗窃、损坏、擅自移动使用中的航空设施,或者强行进入航空器驾驶舱的,处十日以上十五日以下拘留。

在使用中的航空器上使用可能影响导航系统正常功能的器具、工具,不听劝阻的,处五日以下拘留或者五百元以下罚款。

**第三十五条** 有下列行为之一的,处五日以上十日以下拘留,可以并处五百元以下罚款；情节较轻的，处五日以下拘留或者五百元以下罚款：

（一）盗窃、损毁或者擅自移动铁路设施、设备、机车车辆配件或者安全标志的；

（二）在铁路线路上放置障碍物，或者故意向列车投掷物品的；

（三）在铁路线路、桥梁、涵洞处挖掘坑穴、采石取沙的；

（四）在铁路线路上私设道口或者平交过道的。

第三十六条　擅自进入铁路防护网或者火车来临时在铁路线路上行走坐卧、抢越铁路，影响行车安全的，处警告或者二百元以下罚款。

第三十七条　有下列行为之一的，处五日以下拘留或者五百元以下罚款；情节严重的，处五日以上十日以下拘留，可以并处五百元以下罚款：

（一）未经批准，安装、使用电网的，或者安装、使用电网不符合安全规定的；

（二）在车辆、行人通行的地方施工，对沟井坎穴不设覆盖物、防围和警示标志的，或者故意损毁、移动覆盖物、防围和警示标志的；

（三）盗窃、损毁路面井盖、照明等公共设施的。

第三十八条　举办文化、体育等大型群众性活动，违反有关规定，有发生安全事故危险的，责令停止活动，立即疏散；对组织者处五日以上十日以下拘留，并处二百元以上五百元以下罚款；情节较轻的，处五日以下拘留或者五百元以下罚款。

第三十九条　旅馆、饭店、影剧院、娱乐场、运动场、展览馆或者其他供社会公众活动的场所的经营管理人员，违反安全规定，致使该场所有发生安全事故危险，经公安机关责令改正，拒不改正的，处五日以下拘留。

## 第三节　侵犯人身权利、财产权利的行为和处罚

**第四十条**　有下列行为之一的，处十日以上十五日以下拘留，并处五百元以上一千元以下罚款；情节较轻的，处五日以上十日以下拘留，并处二百元以上五百元以下罚款：

（一）组织、胁迫、诱骗不满十六周岁的人或者残疾人进行恐怖、残忍表演的；

（二）以暴力、威胁或者其他手段强迫他人劳动的；

（三）非法限制他人人身自由、非法侵入他人住宅或者非法搜查他人身体的。

**第四十一条**　胁迫、诱骗或者利用他人乞讨的，处十日以上十五日以下拘留，可以并处一千元以下罚款。

反复纠缠、强行讨要或者以其他滋扰他人的方式乞讨的，处五日以下拘留或者警告。

**第四十二条**　有下列行为之一的，处五日以下拘留或者五百元以下罚款；情节较重的，处五日以上十日以下拘留，可以并处五百元以下罚款：

（一）写恐吓信或者以其他方法威胁他人人身安全的；

（二）公然侮辱他人或者捏造事实诽谤他人的；

（三）捏造事实诬告陷害他人，企图使他人受到刑事追究或者受到治安管理处罚的；

（四）对证人及其近亲属进行威胁、侮辱、殴打或者打击报复的；

（五）多次发送淫秽、侮辱、恐吓或者其他信息，干扰他人正常生活的；

（六）偷窥、偷拍、窃听、散布他人隐私的。

**第四十三条**　殴打他人的，或者故意伤害他人身体的，处五日以上十日以下拘留，并处二百元以上五百元以下罚款；情节较轻的，

125

处五日以下拘留或者五百元以下罚款。

有下列情形之一的，处十日以上十五日以下拘留，并处五百元以上一千元以下罚款：

（一）结伙殴打、伤害他人的；

（二）殴打、伤害残疾人、孕妇、不满十四周岁的人或者六十周岁以上的人的；

（三）多次殴打、伤害他人或者一次殴打、伤害多人的。

第四十四条 猥亵他人的，或者在公共场所故意裸露身体，情节恶劣的，处五日以上十日以下拘留；猥亵智力残疾人、精神病人、不满十四周岁的人或者有其他严重情节的，处十日以上十五日以下拘留。

第四十五条 有下列行为之一的，处五日以下拘留或者警告：

（一）虐待家庭成员，被虐待人要求处理的；

（二）遗弃没有独立生活能力的被扶养人的。

第四十六条 强买强卖商品，强迫他人提供服务或者强迫他人接受服务的，处五日以上十日以下拘留，并处二百元以上五百元以下罚款；情节较轻的，处五日以下拘留或者五百元以下罚款。

第四十七条 煽动民族仇恨、民族歧视，或者在出版物、计算机信息网络中刊载民族歧视、侮辱内容的，处十日以上十五日以下拘留，可以并处一千元以下罚款。

第四十八条 冒领、隐匿、毁弃、私自开拆或者非法检查他人邮件的，处五日以下拘留或者五百元以下罚款。

第四十九条 盗窃、诈骗、哄抢、抢夺、敲诈勒索或者故意损毁公私财物的，处五日以上十日以下拘留，可以并处五百元以下罚款；情节较重的，处十日以上十五日以下拘留，可以并处一千元以下罚款。

### 第四节 妨害社会管理的行为和处罚

第五十条 有下列行为之一的，处警告或者二百元以下罚款；

情节严重的，处五日以上十日以下拘留，可以并处五百元以下罚款：

（一）拒不执行人民政府在紧急状态情况下依法发布的决定、命令的；

（二）阻碍国家机关工作人员依法执行职务的；

（三）阻碍执行紧急任务的消防车、救护车、工程抢险车、警车等车辆通行的；

（四）强行冲闯公安机关设置的警戒带、警戒区的。

阻碍人民警察依法执行职务的，从重处罚。

第五十一条　冒充国家机关工作人员或者以其他虚假身份招摇撞骗的，处五日以上十日以下拘留，可以并处五百元以下罚款；情节较轻的，处五日以下拘留或者五百元以下罚款。

冒充军警人员招摇撞骗的，从重处罚。

第五十二条　有下列行为之一的，处十日以上十五日以下拘留，可以并处一千元以下罚款；情节较轻的，处五日以上十日以下拘留，可以并处五百元以下罚款：

（一）伪造、变造或者买卖国家机关、人民团体、企业、事业单位或者其他组织的公文、证件、证明文件、印章的；

（二）买卖或者使用伪造、变造的国家机关、人民团体、企业、事业单位或者其他组织的公文、证件、证明文件的；

（三）伪造、变造、倒卖车票、船票、航空客票、文艺演出票、体育比赛入场券或者其他有价票证、凭证的；

（四）伪造、变造船舶户牌，买卖或者使用伪造、变造的船舶户牌，或者涂改船舶发动机号码的。

第五十三条　船舶擅自进入、停靠国家禁止、限制进入的水域或者岛屿的，对船舶负责人及有关责任人员处五百元以上一千元以下罚款；情节严重的，处五日以下拘留，并处五百元以上一千元以下罚款。

第五十四条　有下列行为之一的，处十日以上十五日以下拘留，并处五百元以上一千元以下罚款；情节较轻的，处五日以下拘留或者五百元以下罚款：

（一）违反国家规定，未经注册登记，以社会团体名义进行活动，被取缔后，仍进行活动的；

（二）被依法撤销登记的社会团体，仍以社会团体名义进行活动的；

（三）未经许可，擅自经营按照国家规定需要由公安机关许可的行业的。

有前款第三项行为的，予以取缔。

取得公安机关许可的经营者，违反国家有关管理规定，情节严重的，公安机关可以吊销许可证。

**第五十五条** 煽动、策划非法集会、游行、示威，不听劝阻的，处十日以上十五日以下拘留。

**第五十六条** 旅馆业的工作人员对住宿的旅客不按规定登记姓名、身份证件种类和号码的，或者明知住宿的旅客将危险物质带入旅馆，不予制止的，处二百元以上五百元以下罚款。

旅馆业的工作人员明知住宿的旅客是犯罪嫌疑人员或者被公安机关通缉的人员，不向公安机关报告的，处二百元以上五百元以下罚款；情节严重的，处五日以下拘留，可以并处五百元以下罚款。

**第五十七条** 房屋出租人将房屋出租给无身份证件的人居住的，或者不按规定登记承租人姓名、身份证件种类和号码的，处二百元以上五百元以下罚款。

房屋出租人明知承租人利用出租房屋进行犯罪活动，不向公安机关报告的，处二百元以上五百元以下罚款；情节严重的，处五日以下拘留，可以并处五百元以下罚款。

**第五十八条** 违反关于社会生活噪声污染防治的法律规定，制造噪声干扰他人正常生活的，处警告；警告后不改正的，处二百元以上五百元以下罚款。

**第五十九条** 有下列行为之一的,处五百元以上一千元以下罚款;情节严重的,处五日以上十日以下拘留,并处五百元以上一千元以下罚款:

(一) 典当业工作人员承接典当的物品,不查验有关证明、不履行登记手续,或者明知是违法犯罪嫌疑人、赃物,不向公安机关报告的;

(二) 违反国家规定,收购铁路、油田、供电、电信、矿山、水利、测量和城市公用设施等废旧专用器材的;

(三) 收购公安机关通报寻查的赃物或者有赃物嫌疑的物品的;

(四) 收购国家禁止收购的其他物品的。

**第六十条** 有下列行为之一的,处五日以上十日以下拘留,并处二百元以上五百元以下罚款:

(一) 隐藏、转移、变卖或者损毁行政执法机关依法扣押、查封、冻结的财物的;

(二) 伪造、隐匿、毁灭证据或者提供虚假证言、谎报案情,影响行政执法机关依法办案的;

(三) 明知是赃物而窝藏、转移或者代为销售的;

(四) 被依法执行管制、剥夺政治权利或者在缓刑、暂予监外执行中的罪犯或者被依法采取刑事强制措施的人,有违反法律、行政法规或者国务院有关部门的监督管理规定的行为。

**第六十一条** 协助组织或者运送他人偷越国(边)境的,处十日以上十五日以下拘留,并处一千元以上五千元以下罚款。

**第六十二条** 为偷越国(边)境人员提供条件的,处五日以上十日以下拘留,并处五百元以上二千元以下罚款。

偷越国(边)境的,处五日以下拘留或者五百元以下罚款。

**第六十三条** 有下列行为之一的,处警告或者二百元以下罚款;情节较重的,处五日以上十日以下拘留,并处二百元以上五百元以下罚款:

（一）刻划、涂污或者以其他方式故意损坏国家保护的文物、名胜古迹的；

（二）违反国家规定，在文物保护单位附近进行爆破、挖掘等活动，危及文物安全的。

**第六十四条** 有下列行为之一的，处五百元以上一千元以下罚款；情节严重的，处十日以上十五日以下拘留，并处五百元以上一千元以下罚款：

（一）偷开他人机动车的；

（二）未取得驾驶证驾驶或者偷开他人航空器、机动船舶的。

**第六十五条** 有下列行为之一的，处五日以上十日以下拘留；情节严重的，处十日以上十五日以下拘留，可以并处一千元以下罚款：

（一）故意破坏、污损他人坟墓或者毁坏、丢弃他人尸骨、骨灰的；

（二）在公共场所停放尸体或者因停放尸体影响他人正常生活、工作秩序，不听劝阻的。

**第六十六条** 卖淫、嫖娼的，处十日以上十五日以下拘留，可以并处五千元以下罚款；情节较轻的，处五日以下拘留或者五百元以下罚款。

在公共场所拉客招嫖的，处五日以下拘留或者五百元以下罚款。

**第六十七条** 引诱、容留、介绍他人卖淫的，处十日以上十五日以下拘留，可以并处五千元以下罚款；情节较轻的，处五日以下拘留或者五百元以下罚款。

**第六十八条** 制作、运输、复制、出售、出租淫秽的书刊、图片、影片、音像制品等淫秽物品或者利用计算机信息网络、电话以及其他通讯工具传播淫秽信息的，处十日以上十五日以下拘留，可以并处三千元以下罚款；情节较轻的，处五日以下拘留或者五百元以下罚款。

第六十九条 有下列行为之一的，处十日以上十五日以下拘留，并处五百元以上一千元以下罚款：

（一）组织播放淫秽音像的；

（二）组织或者进行淫秽表演的；

（三）参与聚众淫乱活动的。

明知他人从事前款活动，为其提供条件的，依照前款的规定处罚。

第七十条 以营利为目的，为赌博提供条件的，或者参与赌博赌资较大的，处五日以下拘留或者五百元以下罚款；情节严重的，处十日以上十五日以下拘留，并处五百元以上三千元以下罚款。

第七十一条 有下列行为之一的，处十日以上十五日以下拘留，可以并处三千元以下罚款；情节较轻的，处五日以下拘留或者五百元以下罚款：

（一）非法种植罂粟不满五百株或者其他少量毒品原植物的；

（二）非法买卖、运输、携带、持有少量未经灭活的罂粟等毒品原植物种子或者幼苗的；

（三）非法运输、买卖、储存、使用少量罂粟壳的。

有前款第一项行为，在成熟前自行铲除的，不予处罚。

第七十二条 有下列行为之一的，处十日以上十五日以下拘留，可以并处二千元以下罚款；情节较轻的，处五日以下拘留或者五百元以下罚款：

（一）非法持有鸦片不满二百克、海洛因或者甲基苯丙胺不满十克或者其他少量毒品的；

（二）向他人提供毒品的；

（三）吸食、注射毒品的；

（四）胁迫、欺骗医务人员开具麻醉药品、精神药品的。

第七十三条 教唆、引诱、欺骗他人吸食、注射毒品的，处十日以上十五日以下拘留，并处五百元以上二千元以下罚款。

第七十四条 旅馆业、饮食服务业、文化娱乐业、出租汽车业等单位的人员，在公安机关查处吸毒、赌博、卖淫、嫖娼活动时，为违法犯罪行为人通风报信的，处十日以上十五日以下拘留。

第七十五条 饲养动物，干扰他人正常生活的，处警告；警告后不改正的，或者放任动物恐吓他人的，处二百元以上五百元以下罚款。

驱使动物伤害他人的，依照本法第四十三条第一款的规定处罚。

第七十六条 有本法第六十七条、第六十八条、第七十条的行为，屡教不改的，可以按照国家规定采取强制性教育措施。

## 第四章 处罚程序

### 第一节 调 查

第七十七条 公安机关对报案、控告、举报或者违反治安管理行为人主动投案，以及其他行政主管部门、司法机关移送的违反治安管理案件，应当及时受理，并进行登记。

第七十八条 公安机关受理报案、控告、举报、投案后，认为属于违反治安管理行为的，应当立即进行调查；认为不属于违反治安管理行为的，应当告知报案人、控告人、举报人、投案人，并说明理由。

第七十九条 公安机关及其人民警察对治安案件的调查，应当依法进行。严禁刑讯逼供或者采用威胁、引诱、欺骗等非法手段收集证据。

以非法手段收集的证据不得作为处罚的根据。

第八十条 公安机关及其人民警察在办理治安案件时，对涉及的国家秘密、商业秘密或者个人隐私，应当予以保密。

第八十一条 人民警察在办理治安案件过程中，遇有下列情形之一的，应当回避；违反治安管理行为人、被侵害人或者其法定代理人也有权要求他们回避：

（一）是本案当事人或者当事人的近亲属的；

（二）本人或者其近亲属与本案有利害关系的；

（三）与本案当事人有其他关系，可能影响案件公正处理的。

人民警察的回避，由其所属的公安机关决定；公安机关负责人的回避，由上一级公安机关决定。

第八十二条　需要传唤违反治安管理行为人接受调查的，经公安机关办案部门负责人批准，使用传唤证传唤。对现场发现的违反治安管理行为人，人民警察经出示工作证件，可以口头传唤，但应当在询问笔录中注明。

公安机关应当将传唤的原因和依据告知被传唤人。对无正当理由不接受传唤或者逃避传唤的人，可以强制传唤。

第八十三条　对违反治安管理行为人，公安机关传唤后应当及时询问查证，询问查证的时间不得超过八小时；情况复杂，依照本法规定可能适用行政拘留处罚的，询问查证的时间不得超过二十四小时。

公安机关应当及时将传唤的原因和处所通知被传唤人家属。

第八十四条　询问笔录应当交被询问人核对；对没有阅读能力的，应当向其宣读。记载有遗漏或者差错的，被询问人可以提出补充或者更正。被询问人确认笔录无误后，应当签名或者盖章，询问的人民警察也应当在笔录上签名。

被询问人要求就被询问事项自行提供书面材料的，应当准许；必要时，人民警察也可以要求被询问人自行书写。

询问不满十六周岁的违反治安管理行为人，应当通知其父母或者其他监护人到场。

第八十五条　人民警察询问被侵害人或者其他证人，可以到其所在单位或者住处进行；必要时，也可以通知其到公安机关提供证言。

人民警察在公安机关以外询问被侵害人或者其他证人,应当出示工作证件。

询问被侵害人或者其他证人,同时适用本法第八十四条的规定。

第八十六条　询问聋哑的违反治安管理行为人、被侵害人或者其他证人,应当有通晓手语的人提供帮助,并在笔录上注明。

询问不通晓当地通用的语言文字的违反治安管理行为人、被侵害人或者其他证人,应当配备翻译人员,并在笔录上注明。

第八十七条　公安机关对与违反治安管理行为有关的场所、物品、人身可以进行检查。检查时,人民警察不得少于二人,并应当出示工作证件和县级以上人民政府公安机关开具的检查证明文件。对确有必要立即进行检查的,人民警察经出示工作证件,可以当场检查,但检查公民住所应当出示县级以上人民政府公安机关开具的检查证明文件。

检查妇女的身体,应当由女性工作人员进行。

第八十八条　检查的情况应当制作检查笔录,由检查人、被检查人和见证人签名或者盖章;被检查人拒绝签名的,人民警察应当在笔录上注明。

第八十九条　公安机关办理治安案件,对与案件有关的需要作为证据的物品,可以扣押;对被侵害人或者善意第三人合法占有的财产,不得扣押,应当予以登记。对与案件无关的物品,不得扣押。

对扣押的物品,应当会同在场见证人和被扣押物品持有人查点清楚,当场开列清单一式二份,由调查人员、见证人和持有人签名或者盖章,一份交给持有人,另一份附卷备查。

对扣押的物品,应当妥善保管,不得挪作他用;对不宜长期保存的物品,按照有关规定处理。经查明与案件无关的,应当及时退还;经核实属于他人合法财产的,应当登记后立即退还;满六个月无人对该财产主张权利或者无法查清权利人的,应当公开拍卖或者按照国家有关规定处理,所得款项上缴国库。

**第九十条** 为了查明案情,需要解决案件中有争议的专门性问题的,应当指派或者聘请具有专门知识的人员进行鉴定;鉴定人鉴定后,应当写出鉴定意见,并且签名。

## 第二节 决 定

**第九十一条** 治安管理处罚由县级以上人民政府公安机关决定;其中警告、五百元以下的罚款可以由公安派出所决定。

**第九十二条** 对决定给予行政拘留处罚的人,在处罚前已经采取强制措施限制人身自由的时间,应当折抵。限制人身自由一日,折抵行政拘留一日。

**第九十三条** 公安机关查处治安案件,对没有本人陈述,但其他证据能够证明案件事实的,可以作出治安管理处罚决定。但是,只有本人陈述,没有其他证据证明的,不能作出治安管理处罚决定。

**第九十四条** 公安机关作出治安管理处罚决定前,应当告知违反治安管理行为人作出治安管理处罚的事实、理由及依据,并告知违反治安管理行为人依法享有的权利。

违反治安管理行为人有权陈述和申辩。公安机关必须充分听取违反治安管理行为人的意见,对违反治安管理行为人提出的事实、理由和证据,应当进行复核;违反治安管理行为人提出的事实、理由或者证据成立的,公安机关应当采纳。

公安机关不得因违反治安管理行为人的陈述、申辩而加重处罚。

**第九十五条** 治安案件调查结束后,公安机关应当根据不同情况,分别作出以下处理:

(一)确有依法应当给予治安管理处罚的违法行为的,根据情节轻重及具体情况,作出处罚决定;

(二)依法不予处罚的,或者违法事实不能成立的,作出不予处罚决定;

（三）违法行为已涉嫌犯罪的，移送主管机关依法追究刑事责任；

（四）发现违反治安管理行为人有其他违法行为的，在对违反治安管理行为作出处罚决定的同时，通知有关行政主管部门处理。

**第九十六条** 公安机关作出治安管理处罚决定的，应当制作治安管理处罚决定书。决定书应当载明下列内容：

（一）被处罚人的姓名、性别、年龄、身份证件的名称和号码、住址；

（二）违法事实和证据；

（三）处罚的种类和依据；

（四）处罚的执行方式和期限；

（五）对处罚决定不服，申请行政复议、提起行政诉讼的途径和期限；

（六）作出处罚决定的公安机关的名称和作出决定的日期。

决定书应当由作出处罚决定的公安机关加盖印章。

**第九十七条** 公安机关应当向被处罚人宣告治安管理处罚决定书，并当场交付被处罚人；无法当场向被处罚人宣告的，应当在二日内送达被处罚人。决定给予行政拘留处罚的，应当及时通知被处罚人的家属。

有被侵害人的，公安机关应当将决定书副本抄送被侵害人。

**第九十八条** 公安机关作出吊销许可证以及处二千元以上罚款的治安管理处罚决定前，应当告知违反治安管理行为人有权要求举行听证；违反治安管理行为人要求听证的，公安机关应当及时依法举行听证。

**第九十九条** 公安机关办理治安案件的期限，自受理之日起不得超过三十日；案情重大、复杂的，经上一级公安机关批准，可以延长三十日。

为了查明案情进行鉴定的期间，不计入办理治安案件的期限。

**第一百条** 违反治安管理行为事实清楚，证据确凿，处警告或者二百元以下罚款的,可以当场作出治安管理处罚决定。

第一百零一条　当场作出治安管理处罚决定的,人民警察应当向违反治安管理行为人出示工作证件,并填写处罚决定书。处罚决定书应当当场交付被处罚人;有被侵害人的,并将决定书副本抄送被侵害人。

前款规定的处罚决定书,应当载明被处罚人的姓名、违法行为、处罚依据、罚款数额、时间、地点以及公安机关名称,并由经办的人民警察签名或者盖章。

当场作出治安管理处罚决定的,经办的人民警察应当在二十四小时内报所属公安机关备案。

第一百零二条　被处罚人对治安管理处罚决定不服的,可以依法申请行政复议或者提起行政诉讼。

### 第三节　执　　行

第一百零三条　对被决定给予行政拘留处罚的人,由作出决定的公安机关送达拘留所执行。

第一百零四条　受到罚款处罚的人应当自收到处罚决定书之日起十五日内,到指定的银行缴纳罚款。但是,有下列情形之一的,人民警察可以当场收缴罚款:

(一) 被处五十元以下罚款,被处罚人对罚款无异议的;

(二) 在边远、水上、交通不便地区,公安机关及其人民警察依照本法的规定作出罚款决定后,被处罚人向指定的银行缴纳罚款确有困难,经被处罚人提出的;

(三) 被处罚人在当地没有固定住所,不当场收缴事后难以执行的。

第一百零五条　人民警察当场收缴的罚款,应当自收缴罚款之日起二日内,交至所属的公安机关;在水上、旅客列车上当场收缴的罚款,应当自抵岸或者到站之日起二日内,交至所属的公安机关;

公安机关应当自收到罚款之日起二日内将罚款缴付指定的银行。

**第一百零六条** 人民警察当场收缴罚款的，应当向被处罚人出具省、自治区、直辖市人民政府财政部门统一制发的罚款收据；不出具统一制发的罚款收据的，被处罚人有权拒绝缴纳罚款。

**第一百零七条** 被处罚人不服行政拘留处罚决定，申请行政复议、提起行政诉讼的，可以向公安机关提出暂缓执行行政拘留的申请。公安机关认为暂缓执行行政拘留不致发生社会危险的，由被处罚人或者其近亲属提出符合本法第一百零八条规定条件的担保人，或者按每日行政拘留二百元的标准交纳保证金，行政拘留的处罚决定暂缓执行。

**第一百零八条** 担保人应当符合下列条件：

（一）与本案无牵连；

（二）享有政治权利，人身自由未受到限制；

（三）在当地有常住户口和固定住所；

（四）有能力履行担保义务。

**第一百零九条** 担保人应当保证被担保人不逃避行政拘留处罚的执行。

担保人不履行担保义务，致使被担保人逃避行政拘留处罚的执行的，由公安机关对其处三千元以下罚款。

**第一百一十条** 被决定给予行政拘留处罚的人交纳保证金，暂缓行政拘留后，逃避行政拘留处罚的执行的，保证金予以没收并上缴国库，已经作出的行政拘留决定仍应执行。

**第一百一十一条** 行政拘留的处罚决定被撤销，或者行政拘留处罚开始执行的，公安机关收取的保证金应当及时退还交纳人。

## 第五章 执法监督

**第一百一十二条** 公安机关及其人民警察应当依法、公正、严格、高效办理治安案件，文明执法，不得徇私舞弊。

第一百一十三条　公安机关及其人民警察办理治安案件，禁止对违反治安管理行为人打骂、虐待或者侮辱。

第一百一十四条　公安机关及其人民警察办理治安案件，应当自觉接受社会和公民的监督。

公安机关及其人民警察办理治安案件，不严格执法或者有违法违纪行为的，任何单位和个人都有权向公安机关或者人民检察院、行政监察机关检举、控告；收到检举、控告的机关，应当依据职责及时处理。

第一百一十五条　公安机关依法实施罚款处罚，应当依照有关法律、行政法规的规定，实行罚款决定与罚款收缴分离；收缴的罚款应当全部上缴国库。

第一百一十六条　人民警察办理治安案件，有下列行为之一的，依法给予行政处分；构成犯罪的，依法追究刑事责任：

（一）刑讯逼供、体罚、虐待、侮辱他人的；

（二）超过询问查证的时间限制人身自由的；

（三）不执行罚款决定与罚款收缴分离制度或者不按规定将罚没的财物上缴国库或者依法处理的；

（四）私分、侵占、挪用、故意损毁收缴、扣押的财物的；

（五）违反规定使用或者不及时返还被侵害人财物的；

（六）违反规定不及时退还保证金的；

（七）利用职务上的便利收受他人财物或者谋取其他利益的；

（八）当场收缴罚款不出具罚款收据或者不如实填写罚款数额的；

（九）接到要求制止违反治安管理行为的报警后，不及时出警的；

（十）在查处违反治安管理活动时，为违法犯罪行为人通风报信的；

(十一) 有徇私舞弊、滥用职权,不依法履行法定职责的其他情形的。

办理治安案件的公安机关有前款所列行为的,对直接负责的主管人员和其他直接责任人员给予相应的行政处分。

**第一百一十七条** 公安机关及其人民警察违法行使职权,侵犯公民、法人和其他组织合法权益的,应当赔礼道歉;造成损害的,应当依法承担赔偿责任。

## 第六章 附 则

**第一百一十八条** 本法所称以上、以下、以内,包括本数。

**第一百一十九条** 本法自2006年3月1日起施行。1986年9月5日公布、1994年5月12日修订公布的《中华人民共和国治安管理处罚条例》同时废止。

# 中华人民共和国
# 道路交通安全法（节录）

（2003年10月28日第十届全国人民代表大会常务委员会第五次会议通过 根据2007年12月29日第十届全国人民代表大会常务委员会第三十一次会议《关于修改〈中华人民共和国道路交通安全法〉的决定》第一次修正 根据2011年4月22日第十一届全国人民代表大会常务委员会第二十次会议《关于修改〈中华人民共和国道路交通安全法〉的决定》第二次修正 根据2021年4月29日第十三届全国人民代表大会常务委员会第二十八次会议《关于修改〈中华人民共和国道路交通安全法〉等八部法律的决定》第三次修正）

……

**第八十二条** 公安机关交通管理部门依法实施罚款的行政处罚，应当依照有关法律、行政法规的规定，实施罚款决定与罚款收缴分离；收缴的罚款以及依法没收的违法所得，应当全部上缴国库。

**第八十三条** 交通警察调查处理道路交通安全违法行为和交通事故，有下列情形之一的，应当回避：

（一）是本案的当事人或者当事人的近亲属；

（二）本人或者其近亲属与本案有利害关系；

（三）与本案当事人有其他关系，可能影响案件的公正处理。

**第八十四条** 公安机关交通管理部门及其交通警察的行政执法活动，应当接受行政监察机关依法实施的监督。

公安机关督察部门应当对公安机关交通管理部门及其交通警察

执行法律、法规和遵守纪律的情况依法进行监督。

上级公安机关交通管理部门应当对下级公安机关交通管理部门的执法活动进行监督。

第八十五条 公安机关交通管理部门及其交通警察执行职务，应当自觉接受社会和公民的监督。

任何单位和个人都有权对公安机关交通管理部门及其交通警察不严格执法以及违法违纪行为进行检举、控告。收到检举、控告的机关，应当依据职责及时查处。

第八十六条 任何单位不得给公安机关交通管理部门下达或者变相下达罚款指标；公安机关交通管理部门不得以罚款数额作为考核交通警察的标准。

公安机关交通管理部门及其交通警察对超越法律、法规规定的指令，有权拒绝执行，并同时向上级机关报告。

# 第七章 法律责任

第八十七条 公安机关交通管理部门及其交通警察对道路交通安全违法行为，应当及时纠正。

公安机关交通管理部门及其交通警察应当依据事实和本法的有关规定对道路交通安全违法行为予以处罚。对于情节轻微，未影响道路通行的，指出违法行为，给予口头警告后放行。

第八十八条 对道路交通安全违法行为的处罚种类包括：警告、罚款、暂扣或者吊销机动车驾驶证、拘留。

第八十九条 行人、乘车人、非机动车驾驶人违反道路交通安全法律、法规关于道路通行规定的，处警告或者五元以上五十元以下罚款；非机动车驾驶人拒绝接受罚款处罚的，可以扣留其非机动车。

第九十条 机动车驾驶人违反道路交通安全法律、法规关于道路通行规定的，处警告或者二十元以上二百元以下罚款。本法另有规定的，依照规定处罚。

第九十一条　饮酒后驾驶机动车的，处暂扣六个月机动车驾驶证，并处一千元以上二千元以下罚款。因饮酒后驾驶机动车被处罚，再次饮酒后驾驶机动车的，处十日以下拘留，并处一千元以上二千元以下罚款，吊销机动车驾驶证。

醉酒驾驶机动车的，由公安机关交通管理部门约束至酒醒，吊销机动车驾驶证，依法追究刑事责任；五年内不得重新取得机动车驾驶证。

饮酒后驾驶营运机动车的，处十五日拘留，并处五千元罚款，吊销机动车驾驶证，五年内不得重新取得机动车驾驶证。

醉酒驾驶营运机动车的，由公安机关交通管理部门约束至酒醒，吊销机动车驾驶证，依法追究刑事责任；十年内不得重新取得机动车驾驶证，重新取得机动车驾驶证后，不得驾驶营运机动车。

饮酒后或者醉酒驾驶机动车发生重大交通事故，构成犯罪的，依法追究刑事责任，并由公安机关交通管理部门吊销机动车驾驶证，终生不得重新取得机动车驾驶证。

第九十二条　公路客运车辆载客超过额定乘员的，处二百元以上五百元以下罚款；超过额定乘员百分之二十或者违反规定载货的，处五百元以上二千元以下罚款。

货运机动车超过核定载质量的，处二百元以上五百元以下罚款；超过核定载质量百分之三十或者违反规定载客的，处五百元以上二千元以下罚款。

有前两款行为的，由公安机关交通管理部门扣留机动车至违法状态消除。

运输单位的车辆有本条第一款、第二款规定的情形，经处罚不改的，对直接负责的主管人员处二千元以上五千元以下罚款。

第九十三条　对违反道路交通安全法律、法规关于机动车停放、临时停车规定的，可以指出违法行为，并予以口头警告，令其立即驶离。

机动车驾驶人不在现场或者虽在现场但拒绝立即驶离，妨碍其他车辆、行人通行的，处二十元以上二百元以下罚款，并可以将该机动车拖移至不妨碍交通的地点或者公安机关交通管理部门指定的地点停放。公安机关交通管理部门拖车不得向当事人收取费用，并应当及时告知当事人停放地点。

因采取不正确的方法拖车造成机动车损坏的，应当依法承担补偿责任。

第九十四条　机动车安全技术检验机构实施机动车安全技术检验超过国务院价格主管部门核定的收费标准收取费用的，退还多收取的费用，并由价格主管部门依照《中华人民共和国价格法》的有关规定给予处罚。

机动车安全技术检验机构不按照机动车国家安全技术标准进行检验，出具虚假检验结果的，由公安机关交通管理部门处所收检验费用五倍以上十倍以下罚款，并依法撤销其检验资格；构成犯罪的，依法追究刑事责任。

第九十五条　上道路行驶的机动车未悬挂机动车号牌，未放置检验合格标志、保险标志，或者未随车携带行驶证、驾驶证的，公安机关交通管理部门应当扣留机动车，通知当事人提供相应的牌证、标志或者补办相应手续，并可以依照本法第九十条的规定予以处罚。当事人提供相应的牌证、标志或者补办相应手续的，应当及时退还机动车。

故意遮挡、污损或者不按规定安装机动车号牌的，依照本法第九十条的规定予以处罚。

第九十六条　伪造、变造或者使用伪造、变造的机动车登记证书、号牌、行驶证、驾驶证的，由公安机关交通管理部门予以收缴，扣留该机动车，处十五日以下拘留，并处二千元以上五千元以下罚款；构成犯罪的，依法追究刑事责任。

伪造、变造或者使用伪造、变造的检验合格标志、保险标志的，由公安机关交通管理部门予以收缴，扣留该机动车，处十日以下拘留，并处一千元以上三千元以下罚款；构成犯罪的，依法追究刑事责任。

使用其他车辆的机动车登记证书、号牌、行驶证、检验合格标志、保险标志的，由公安机关交通管理部门予以收缴，扣留该机动车，处二千元以上五千元以下罚款。

当事人提供相应的合法证明或者补办相应手续的，应当及时退还机动车。

**第九十七条** 非法安装警报器、标志灯具的，由公安机关交通管理部门强制拆除，予以收缴，并处二百元以上二千元以下罚款。

**第九十八条** 机动车所有人、管理人未按照国家规定投保机动车第三者责任强制保险的，由公安机关交通管理部门扣留车辆至依照规定投保后，并处依照规定投保最低责任限额应缴纳的保险费的二倍罚款。

依照前款缴纳的罚款全部纳入道路交通事故社会救助基金。具体办法由国务院规定。

**第九十九条** 有下列行为之一的，由公安机关交通管理部门处二百元以上二千元以下罚款：

（一）未取得机动车驾驶证、机动车驾驶证被吊销或者机动车驾驶证被暂扣期间驾驶机动车的；

（二）将机动车交由未取得机动车驾驶证或者机动车驾驶证被吊销、暂扣的人驾驶的；

（三）造成交通事故后逃逸，尚不构成犯罪的；

（四）机动车行驶超过规定时速百分之五十的；

（五）强迫机动车驾驶人违反道路交通安全法律、法规和机动车安全驾驶要求驾驶机动车，造成交通事故，尚不构成犯罪的；

（六）违反交通管制的规定强行通行，不听劝阻的；

（七）故意损毁、移动、涂改交通设施，造成危害后果，尚不构成犯罪的；

（八）非法拦截、扣留机动车辆，不听劝阻，造成交通严重阻塞或者较大财产损失的。

行为人有前款第二项、第四项情形之一的，可以并处吊销机动车驾驶证；有第一项、第三项、第五项至第八项情形之一的，可以并处十五日以下拘留。

**第一百条** 驾驶拼装的机动车或者已达到报废标准的机动车上道路行驶的，公安机关交通管理部门应当予以收缴，强制报废。

对驾驶前款所列机动车上道路行驶的驾驶人，处二百元以上二千元以下罚款，并吊销机动车驾驶证。

出售已达到报废标准的机动车的，没收违法所得，处销售金额等额的罚款，对该机动车依照本条第一款的规定处理。

**第一百零一条** 违反道路交通安全法律、法规的规定，发生重大交通事故，构成犯罪的，依法追究刑事责任，并由公安机关交通管理部门吊销机动车驾驶证。

造成交通事故后逃逸的，由公安机关交通管理部门吊销机动车驾驶证，且终生不得重新取得机动车驾驶证。

**第一百零二条** 对六个月内发生二次以上特大交通事故负有主要责任或者全部责任的专业运输单位，由公安机关交通管理部门责令消除安全隐患，未消除安全隐患的机动车，禁止上道路行驶。

**第一百零三条** 国家机动车产品主管部门未按照机动车国家安全技术标准严格审查，许可不合格机动车型投入生产的，对负有责任的主管人员和其他直接责任人员给予降级或者撤职的行政处分。

机动车生产企业经国家机动车产品主管部门许可生产的机动车型，不执行机动车国家安全技术标准或者不严格进行机动车成品质量检验，致使质量不合格的机动车出厂销售的，由质量技术监督部门依照《中华人民共和国产品质量法》的有关规定给予处罚。

擅自生产、销售未经国家机动车产品主管部门许可生产的机动车型的，没收非法生产、销售的机动车成品及配件，可以并处非法产品价值三倍以上五倍以下罚款；有营业执照的，由工商行政管理部门吊销营业执照，没有营业执照的，予以查封。

生产、销售拼装的机动车或者生产、销售擅自改装的机动车的，依照本条第三款的规定处罚。

有本条第二款、第三款、第四款所列违法行为，生产或者销售不符合机动车国家安全技术标准的机动车，构成犯罪的，依法追究刑事责任。

**第一百零四条** 未经批准，擅自挖掘道路、占用道路施工或者从事其他影响道路交通安全活动的，由道路主管部门责令停止违法行为，并恢复原状，可以依法给予罚款；致使通行的人员、车辆及其他财产遭受损失的，依法承担赔偿责任。

有前款行为，影响道路交通安全活动的，公安机关交通管理部门可以责令停止违法行为，迅速恢复交通。

**第一百零五条** 道路施工作业或者道路出现损毁，未及时设置警示标志、未采取防护措施，或者应当设置交通信号灯、交通标志、交通标线而没有设置或者应当及时变更交通信号灯、交通标志、交通标线而没有及时变更，致使通行的人员、车辆及其他财产遭受损失的，负有相关职责的单位应当依法承担赔偿责任。

**第一百零六条** 在道路两侧及隔离带上种植树木、其他植物或者设置广告牌、管线等，遮挡路灯、交通信号灯、交通标志，妨碍安全视距的，由公安机关交通管理部门责令行为人排除妨碍；拒不执行的，处二百元以上二千元以下罚款，并强制排除妨碍，所需费用由行为人负担。

**第一百零七条** 对道路交通违法行为人予以警告、二百元以下罚款，交通警察可以当场作出行政处罚决定，并出具行政处罚决定书。

行政处罚决定书应当载明当事人的违法事实、行政处罚的依据、处罚内容、时间、地点以及处罚机关名称，并由执法人员签名或者盖章。

**第一百零八条** 当事人应当自收到罚款的行政处罚决定书之日起十五日内，到指定的银行缴纳罚款。

对行人、乘车人和非机动车驾驶人的罚款，当事人无异议的，可以当场予以收缴罚款。

罚款应当开具省、自治区、直辖市财政部门统一制发的罚款收据；不出具财政部门统一制发的罚款收据的，当事人有权拒绝缴纳罚款。

**第一百零九条** 当事人逾期不履行行政处罚决定的，作出行政处罚决定的行政机关可以采取下列措施：

（一）到期不缴纳罚款的，每日按罚款数额的百分之三加处罚款；

（二）申请人民法院强制执行。

**第一百一十条** 执行职务的交通警察认为应当对道路交通违法行为人给予暂扣或者吊销机动车驾驶证处罚的，可以先予扣留机动车驾驶证，并在二十四小时内将案件移交公安机关交通管理部门处理。

道路交通违法行为人应当在十五日内到公安机关交通管理部门接受处理。无正当理由逾期未接受处理的，吊销机动车驾驶证。

公安机关交通管理部门暂扣或者吊销机动车驾驶证的，应当出具行政处罚决定书。

**第一百一十一条** 对违反本法规定予以拘留的行政处罚，由县、市公安局、公安分局或者相当于县一级的公安机关裁决。

**第一百一十二条** 公安机关交通管理部门扣留机动车、非机动车，应当当场出具凭证，并告知当事人在规定期限内到公安机关交通管理部门接受处理。

公安机关交通管理部门对被扣留的车辆应当妥善保管，不得使用。

逾期不来接受处理，并且经公告三个月仍不来接受处理的，对扣留的车辆依法处理。

第一百一十三条　暂扣机动车驾驶证的期限从处罚决定生效之日起计算；处罚决定生效前先予扣留机动车驾驶证的，扣留一日折抵暂扣期限一日。

吊销机动车驾驶证后重新申请领取机动车驾驶证的期限，按照机动车驾驶证管理规定办理。

第一百一十四条　公安机关交通管理部门根据交通技术监控记录资料，可以对违法的机动车所有人或者管理人依法予以处罚。对能够确定驾驶人的，可以依照本法的规定依法予以处罚。

……

# 道路交通安全违法行为处理程序规定（节录）

（2008年12月20日公安部令第105号公布　根据2020年4月7日《公安部关于修改〈道路交通安全违法行为处理程序规定〉的决定》修订）

……

## 第五章　行政处罚

### 第一节　行政处罚的决定

第四十二条　交通警察对于当场发现的违法行为，认为情节轻微、未影响道路通行和安全的,口头告知其违法行为的基本事实、依据,向违法行为人提出口头警告,纠正违法行为后放行。

各省、自治区、直辖市公安机关交通管理部门可以根据实际确定适用口头警告的具体范围和实施办法。

**第四十三条** 对违法行为人处以警告或者二百元以下罚款的,可以适用简易程序。

对违法行为人处以二百元(不含)以上罚款、暂扣或者吊销机动车驾驶证的,应当适用一般程序。不需要采取行政强制措施的,现场交通警察应当收集、固定相关证据,并制作违法行为处理通知书。其中,对违法行为人单处二百元(不含)以上罚款的,可以通过简化取证方式和审核审批手续等措施快速办理。

对违法行为人处以行政拘留处罚的,按照《公安机关办理行政案件程序规定》实施。

**第四十四条** 适用简易程序处罚的,可以由一名交通警察作出,并应当按照下列程序实施:

(一)口头告知违法行为人违法行为的基本事实、拟作出的行政处罚、依据及其依法享有的权利;

(二)听取违法行为人的陈述和申辩,违法行为人提出的事实、理由或者证据成立的,应当采纳;

(三)制作简易程序处罚决定书;

(四)处罚决定书应当由被处罚人签名、交通警察签名或者盖章,并加盖公安机关交通管理部门印章;被处罚人拒绝签名的,交通警察应当在处罚决定书上注明;

(五)处罚决定书应当当场交付被处罚人;被处罚人拒收的,由交通警察在处罚决定书上注明,即为送达。

交通警察应当在二日内将简易程序处罚决定书报所属公安机关交通管理部门备案。

**第四十五条** 简易程序处罚决定书应当载明被处罚人的基本情

况、车辆牌号、车辆类型、违法事实、处罚的依据、处罚的内容、履行方式、期限、处罚机关名称及被处罚人依法享有的行政复议、行政诉讼权利等内容。

**第四十六条** 制发违法行为处理通知书应当按照下列程序实施：

（一）口头告知违法行为人违法行为的基本事实；

（二）听取违法行为人的陈述和申辩，违法行为人提出的事实、理由或者证据成立的，应当采纳；

（三）制作违法行为处理通知书，并通知当事人在十五日内接受处理；

（四）违法行为处理通知书应当由违法行为人签名、交通警察签名或者盖章，并加盖公安机关交通管理部门印章；当事人拒绝签名的，交通警察应当在违法行为处理通知书上注明；

（五）违法行为处理通知书应当当场交付当事人；当事人拒收的，由交通警察在违法行为处理通知书上注明，即为送达。

交通警察应当在二十四小时内将违法行为处理通知书报所属公安机关交通管理部门备案。

**第四十七条** 违法行为处理通知书应当载明当事人的基本情况、车辆牌号、车辆类型、违法事实、接受处理的具体地点和时限、通知机关名称等内容。

**第四十八条** 适用一般程序作出处罚决定，应当由两名以上交通警察按照下列程序实施：

（一）对违法事实进行调查，询问当事人违法行为的基本情况，并制作笔录；当事人拒绝接受询问、签名或者盖章的，交通警察应当在询问笔录上注明；

（二）采用书面形式或者笔录形式告知当事人拟作出的行政处罚的事实、理由及依据，并告知其依法享有的权利；

（三）对当事人陈述、申辩进行复核，复核结果应当在笔录中注明；

（四）制作行政处罚决定书；

（五）行政处罚决定书应当由被处罚人签名，并加盖公安机关交通管理部门印章；被处罚人拒绝签名的，交通警察应当在处罚决定书上注明；

（六）行政处罚决定书应当当场交付被处罚人；被处罚人拒收的，由交通警察在处罚决定书上注明，即为送达；被处罚人不在场的，应当依照《公安机关办理行政案件程序规定》的有关规定送达。

第四十九条　行政处罚决定书应当载明被处罚人的基本情况、车辆牌号、车辆类型、违法事实和证据、处罚的依据、处罚的内容、履行方式、期限、处罚机关名称及被处罚人依法享有的行政复议、行政诉讼权利等内容。

第五十条　一人有两种以上违法行为，分别裁决，合并执行，可以制作一份行政处罚决定书。

一人只有一种违法行为，依法应当并处两个以上处罚种类且涉及两个处罚主体的，应当分别制作行政处罚决定书。

第五十一条　对违法行为事实清楚，需要按照一般程序处以罚款的，应当自违法行为人接受处理之时起二十四小时内作出处罚决定；处以暂扣机动车驾驶证的，应当自违法行为人接受处理之日起三日内作出处罚决定；处以吊销机动车驾驶证的，应当自违法行为人接受处理或者听证程序结束之日起七日内作出处罚决定，交通肇事构成犯罪的，应当在人民法院判决后及时作出处罚决定。

第五十二条　对交通技术监控设备记录的违法行为，当事人应当及时到公安机关交通管理部门接受处理，处以警告或者二百元以下罚款的，可以适用简易程序；处以二百元（不含）以上罚款、吊销机动车驾驶证的，应当适用一般程序。

第五十三条　违法行为人或者机动车所有人、管理人收到道路交通安全违法行为通知后，应当及时到公安机关交通管理部门接受处理。机动车所有人、管理人将机动车交由他人驾驶的，应当通知机动车驾驶人按照本规定第二十条规定期限接受处理。

违法行为人或者机动车所有人、管理人无法在三十日内接受处理的,可以申请延期处理。延长的期限最长不得超过三个月。

**第五十四条** 机动车有五起以上未处理的违法行为记录,违法行为人或者机动车所有人、管理人未在三十日内接受处理且未申请延期处理的,违法行为发生地公安机关交通管理部门应当按照备案信息中的联系方式,通过移动互联网应用程序、手机短信或者邮寄等方式将拟作出的行政处罚决定的事实、理由、依据以及依法享有的权利,告知违法行为人或者机动车所有人、管理人。违法行为人或者机动车所有人、管理人未在告知后三十日内接受处理的,可以采取公告方式告知拟作出的行政处罚决定的事实、理由、依据、依法享有的权利以及公告期届满后将依法作出行政处罚决定。公告期为七日。

违法行为人或者机动车所有人、管理人提出申辩或者接受处理的,应当按照本规定第四十四条或者第四十八条办理;违法行为人或者机动车所有人、管理人未提出申辩的,公安机关交通管理部门可以依法作出行政处罚决定,并制作行政处罚决定书。

**第五十五条** 行政处罚决定书可以邮寄或者电子送达。邮寄或者电子送达不成功的,公安机关交通管理部门可以公告送达,公告期为六十日。

**第五十六条** 电子送达可以采用移动互联网应用程序、电子邮件、移动通信等能够确认受送达人收悉的特定系统作为送达媒介。送达日期为公安机关交通管理部门对应系统显示发送成功的日期。受送达人证明到达其特定系统的日期与公安机关交通管理部门对应系统显示发送成功的日期不一致的,以受送达人证明到达其特定系统的日期为准。

公告应当通过互联网交通安全综合服务管理平台、移动互联网应用程序等方式进行。公告期满,即为送达。

公告内容应当避免泄漏个人隐私。

第五十七条　交通警察在道路执勤执法时,发现违法行为人或者机动车所有人、管理人有交通技术监控设备记录的违法行为逾期未处理的,应当以口头或者书面方式告知违法行为人或者机动车所有人、管理人。

第五十八条　违法行为人可以通过公安机关交通管理部门自助处理平台自助处理违法行为。

## 第二节　行政处罚的执行

第五十九条　对行人、乘车人、非机动车驾驶人处以罚款,交通警察当场收缴的,交通警察应当在简易程序处罚决定书上注明,由被处罚人签名确认。被处罚人拒绝签名的,交通警察应当在处罚决定书上注明。

交通警察依法当场收缴罚款的,应当开具省、自治区、直辖市财政部门统一制发的罚款收据;不开具省、自治区、直辖市财政部门统一制发的罚款收据的,当事人有权拒绝缴纳罚款。

第六十条　当事人逾期不履行行政处罚决定的,作出行政处罚决定的公安机关交通管理部门可以采取下列措施:

(一)到期不缴纳罚款的,每日按罚款数额的百分之三加处罚款,加处罚款总额不得超出罚款数额;

(二)申请人民法院强制执行。

第六十一条　公安机关交通管理部门对非本辖区机动车驾驶人给予暂扣、吊销机动车驾驶证处罚的,应当在作出处罚决定之日起十五日内,将机动车驾驶证转至核发地公安机关交通管理部门。

违法行为人申请不将暂扣的机动车驾驶证转至核发地公安机关交通管理部门的,应当准许,并在行政处罚决定书上注明。

第六十二条　对违法行为人决定行政拘留并处罚款的,公安机关交通管理部门应当告知违法行为人可以委托他人代缴罚款。

## 第六章 执法监督

**第六十三条** 交通警察执勤执法时,应当按照规定着装,佩戴人民警察标志,随身携带人民警察证件,保持警容严整,举止端庄,指挥规范。

交通警察查处违法行为时应当使用规范、文明的执法用语。

**第六十四条** 公安机关交通管理部门所属的交警队、车管所及重点业务岗位应当建立值日警官和法制员制度,防止和纠正执法中的错误和不当行为。

**第六十五条** 各级公安机关交通管理部门应当加强执法监督,建立本单位及其所属民警的执法档案,实施执法质量考评、执法责任制和执法过错追究。

执法档案可以是电子档案或者纸质档案。

**第六十六条** 公安机关交通管理部门应当依法建立交通民警执勤执法考核评价标准,不得下达或者变相下达罚款指标,不得以处罚数量作为考核民警执法效果的依据。

……

# 财政违法行为处罚处分条例

(2004年11月30日国务院令第427号公布 根据2011年1月8日《国务院关于废止和修改部分行政法规的决定》修订)

**第一条** 为了纠正财政违法行为,维护国家财政经济秩序,制定本条例。

**第二条** 县级以上人民政府财政部门及审计机关在各自职权范围内,依法对财政违法行为作出处理、处罚决定。

省级以上人民政府财政部门的派出机构,应当在规定职权范围内,依法对财政违法行为作出处理、处罚决定;审计机关的派出机构,应当根据审计机关的授权,依法对财政违法行为作出处理、处罚决定。

根据需要,国务院可以依法调整财政部门及其派出机构(以下统称财政部门)、审计机关及其派出机构(以下统称审计机关)的职权范围。

有财政违法行为的单位,其直接负责的主管人员和其他直接责任人员,以及有财政违法行为的个人,属于国家公务员的,由监察机关及其派出机构(以下统称监察机关)或者任免机关依照人事管理权限,依法给予行政处分。

**第三条** 财政收入执收单位及其工作人员有下列违反国家财政收入管理规定的行为之一的,责令改正,补收应当收取的财政收入,限期退还违法所得。对单位给予警告或者通报批评。对直接负责的主管人员和其他直接责任人员给予警告、记过或者记大过处分;情节严重的,给予降级或者撤职处分:

(一)违反规定设立财政收入项目;

(二)违反规定擅自改变财政收入项目的范围、标准、对象和期限;

(三)对已明令取消、暂停执行或者降低标准的财政收入项目,仍然依照原定项目、标准征收或者变换名称征收;

(四)缓收、不收财政收入;

(五)擅自将预算收入转为预算外收入;

(六)其他违反国家财政收入管理规定的行为。

《中华人民共和国税收征收管理法》等法律、行政法规另有规定的,依照其规定给予行政处分。

**第四条** 财政收入执收单位及其工作人员有下列违反国家财政

收入上缴规定的行为之一的,责令改正,调整有关会计账目,收缴应当上缴的财政收入,限期退还违法所得。对单位给予警告或者通报批评。对直接负责的主管人员和其他直接责任人员给予记大过处分;情节较重的,给予降级或者撤职处分;情节严重的,给予开除处分:

(一)隐瞒应当上缴的财政收入;

(二)滞留、截留、挪用应当上缴的财政收入;

(三)坐支应当上缴的财政收入;

(四)不依照规定的财政收入预算级次、预算科目入库;

(五)违反规定退付国库库款或者财政专户资金;

(六)其他违反国家财政收入上缴规定的行为。

《中华人民共和国税收征收管理法》、《中华人民共和国预算法》等法律、行政法规另有规定的,依照其规定给予行政处分。

**第五条** 财政部门、国库机构及其工作人员有下列违反国家有关上解、下拨财政资金规定的行为之一的,责令改正,限期退还违法所得。对单位给予警告或者通报批评。对直接负责的主管人员和其他直接责任人员给予记过或者记大过处分;情节较重的,给予降级或者撤职处分;情节严重的,给予开除处分:

(一)延解、占压应当上解的财政收入;

(二)不依照预算或者用款计划核拨财政资金;

(三)违反规定收纳、划分、留解、退付国库库款或者财政专户资金;

(四)将应当纳入国库核算的财政收入放在财政专户核算;

(五)擅自动用国库库款或者财政专户资金;

(六)其他违反国家有关上解、下拨财政资金规定的行为。

**第六条** 国家机关及其工作人员有下列违反规定使用、骗取财政资金的行为之一的,责令改正,调整有关会计账目,追回有关财政资金,限期退还违法所得。对单位给予警告或者通报批评。对直接负责的主管人员和其他直接责任人员给予记大过处分;情节较重的，给予降级或者撤职处分；情节严重的，给予开除处分：

（一）以虚报、冒领等手段骗取财政资金；

（二）截留、挪用财政资金；

（三）滞留应当下拨的财政资金；

（四）违反规定扩大开支范围，提高开支标准；

（五）其他违反规定使用、骗取财政资金的行为。

**第七条** 财政预决算的编制部门和预算执行部门及其工作人员有下列违反国家有关预算管理规定的行为之一的，责令改正，追回有关款项，限期调整有关预算科目和预算级次。对单位给予警告或者通报批评。对直接负责的主管人员和其他直接责任人员给予警告、记过或者记大过处分；情节较重的，给予降级处分；情节严重的，给予撤职处分：

（一）虚增、虚减财政收入或者财政支出；

（二）违反规定编制、批复预算或者决算；

（三）违反规定调整预算；

（四）违反规定调整预算级次或者预算收支种类；

（五）违反规定动用预算预备费或者挪用预算周转金；

（六）违反国家关于转移支付管理规定的行为；

（七）其他违反国家有关预算管理规定的行为。

**第八条** 国家机关及其工作人员违反国有资产管理的规定，擅自占有、使用、处置国有资产的，责令改正，调整有关会计账目，限期退还违法所得和被侵占的国有资产。对单位给予警告或者通报批评。对直接负责的主管人员和其他直接责任人员给予记大过处分；情节较重的，给予降级或者撤职处分；情节严重的，给予开除处分。

**第九条** 单位和个人有下列违反国家有关投资建设项目规定的行为之一的，责令改正，调整有关会计账目，追回被截留、挪用、骗取的国家建设资金，没收违法所得，核减或者停止拨付工程投资。对单位给予警告或者通报批评，其直接负责的主管人员和其他直接责任人员属于国家公务员的，给予记大过处分；情节较重的，给予降级或者撤职处分；情节严重的，给予开除处分：

（一）截留、挪用国家建设资金；

（二）以虚报、冒领、关联交易等手段骗取国家建设资金；

（三）违反规定超概算投资；

（四）虚列投资完成额；

（五）其他违反国家投资建设项目有关规定的行为。

《中华人民共和国政府采购法》、《中华人民共和国招标投标法》、《国家重点建设项目管理办法》等法律、行政法规另有规定的，依照其规定处理、处罚。

**第十条** 国家机关及其工作人员违反《中华人民共和国担保法》及国家有关规定，擅自提供担保的，责令改正，没收违法所得。对单位给予警告或者通报批评。对直接负责的主管人员和其他直接责任人员给予警告、记过或者记大过处分；造成损失的，给予降级或者撤职处分；造成重大损失的，给予开除处分。

**第十一条** 国家机关及其工作人员违反国家有关账户管理规定，擅自在金融机构开立、使用账户的，责令改正，调整有关会计账目，追回有关财政资金，没收违法所得，依法撤销擅自开立的账户。对单位给予警告或者通报批评。对直接负责的主管人员和其他直接责任人员给予降级处分；情节严重的，给予撤职或者开除处分。

**第十二条** 国家机关及其工作人员有下列行为之一的，责令改正，调整有关会计账目，追回被挪用、骗取的有关资金，没收违法所得。对单位给予警告或者通报批评。对直接负责的主管人员和其他直接责任人员给予降级处分；情节较重的，给予撤职处分；情节严重的，给予开除处分：

（一）以虚报、冒领等手段骗取政府承贷或者担保的外国政府贷款、国际金融组织贷款；

（二）滞留政府承贷或者担保的外国政府贷款、国际金融组织贷款；

（三）截留、挪用政府承贷或者担保的外国政府贷款、国际金融组织贷款；

（四）其他违反规定使用、骗取政府承贷或者担保的外国政府贷款、国际金融组织贷款的行为。

第十三条　企业和个人有下列不缴或者少缴财政收入行为之一的，责令改正，调整有关会计账目，收缴应当上缴的财政收入，给予警告，没收违法所得，并处不缴或者少缴财政收入10%以上30%以下的罚款；对直接负责的主管人员和其他直接责任人员处3000元以上5万元以下的罚款：

（一）隐瞒应当上缴的财政收入；

（二）截留代收的财政收入；

（三）其他不缴或者少缴财政收入的行为。

属于税收方面的违法行为，依照有关税收法律、行政法规的规定处理、处罚。

第十四条　企业和个人有下列行为之一的，责令改正，调整有关会计账目，追回违反规定使用、骗取的有关资金，给予警告，没收违法所得，并处被骗取有关资金10%以上50%以下的罚款或者被违规使用有关资金10%以上30%以下的罚款；对直接负责的主管人员和其他直接责任人员处3000元以上5万元以下的罚款：

（一）以虚报、冒领等手段骗取财政资金以及政府承贷或者担保的外国政府贷款、国际金融组织贷款；

（二）挪用财政资金以及政府承贷或者担保的外国政府贷款、国际金融组织贷款；

（三）从无偿使用的财政资金以及政府承贷或者担保的外国政府贷款、国际金融组织贷款中非法获益；

（四）其他违反规定使用、骗取财政资金以及政府承贷或者担保的外国政府贷款、国际金融组织贷款的行为。

属于政府采购方面的违法行为，依照《中华人民共和国政府采购法》及有关法律、行政法规的规定处理、处罚。

第十五条　事业单位、社会团体、其他社会组织及其工作人员有财政违法行为的,依照本条例有关国家机关的规定执行;但其在经营活动中的财政违法行为,依照本条例第十三条、第十四条的规定执行。

第十六条 单位和个人有下列违反财政收入票据管理规定的行为之一的,销毁非法印制的票据,没收违法所得和作案工具。对单位处5000元以上10万元以下的罚款;对直接负责的主管人员和其他直接责任人员处3000元以上5万元以下的罚款。属于国家公务员的,还应当给予降级或者撤职处分;情节严重的,给予开除处分:

(一)违反规定印制财政收入票据;
(二)转借、串用、代开财政收入票据;
(三)伪造、变造、买卖、擅自销毁财政收入票据;
(四)伪造、使用伪造的财政收入票据监(印)制章;
(五)其他违反财政收入票据管理规定的行为。

属于税收收入票据管理方面的违法行为,依照有关税收法律、行政法规的规定处理、处罚。

第十七条 单位和个人违反财务管理的规定,私存私放财政资金或者其他公款的,责令改正,调整有关会计账目,追回私存私放的资金,没收违法所得。对单位处3000元以上5万元以下的罚款;对直接负责的主管人员和其他直接责任人员处2000元以上2万元以下的罚款。属于国家公务员的,还应当给予记大过处分;情节严重的,给予降级或者撤职处分。

第十八条 属于会计方面的违法行为,依照会计方面的法律、行政法规的规定处理、处罚。对其直接负责的主管人员和其他直接责任人员,属于国家公务员的,还应当给予警告、记过或者记大过处分;情节较重的,给予降级或者撤职处分;情节严重的,给予开除处分。

第十九条 属于行政性收费方面的违法行为,《中华人民共和国行政许可法》、《违反行政事业性收费和罚没收入收支两条线管理规定行政处分暂行规定》等法律、行政法规及国务院另有规定的,有关部门依照其规定处理、处罚、处分。

**第二十条** 单位和个人有本条例规定的财政违法行为，构成犯罪的，依法追究刑事责任。

**第二十一条** 财政部门、审计机关、监察机关依法进行调查或者检查时，被调查、检查的单位和个人应当予以配合，如实反映情况，不得拒绝、阻挠、拖延。

违反前款规定的，责令限期改正。逾期不改正的，对属于国家公务员的直接负责的主管人员和其他直接责任人员，给予警告、记过或者记大过处分；情节严重的，给予降级或者撤职处分。

**第二十二条** 财政部门、审计机关、监察机关依法进行调查或者检查时，经县级以上人民政府财政部门、审计机关、监察机关的负责人批准，可以向与被调查、检查单位有经济业务往来的单位查询有关情况，可以向金融机构查询被调查、检查单位的存款，有关单位和金融机构应当配合。

财政部门、审计机关、监察机关在依法进行调查或者检查时，执法人员不得少于2人，并应当向当事人或者有关人员出示证件；查询存款时，还应当持有县级以上人民政府财政部门、审计机关、监察机关签发的查询存款通知书，并负有保密义务。

**第二十三条** 财政部门、审计机关、监察机关依法进行调查或者检查时，在有关证据可能灭失或者以后难以取得的情况下，经县级以上人民政府财政部门、审计机关、监察机关的负责人批准，可以先行登记保存，并应当在7日内及时作出处理决定。在此期间，当事人或者有关人员不得销毁或者转移证据。

**第二十四条** 对被调查、检查单位或者个人正在进行的财政违法行为，财政部门、审计机关应当责令停止。拒不执行的，财政部门可以暂停财政拨款或者停止拨付与财政违法行为直接有关的款项，已经拨付的，责令其暂停使用；审计机关可以通知财政部门或者其他有关主管部门暂停财政拨款或者停止拨付与财政违法行为直接有关的款项，已经拨付的，责令其暂停使用，财政部门和其他有关主管部门应当将结果书面告知审计机关。

第二十五条　依照本条例规定限期退还的违法所得，到期无法退还的，应当收缴国库。

第二十六条　单位和个人有本条例所列财政违法行为，财政部门、审计机关、监察机关可以公告其财政违法行为及处理、处罚、处分决定。

第二十七条　单位和个人有本条例所列财政违法行为，弄虚作假骗取荣誉称号及其他有关奖励的，应当撤销其荣誉称号并收回有关奖励。

第二十八条　财政部门、审计机关、监察机关的工作人员滥用职权、玩忽职守、徇私舞弊的，给予警告、记过或者记大过处分；情节较重的，给予降级或者撤职处分；情节严重的，给予开除处分。构成犯罪的，依法追究刑事责任。

第二十九条　财政部门、审计机关、监察机关及其他有关监督检查机关对有关单位或者个人依法进行调查、检查后，应当出具调查、检查结论。有关监督检查机关已经作出的调查、检查结论能够满足其他监督检查机关履行本机关职责需要的，其他监督检查机关应当加以利用。

第三十条　财政部门、审计机关、监察机关及其他有关机关应当加强配合，对不属于其职权范围的事项，应当依法移送。受移送机关应当及时处理，并将结果书面告知移送机关。

第三十一条　对财政违法行为作出处理、处罚和处分决定的程序，依照本条例和《中华人民共和国行政处罚法》、《中华人民共和国行政监察法》等有关法律、行政法规的规定执行。

第三十二条　单位和个人对处理、处罚不服的，依照《中华人民共和国行政复议法》、《中华人民共和国行政诉讼法》的规定申请复议或者提起诉讼。

国家公务员对行政处分不服的，依照《中华人民共和国行政监察法》、《中华人民共和国公务员法》等法律、行政法规的规定提出申诉。

**第三十三条** 本条例所称"财政收入执收单位",是指负责收取税收收入和各种非税收入的单位。

**第三十四条** 对法律、法规授权的具有管理公共事务职能的组织以及国家行政机关依法委托的组织及其工勤人员以外的工作人员,企业、事业单位、社会团体中由国家行政机关以委任、派遣等形式任命的人员以及其他人员有本条例规定的财政违法行为,需要给予处分的,参照本条例有关规定执行。

**第三十五条** 本条例自2005年2月1日起施行。1987年6月16日国务院发布的《国务院关于违反财政法规处罚的暂行规定》同时废止。

# 中华人民共和国海关行政处罚实施条例

(2004年9月19日中华人民共和国国务院令第420号公布 根据2022年3月29日《国务院关于修改和废止部分行政法规的决定》修订)

## 第一章 总 则

**第一条** 为了规范海关行政处罚,保障海关依法行使职权,保护公民、法人或者其他组织的合法权益,根据《中华人民共和国海关法》(以下简称海关法)及其他有关法律的规定,制定本实施条例。

**第二条** 依法不追究刑事责任的走私行为和违反海关监管规定的行为,以及法律、行政法规规定由海关实施行政处罚的行为的处理，适用本实施条例。

**第三条** 海关行政处罚由发现违法行为的海关管辖，也可以由违法行为发生地海关管辖。

2个以上海关都有管辖权的案件，由最先发现违法行为的海关管辖。

管辖不明确的案件，由有关海关协商确定管辖，协商不成的，报请共同的上级海关指定管辖。

重大、复杂的案件，可以由海关总署指定管辖。

**第四条** 海关发现的依法应当由其他行政机关处理的违法行为，应当移送有关行政机关处理；违法行为涉嫌犯罪的，应当移送海关侦查走私犯罪公安机构、地方公安机关依法办理。

**第五条** 依照本实施条例处以警告、罚款等行政处罚，但不没收进出境货物、物品、运输工具的，不免除有关当事人依法缴纳税款、提交进出口许可证件、办理有关海关手续的义务。

**第六条** 抗拒、阻碍海关侦查走私犯罪公安机构依法执行职务的，由设在直属海关、隶属海关的海关侦查走私犯罪公安机构依照治安管理处罚的有关规定给予处罚。

抗拒、阻碍其他海关工作人员依法执行职务的，应当报告地方公安机关依法处理。

## 第二章 走私行为及其处罚

**第七条** 违反海关法及其他有关法律、行政法规，逃避海关监管，偷逃应纳税款、逃避国家有关进出境的禁止性或者限制性管理，有下列情形之一的，是走私行为：

（一）未经国务院或者国务院授权的机关批准，从未设立海关的地点运输、携带国家禁止或者限制进出境的货物、物品或者依法应当缴纳税款的货物、物品进出境的；

（二）经过设立海关的地点，以藏匿、伪装、瞒报、伪报或者其他方式逃避海关监管，运输、携带、邮寄国家禁止或者限制进出境的货物、物品或者依法应当缴纳税款的货物、物品进出境的；

（三）使用伪造、变造的手册、单证、印章、账册、电子数据或者以其他方式逃避海关监管，擅自将海关监管货物、物品、进境的境外运输工具，在境内销售的；

（四）使用伪造、变造的手册、单证、印章、账册、电子数据或者以伪报加工贸易制成品单位耗料量等方式，致使海关监管货物、物品脱离监管的；

（五）以藏匿、伪装、瞒报、伪报或者其他方式逃避海关监管，擅自将保税区、出口加工区等海关特殊监管区域内的海关监管货物、物品，运出区外的；

（六）有逃避海关监管，构成走私的其他行为的。

**第八条** 有下列行为之一的，按走私行为论处：

（一）明知是走私进口的货物、物品，直接向走私人非法收购的；

（二）在内海、领海、界河、界湖，船舶及所载人员运输、收购、贩卖国家禁止或者限制进出境的货物、物品，或者运输、收购、贩卖依法应当缴纳税款的货物，没有合法证明的。

**第九条** 有本实施条例第七条、第八条所列行为之一的，依照下列规定处罚：

（一）走私国家禁止进出口的货物的，没收走私货物及违法所得，可以并处100万元以下罚款；走私国家禁止进出境的物品的，没收走私物品及违法所得，可以并处10万元以下罚款；

（二）应当提交许可证件而未提交但未偷逃税款，走私国家限制进出境的货物、物品的，没收走私货物、物品及违法所得，可以并处走私货物、物品等值以下罚款；

（三）偷逃应纳税款但未逃避许可证件管理，走私依法应当缴纳税款的货物、物品的，没收走私货物、物品及违法所得，可以并处偷逃应纳税款3倍以下罚款。

专门用于走私的运输工具或者用于掩护走私的货物、物品，2年内3次以上用于走私的运输工具或者用于掩护走私的货物、物品，应当予以没收。藏匿走私货物、物品的特制设备、夹层、暗格，应当予以没收或者责令拆毁。使用特制设备、夹层、暗格实施走私的，应当从重处罚。

**第十条** 与走私人通谋为走私人提供贷款、资金、账号、发票、证明、海关单证的，与走私人通谋为走私人提供走私货物、物品的提取、发运、运输、保管、邮寄或者其他方便的，以走私的共同当事人论处，没收违法所得，并依照本实施条例第九条的规定予以处罚。

**第十一条** 海关准予从事海关监管货物的运输、储存、加工、装配、寄售、展示等业务的企业，构成走私犯罪或者1年内有2次以上走私行为的，海关可以撤销其注册登记；报关企业、报关人员有上述情形的，禁止其从事报关活动。

## 第三章 违反海关监管规定的行为及其处罚

**第十二条** 违反海关法及其他有关法律、行政法规和规章但不构成走私行为的，是违反海关监管规定的行为。

**第十三条** 违反国家进出口管理规定，进出口国家禁止进出口的货物的，责令退运，处100万元以下罚款。

**第十四条** 违反国家进出口管理规定，进出口国家限制进出口的货物，进出口货物的收发货人向海关申报时不能提交许可证件的，进出口货物不予放行，处货物价值30%以下罚款。

违反国家进出口管理规定，进出口属于自动进出口许可管理的货物，进出口货物的收发货人向海关申报时不能提交自动许可证明的，进出口货物不予放行。

**第十五条** 进出口货物的品名、税则号列、数量、规格、价格、贸易方式、原产地、启运地、运抵地、最终目的地或者其他应当申报的项目未申报或者申报不实的，分别依照下列规定予以处罚，有违法所得的，没收违法所得：

（一）影响海关统计准确性的，予以警告或者处1000元以上1万元以下罚款；

（二）影响海关监管秩序的，予以警告或者处1000元以上3万元以下罚款；

（三）影响国家许可证件管理的，处货物价值5%以上30%以下罚款；

（四）影响国家税款征收的，处漏缴税款30%以上2倍以下罚款；

（五）影响国家外汇、出口退税管理的，处申报价格10%以上50%以下罚款。

**第十六条** 进出口货物收发货人未按照规定向报关企业提供所委托报关事项的真实情况，致使发生本实施条例第十五条规定情形的，对委托人依照本实施条例第十五条的规定予以处罚。

**第十七条** 报关企业、报关人员对委托人所提供情况的真实性未进行合理审查，或者因工作疏忽致使发生本实施条例第十五条规定情形的，可以对报关企业处货物价值10%以下罚款，暂停其6个月以内从事报关活动；情节严重的，禁止其从事报关活动。

**第十八条** 有下列行为之一的，处货物价值5%以上30%以下罚款，有违法所得的，没收违法所得：

（一）未经海关许可，擅自将海关监管货物开拆、提取、交付、发运、调换、改装、抵押、质押、留置、转让、更换标记、移作他用或者进行其他处置的；

（二）未经海关许可，在海关监管区以外存放海关监管货物的；

（三）经营海关监管货物的运输、储存、加工、装配、寄售、展示等业务，有关货物灭失、数量短少或者记录不真实，不能提供正当理由的；

（四）经营保税货物的运输、储存、加工、装配、寄售、展示等业务，不依照规定办理收存、交付、结转、核销等手续，或者中止、延长、变更、转让有关合同不依照规定向海关办理手续的；

（五）未如实向海关申报加工贸易制成品单位耗料量的；

（六）未按照规定期限将过境、转运、通运货物运输出境，擅自留在境内的；

（七）未按照规定期限将暂时进出口货物复运出境或者复运进境，擅自留在境内或者境外的；

（八）有违反海关监管规定的其他行为，致使海关不能或者中断对进出口货物实施监管的。

前款规定所涉货物属于国家限制进出口需要提交许可证件，当事人在规定期限内不能提交许可证件的，另处货物价值30%以下罚款；漏缴税款的，可以另处漏缴税款1倍以下罚款。

**第十九条** 有下列行为之一的，予以警告，可以处物品价值20%以下罚款，有违法所得的，没收违法所得：

（一）未经海关许可，擅自将海关尚未放行的进出境物品开拆、交付、投递、转移或者进行其他处置的；

（二）个人运输、携带、邮寄超过合理数量的自用物品进出境未向海关申报的；

（三）个人运输、携带、邮寄超过规定数量但仍属自用的国家限制进出境物品进出境，未向海关申报但没有以藏匿、伪装等方式逃避海关监管的；

（四）个人运输、携带、邮寄物品进出境，申报不实的；

（五）经海关登记准予暂时免税进境或者暂时免税出境的物品，未按照规定复带出境或者复带进境的；

（六）未经海关批准，过境人员将其所带物品留在境内的。

**第二十条** 运输、携带、邮寄国家禁止进出境的物品进出境，未向海关申报但没有以藏匿、伪装等方式逃避海关监管的，予以没收，或者责令退回，或者在海关监管下予以销毁或者进行技术处理。

第二十一条 有下列行为之一的，予以警告，可以处10万元以下罚款，有违法所得的，没收违法所得：

（一）运输工具不经设立海关的地点进出境的；

（二）在海关监管区停留的进出境运输工具，未经海关同意擅自驶离的；

（三）进出境运输工具从一个设立海关的地点驶往另一个设立海关的地点，尚未办结海关手续又未经海关批准，中途改驶境外或者境内未设立海关的地点的；

（四）进出境运输工具到达或者驶离设立海关的地点，未按照规定向海关申报、交验有关单证或者交验的单证不真实的。

第二十二条 有下列行为之一的，予以警告，可以处5万元以下罚款，有违法所得的，没收违法所得：

（一）未经海关同意，进出境运输工具擅自装卸进出境货物、物品或者上下进出境旅客的；

（二）未经海关同意，进出境运输工具擅自兼营境内客货运输或者用于进出境运输以外的其他用途的；

（三）未按照规定办理海关手续，进出境运输工具擅自改营境内运输的；

（四）未按照规定期限向海关传输舱单等电子数据、传输的电子数据不准确或者未按照规定期限保存相关电子数据，影响海关监管的；

（五）进境运输工具在进境以后向海关申报以前，出境运输工具在办结海关手续以后出境以前，不按照交通主管部门或者海关指定的路线行进的；

（六）载运海关监管货物的船舶、汽车不按照海关指定的路线行进的；

（七）进出境船舶和航空器，由于不可抗力被迫在未设立海关的地点停泊、降落或者在境内抛掷、起卸货物、物品，无正当理由不向附近海关报告的；

（八）无特殊原因，未将进出境船舶、火车、航空器到达的时间、停留的地点或者更换的时间、地点事先通知海关的；

（九）不按照规定接受海关对进出境运输工具、货物、物品进行检查、查验的。

**第二十三条** 有下列行为之一的，予以警告，可以处3万元以下罚款：

（一）擅自开启或者损毁海关封志的；

（二）遗失海关制发的监管单证、手册等凭证，妨碍海关监管的；

（三）有违反海关监管规定的其他行为，致使海关不能或者中断对进出境运输工具、物品实施监管的。

**第二十四条** 伪造、变造、买卖海关单证的，处5万元以上50万元以下罚款，有违法所得的，没收违法所得；构成犯罪的，依法追究刑事责任。

**第二十五条** 进出口侵犯中华人民共和国法律、行政法规保护的知识产权的货物的，没收侵权货物，并处货物价值30%以下罚款；构成犯罪的，依法追究刑事责任。

需要向海关申报知识产权状况，进出口货物收发货人及其代理人未按照规定向海关如实申报有关知识产权状况，或者未提交合法使用有关知识产权的证明文件的，可以处5万元以下罚款。

**第二十六条** 海关准予从事海关监管货物的运输、储存、加工、装配、寄售、展示等业务的企业，有下列情形之一的，责令改正，给予警告，可以暂停其6个月以内从事有关业务：

（一）拖欠税款或者不履行纳税义务的；

（二）损坏或者丢失海关监管货物，不能提供正当理由的；

（三）有需要暂停其从事有关业务的其他违法行为的。

**第二十七条** 海关准予从事海关监管货物的运输、储存、加工、装配、寄售、展示等业务的企业，有下列情形之一的，海关可以撤

销其注册登记:

（一）被海关暂停从事有关业务，恢复从事有关业务后1年内再次发生本实施条例第二十六条规定情形的；

（二）有需要撤销其注册登记的其他违法行为的。

**第二十八条** 报关企业、报关人员非法代理他人报关的，责令改正，处5万元以下罚款；情节严重的，禁止其从事报关活动。

**第二十九条** 进出口货物收发货人、报关企业、报关人员向海关工作人员行贿的，由海关禁止其从事报关活动，并处10万元以下罚款；构成犯罪的，依法追究刑事责任。

**第三十条** 未经海关备案从事报关活动的，责令改正，没收违法所得，可以并处10万元以下罚款。

**第三十一条** 提供虚假资料骗取海关注册登记，撤销其注册登记，并处30万元以下罚款。

**第三十二条** 法人或者其他组织有违反海关法的行为，除处罚该法人或者组织外，对其主管人员和直接责任人员予以警告，可以处5万元以下罚款，有违法所得的，没收违法所得。

## 第四章 对违反海关法行为的调查

**第三十三条** 海关发现公民、法人或者其他组织有依法应当由海关给予行政处罚的行为的，应当立案调查。

**第三十四条** 海关立案后，应当全面、客观、公正、及时地进行调查、收集证据。

海关调查、收集证据，应当按照法律、行政法规及其他有关规定的要求办理。

海关调查、收集证据时，海关工作人员不得少于2人，并应当向被调查人出示证件。

调查、收集的证据涉及国家秘密、商业秘密或者个人隐私的，海关应当保守秘密。

第三十五条 海关依法检查走私嫌疑人的身体,应当在隐蔽的场所或者非检查人员的视线之外,由2名以上与被检查人同性别的海关工作人员执行。

走私嫌疑人应当接受检查,不得阻挠。

第三十六条 海关依法检查运输工具和场所,查验货物、物品,应当制作检查、查验记录。

第三十七条 海关依法扣留走私犯罪嫌疑人,应当制发扣留走私犯罪嫌疑人决定书。对走私犯罪嫌疑人,扣留时间不超过24小时,在特殊情况下可以延长至48小时。

海关应当在法定扣留期限内对被扣留人进行审查。排除犯罪嫌疑或者法定扣留期限届满的,应当立即解除扣留,并制发解除扣留决定书。

第三十八条 下列货物、物品、运输工具及有关账册、单据等资料,海关可以依法扣留:

(一)有走私嫌疑的货物、物品、运输工具;

(二)违反海关法或者其他有关法律、行政法规的货物、物品、运输工具;

(三)与违反海关法或者其他有关法律、行政法规的货物、物品、运输工具有牵连的账册、单据等资料;

(四)法律、行政法规规定可以扣留的其他货物、物品、运输工具及有关账册、单据等资料。

第三十九条 有违法嫌疑的货物、物品、运输工具无法或者不便扣留的,当事人或者运输工具负责人应当向海关提供等值的担保,未提供等值担保的,海关可以扣留当事人等值的其他财产。

第四十条 海关扣留货物、物品、运输工具以及账册、单据等资料的期限不得超过1年。因案件调查需要,经直属海关关长或者其授权的隶属海关关长批准,可以延长,延长期限不得超过1年。但复议、诉讼期间不计算在内。

**第四十一条** 有下列情形之一的，海关应当及时解除扣留：
（一）排除违法嫌疑的；
（二）扣留期限、延长期限届满的；
（三）已经履行海关行政处罚决定的；
（四）法律、行政法规规定应当解除扣留的其他情形。

**第四十二条** 海关依法扣留货物、物品、运输工具、其他财产以及账册、单据等资料，应当制发海关扣留凭单，由海关工作人员、当事人或者其代理人、保管人、见证人签字或者盖章，并可以加施海关封志。加施海关封志的，当事人或者其代理人、保管人应当妥善保管。

海关解除对货物、物品、运输工具、其他财产以及账册、单据等资料的扣留，或者发还等值的担保，应当制发海关解除扣留通知书、海关解除担保通知书，并由海关工作人员、当事人或者其代理人、保管人、见证人签字或者盖章。

**第四十三条** 海关查问违法嫌疑人或者询问证人，应当个别进行，并告知其权利和作伪证应当承担的法律责任。违法嫌疑人、证人必须如实陈述、提供证据。

海关查问违法嫌疑人或者询问证人应当制作笔录，并当场交其辨认，没有异议的，立即签字确认；有异议的，予以更正后签字确认。

严禁刑讯逼供或者以威胁、引诱、欺骗等非法手段收集证据。

海关查问违法嫌疑人，可以到违法嫌疑人的所在单位或者住处进行，也可以要求其到海关或者海关指定的地点进行。

**第四十四条** 海关收集的物证、书证应当是原物、原件。收集原物、原件确有困难的，可以拍摄、复制，并可以指定或者委托有关单位或者个人对原物、原件予以妥善保管。

海关收集物证、书证，应当开列清单，注明收集的日期，由有关单位或者个人确认后签字或者盖章。

海关收集电子数据或者录音、录像等视听资料，应当收集原始载体。收集原始载体确有困难的,可以收集复制件,注明制作方法、制作时间、制作人等,并由有关单位或者个人确认后签字或者盖章。

**第四十五条** 根据案件调查需要,海关可以对有关货物、物品进行取样化验、鉴定。

海关提取样品时,当事人或者其代理人应当到场;当事人或者其代理人未到场的,海关应当邀请见证人到场。提取的样品,海关应当予以加封,并由海关工作人员及当事人或者其代理人、见证人确认后签字或者盖章。

化验、鉴定应当交由海关化验鉴定机构或者委托国家认可的其他机构进行。

化验人、鉴定人进行化验、鉴定后,应当出具化验报告、鉴定结论,并签字或者盖章。

**第四十六条** 根据海关法有关规定,海关可以查询案件涉嫌单位和涉嫌人员在金融机构、邮政企业的存款、汇款。

海关查询案件涉嫌单位和涉嫌人员在金融机构、邮政企业的存款、汇款,应当出示海关协助查询通知书。

**第四十七条** 海关依法扣留的货物、物品、运输工具,在人民法院判决或者海关行政处罚决定作出之前,不得处理。但是,危险品或者鲜活、易腐、易烂、易失效、易变质等不宜长期保存的货物、物品以及所有人申请先行变卖的货物、物品、运输工具,经直属海关关长或者其授权的隶属海关关长批准,可以先行依法变卖,变卖所得价款由海关保存,并通知其所有人。

**第四十八条** 当事人有权根据海关法的规定要求海关工作人员回避。

## 第五章 海关行政处罚的决定和执行

**第四十九条** 海关作出暂停从事有关业务、撤销海关注册登记、

175

禁止从事报关活动、对公民处 1 万元以上罚款、对法人或者其他组织处 10 万元以上罚款、没收有关货物、物品、走私运输工具等行政处罚决定之前，应当告知当事人有要求举行听证的权利；当事人要求听证的，海关应当组织听证。

海关行政处罚听证办法由海关总署制定。

**第五十条** 案件调查终结，海关关长应当对调查结果进行审查，根据不同情况，依法作出决定。

对情节复杂或者重大违法行为给予较重的行政处罚，应当由海关案件审理委员会集体讨论决定。

**第五十一条** 同一当事人实施了走私和违反海关监管规定的行为且二者之间有因果关系的，依照本实施条例对走私行为的规定从重处罚，对其违反海关监管规定的行为不再另行处罚。

同一当事人就同一批货物、物品分别实施了 2 个以上违反海关监管规定的行为且二者之间有因果关系的，依照本实施条例分别规定的处罚幅度，择其重者处罚。

**第五十二条** 对 2 个以上当事人共同实施的违法行为，应当区别情节及责任，分别给予处罚。

**第五十三条** 有下列情形之一的，应当从重处罚：

（一）因走私被判处刑罚或者被海关行政处罚后在 2 年内又实施走私行为的；

（二）因违反海关监管规定被海关行政处罚后在 1 年内又实施同一违反海关监管规定的行为的；

（三）有其他依法应当从重处罚的情形的。

**第五十四条** 海关对当事人违反海关法的行为依法给予行政处罚的，应当制作行政处罚决定书。

对同一当事人实施的 2 个以上违反海关法的行为，可以制发 1 份行政处罚决定书。

对 2 个以上当事人分别实施的违反海关法的行为，应当分别制发行政处罚决定书。

对 2 个以上当事人共同实施的违反海关法的行为，应当制发 1 份行政处罚决定书，区别情况对各当事人分别予以处罚，但需另案处理的除外。

第五十五条　行政处罚决定书应当依照有关法律规定送达当事人。

依法予以公告送达的，海关应当将行政处罚决定书的正本张贴在海关公告栏内，并在报纸上刊登公告。

第五十六条　海关作出没收货物、物品、走私运输工具的行政处罚决定，有关货物、物品、走私运输工具无法或者不便没收的，海关应当追缴上述货物、物品、走私运输工具的等值价款。

第五十七条　法人或者其他组织实施违反海关法的行为后，有合并、分立或者其他资产重组情形的，海关应当以原法人、组织作为当事人。

对原法人、组织处以罚款、没收违法所得或者依法追缴货物、物品、走私运输工具的等值价款的，应当以承受其权利义务的法人、组织作为被执行人。

第五十八条　罚款、违法所得和依法追缴的货物、物品、走私运输工具的等值价款，应当在海关行政处罚决定规定的期限内缴清。

当事人按期履行行政处罚决定、办结海关手续的，海关应当及时解除其担保。

第五十九条　受海关处罚的当事人或者其法定代表人、主要负责人应当在出境前缴清罚款、违法所得和依法追缴的货物、物品、走私运输工具的等值价款。在出境前未缴清上述款项的，应当向海关提供相当于上述款项的担保。未提供担保，当事人是自然人的，海关可以通知出境管理机关阻止其出境；当事人是法人或者其他组织的，海关可以通知出境管理机关阻止其法定代表人或者主要负责人出境。

第六十条　当事人逾期不履行行政处罚决定的，海关可以采取下列措施：

（一）到期不缴纳罚款的，每日按罚款数额的3%加处罚款；

（二）根据海关法规定，将扣留的货物、物品、运输工具变价抵缴，或者以当事人提供的担保抵缴；

（三）申请人民法院强制执行。

**第六十一条** 当事人确有经济困难，申请延期或者分期缴纳罚款的，经海关批准，可以暂缓或者分期缴纳罚款。

当事人申请延期或者分期缴纳罚款的，应当以书面形式提出，海关收到申请后，应当在10个工作日内作出决定，并通知申请人。海关同意当事人暂缓或者分期缴纳的，应当及时通知收缴罚款的机构。

**第六十二条** 有下列情形之一的，有关货物、物品、违法所得、运输工具、特制设备由海关予以收缴：

（一）依照《中华人民共和国行政处罚法》第三十条、第三十一条规定不予行政处罚的当事人携带、邮寄国家禁止进出境的货物、物品进出境的；

（二）散发性邮寄国家禁止、限制进出境的物品进出境或者携带数量零星的国家禁止进出境的物品进出境，依法可以不予行政处罚的；

（三）依法应当没收的货物、物品、违法所得、走私运输工具、特制设备，在海关作出行政处罚决定前，作为当事人的自然人死亡或者作为当事人的法人、其他组织终止，且无权利义务承受人的；

（四）走私违法事实基本清楚，但当事人无法查清，自海关公告之日起满3个月的；

（五）有违反法律、行政法规，应当予以收缴的其他情形的。

海关收缴前款规定的货物、物品、违法所得、运输工具、特制设备，应当制发清单，由被收缴人或者其代理人、见证人签字或者盖章。被收缴人无法查清且无见证人的，应当予以公告。

**第六十三条** 人民法院判决没收的走私货物、物品、违法所得、走私运输工具、特制设备，或者海关决定没收、收缴的货物、物品、违法所得、走私运输工具、特制设备，由海关依法统一处理，所得价款和海关收缴的罚款，全部上缴中央国库。

## 第六章　附　　则

**第六十四条**　本实施条例下列用语的含义是：

"设立海关的地点"，指海关在港口、车站、机场、国界孔道、国际邮件互换局（交换站）等海关监管区设立的卡口，海关在保税区、出口加工区等海关特殊监管区域设立的卡口，以及海关在海上设立的中途监管站。

"许可证件"，指依照国家有关规定，当事人应当事先申领，并由国家有关主管部门颁发的准予进口或者出口的证明、文件。

"合法证明"，指船舶及所载人员依照国家有关规定或者依照国际运输惯例所必须持有的证明其运输、携带、收购、贩卖所载货物、物品真实、合法、有效的商业单证、运输单证及其他有关证明、文件。

"物品"，指个人以运输、携带等方式进出境的行李物品、邮寄进出境的物品，包括货币、金银等。超出自用、合理数量的，视为货物。

"自用"，指旅客或者收件人本人自用、馈赠亲友而非为出售或者出租。

"合理数量"，指海关根据旅客或者收件人的情况、旅行目的和居留时间所确定的正常数量。

"货物价值"，指进出口货物的完税价格、关税、进口环节海关代征税之和。

"物品价值"，指进出境物品的完税价格、进口税之和。

"应纳税款"，指进出口货物、物品应当缴纳的进出口关税、进口环节海关代征税之和。

"专门用于走私的运输工具",指专为走私而制造、改造、购买的运输工具。

"以上"、"以下"、"以内"、"届满",均包括本数在内。

**第六十五条** 海关对外国人、无国籍人、外国企业或者其他组织给予行政处罚的,适用本实施条例。

**第六十六条** 国家禁止或者限制进出口的货物目录,由国务院对外贸易主管部门依照《中华人民共和国对外贸易法》的规定办理;国家禁止或者限制进出境的物品目录,由海关总署公布。

**第六十七条** 依照海关规章给予行政处罚的,应当遵守本实施条例规定的程序。

**第六十八条** 本实施条例自 2004 年 11 月 1 日起施行。1993 年 2 月 17 日国务院批准修订、1993 年 4 月 1 日海关总署发布的《中华人民共和国海关法行政处罚实施细则》同时废止。

# 中华人民共和国海关办理行政处罚案件程序规定

(2021 年 6 月 15 日海关总署令第 250 号公布 自 2021 年 7 月 15 日起实施)

## 第一章 总 则

**第一条** 为了规范海关办理行政处罚案件程序,保障和监督海关有效实施行政管理,保护公民、法人或者其他组织的合法权益,根据《中华人民共和国行政处罚法》《中华人民共和国行政强制法》《中华人民共和国海关法》《中华人民共和国海关行政处罚实施条例》(以下简称《海关行政处罚实施条例》)及有关法律、行政法规的规定，制定本规定。

**第二条** 海关办理行政处罚案件的程序适用本规定。

**第三条** 海关办理行政处罚案件应当遵循公正、公开的原则，坚持处罚与教育相结合。

**第四条** 海关办理行政处罚案件，在少数民族聚居或者多民族共同居住的地区，应当使用当地通用的语言进行查问和询问。

对不通晓当地通用语言文字的当事人及有关人员，应当为其提供翻译人员。

**第五条** 海关及其工作人员对实施行政处罚过程中知悉的国家秘密、商业秘密、海关工作秘密或者个人隐私，应当依法予以保密。

## 第二章　一般规定

**第六条** 海关行政处罚的立案依据、实施程序和救济渠道等信息应当公示。

**第七条** 海关应当依法以文字、音像等形式，对行政处罚的启动、调查取证、审核、决定、送达、执行等进行全过程记录，归档保存。

**第八条** 海关行政处罚应当由具有行政执法资格的海关执法人员（以下简称执法人员）实施。执法人员不得少于两人，法律另有规定的除外。

执法人员应当文明执法，尊重和保护当事人合法权益。

**第九条** 在案件办理过程中，当事人委托代理人的，应当提交授权委托书，载明委托人及其代理人的基本信息、委托事项及代理权限、代理权的起止日期、委托日期和委托人签名或者盖章。

委托人变更委托内容或者提前解除委托的，应当书面告知海关。

**第十条** 海关行政处罚由发现违法行为的海关管辖，也可以由违法行为发生地海关管辖。

两个以上海关都有管辖权的案件，由最先立案的海关管辖。

对管辖发生争议的，应当协商解决，协商不成的，报请共同的上一级海关指定管辖；也可以直接由共同的上一级海关指定管辖。

重大、复杂的案件，可以由海关总署指定管辖。

**第十一条** 海关发现的依法应当由其他行政机关或者司法机关处理的违法行为，应当制作案件移送函，及时将案件移送有关行政机关或者司法机关处理。

**第十二条** 执法人员有下列情形之一的，应当自行回避，当事人及其代理人有权申请其回避：

（一）是案件的当事人或者当事人的近亲属；

（二）本人或者其近亲属与案件有直接利害关系；

（三）与案件有其他关系，可能影响案件公正处理的。

**第十三条** 执法人员自行回避的，应当提出书面申请，并且说明理由，由海关负责人决定。

**第十四条** 当事人及其代理人要求执法人员回避的，应当提出申请，并且说明理由。当事人口头提出申请的，海关应当记录在案。

海关应当依法审查当事人的回避申请，并在三个工作日内由海关负责人作出决定，并且书面通知申请人。

海关驳回回避申请的，当事人及其代理人可以在收到书面通知后的三个工作日内向作出决定的海关申请复核一次；作出决定的海关应当在三个工作日内作出复核决定并且书面通知申请人。

**第十五条** 执法人员具有应当回避的情形，其本人没有申请回避，当事人及其代理人也没有申请其回避的，有权决定其回避的海关负责人可以指令其回避。

**第十六条** 在海关作出回避决定前，执法人员不停止办理行政处罚案件。在回避决定作出前，执法人员进行的与案件有关的活动是否有效，由作出回避决定的海关根据案件情况决定。

**第十七条** 听证主持人、记录员、检测、检验、检疫、技术鉴定人和翻译人员的回避，适用本规定第十二条至第十六条的规定。

**第十八条** 海关办理行政处罚案件的证据种类主要有：

（一）书证；

（二）物证；

（三）视听资料；

（四）电子数据；

（五）证人证言；

（六）当事人的陈述；

（七）鉴定意见；

（八）勘验笔录、现场笔录。

证据必须经查证属实，方可作为认定案件事实的根据。

以暴力、威胁、引诱、欺骗以及其他非法手段取得的证据，不得作为认定案件事实的根据。

**第十九条** 海关收集的物证、书证应当是原物、原件。收集原物、原件确有困难的，可以拍摄、复制足以反映原物、原件内容或者外形的照片、录像、复制件，并且可以指定或者委托有关单位或者个人对原物、原件予以妥善保管。

海关收集物证、书证的原物、原件的，应当开列清单，注明收集的日期，由有关单位或者个人确认后盖章或者签字。

海关收集由有关单位或者个人保管书证原件的复制件、影印件或者抄录件的，应当注明出处和收集时间，经提供单位或者个人核对无异后盖章或者签字。

海关收集由有关单位或者个人保管物证原物的照片、录像的，应当附有关制作过程及原物存放处的文字说明，并且由提供单位或者个人在文字说明上盖章或者签字。

提供单位或者个人拒绝盖章或者签字的，执法人员应当注明。

**第二十条** 海关收集电子数据或者录音、录像等视听资料，应当收集原始载体。

收集原始载体确有困难的，可以采取打印、拍照或者录像等方式固定相关证据，并附有关过程等情况的文字说明，由执法人员、电子数据持有人签名，持有人无法或者拒绝签名的，应当在文字说明中予以注明；也可以收集复制件，注明制作方法、制作时间、制作人、证明对象以及原始载体持有人或者存放处等，并且由有关单位或者个人确认后盖章或者签字。

海关对收集的电子数据或者录音、录像等视听资料的复制件可以进行证据转换，电子数据能转换为纸质资料的应当及时打印，录音资料应当附有声音内容的文字记录，并且由有关单位或者个人确认后盖章或者签字。

**第二十一条** 刑事案件转为行政处罚案件办理的，刑事案件办理过程中收集的证据材料，经依法收集、审查后，可以作为行政处罚案件定案的根据。

**第二十二条** 期间以时、日、月、年计算。期间开始的时和日，不计算在期间内。期间届满的最后一日是节假日的，以其后的第一个工作日为期间届满日期。

期间不包括在途时间，法定期满前交付邮寄的，不视为逾期。

**第二十三条** 当事人因不可抗拒的事由或者其他正当理由耽误期限的，在障碍消除后的十日内可以向海关申请顺延期限，是否准许，由海关决定。

**第二十四条** 海关法律文书的送达程序，《中华人民共和国行政处罚法》《中华人民共和国行政强制法》和本规定均未明确的，适用《中华人民共和国民事诉讼法》的相关规定。

**第二十五条** 经当事人或者其代理人书面同意，海关可以采用传真、电子邮件、移动通信、互联网通讯工具等方式送达行政处罚决定书等法律文书。

采取前款方式送达的，以传真、电子邮件、移动通信、互联网通讯工具等到达受送达人特定系统的日期为送达日期。

**第二十六条** 海关可以要求当事人或者其代理人书面确认法律文书送达地址。

当事人及其代理人提供的送达地址，应当包括邮政编码、详细地址以及受送达人的联系电话或者其确认的电子送达地址等。

海关应当书面告知送达地址确认书的填写要求和注意事项以及提供虚假地址或者提供地址不准确的法律后果，并且由当事人或者其代理人确认。

当事人变更送达地址，应当以书面方式告知海关。当事人未书面变更的，以其确认的地址为送达地址。

因当事人提供的送达地址不准确、送达地址变更未书面告知海关，导致法律文书未能被受送达人实际接收的，直接送达的，法律文书留在该地址之日为送达之日；邮寄送达的，法律文书被退回之日为送达之日。

第二十七条 海关邮寄送达法律文书的，应当附送达回证并且以送达回证上注明的收件日期为送达日期；送达回证没有寄回的，以挂号信回执、查询复单或者邮寄流程记录上注明的收件日期为送达日期。

第二十八条 海关依法公告送达法律文书的，应当将法律文书的正本张贴在海关公告栏内。行政处罚决定书公告送达的，还应当在报纸或者海关门户网站上刊登公告。

## 第三章 案件调查

第二十九条 除依法可以当场作出的行政处罚外，海关发现公民、法人或者其他组织有依法应当由海关给予行政处罚的行为的，必须全面、客观、公正地调查，收集有关证据；必要时，依照法律、行政法规的规定，可以进行检查。符合立案标准的，海关应当及时立案。

第三十条 执法人员在调查或者进行检查时，应当主动向当事人或者有关人员出示执法证件。

当事人或者有关人员有权要求执法人员出示执法证件。执法人员不出示执法证件的，当事人或者有关人员有权拒绝接受调查或者检查。

当事人或者有关人员对海关调查或者检查应当予以协助和配合，不得拒绝或者阻挠。

**第三十一条** 执法人员查问违法嫌疑人、询问证人应当个别进行，并且告知其依法享有的权利和作伪证应当承担的法律责任。

违法嫌疑人、证人应当如实陈述、提供证据。

**第三十二条** 执法人员查问违法嫌疑人，可以到其所在单位或者住所进行，也可以要求其到海关或者指定地点进行。

执法人员询问证人，可以到其所在单位、住所或者其提出的地点进行。必要时，也可以通知证人到海关或者指定地点进行。

**第三十三条** 查问、询问应当制作查问、询问笔录。

查问、询问笔录上所列项目，应当按照规定填写齐全，并且注明查问、询问开始和结束的时间；执法人员应当在查问、询问笔录上签字。

查问、询问笔录应当当场交给被查问人、被询问人核对或者向其宣读。被查问人、被询问人核对无误后，应当在查问、询问笔录上逐页签字或者捺指印，拒绝签字或者捺指印的，执法人员应当在查问、询问笔录上注明。如记录有误或者遗漏，应当允许被查问人、被询问人更正或者补充，并且在更正或者补充处签字或者捺指印。

**第三十四条** 查问、询问聋、哑人时，应当有通晓聋、哑手语的人作为翻译人员参加，并且在笔录上注明被查问人、被询问人的聋、哑情况。

查问、询问不通晓中国语言文字的外国人、无国籍人，应当为其提供翻译人员；被查问人、被询问人通晓中国语言文字不需要提供翻译人员的，应当出具书面声明，执法人员应当在查问、询问笔录中注明。

翻译人员的姓名、工作单位和职业应当在查问、询问笔录中注明。翻译人员应当在查问、询问笔录上签字。

第三十五条　海关首次查问违法嫌疑人、询问证人时，应当问明违法嫌疑人、证人的姓名、出生日期、户籍所在地、现住址、身份证件种类及号码、工作单位、文化程度，是否曾受过刑事处罚或者被行政机关给予行政处罚等情况；必要时，还应当问明家庭主要成员等情况。

违法嫌疑人或者证人不满十八周岁的，查问、询问时应当依法通知其法定代理人或者其成年家属、所在学校的代表等合适成年人到场，并且采取适当方式，在适当场所进行，保障未成年人的名誉权、隐私权和其他合法权益。

第三十六条　被查问人、被询问人要求自行提供书面陈述材料的，应当准许；必要时，执法人员也可以要求被查问人、被询问人自行书写陈述。

被查问人、被询问人自行提供书面陈述材料的，应当在陈述材料上签字并且注明书写陈述的时间、地点和陈述人等。执法人员收到书面陈述后，应当注明收到时间并且签字确认。

第三十七条　执法人员对违法嫌疑人、证人的陈述必须充分听取，并且如实记录。

第三十八条　执法人员依法检查运输工具和场所，查验货物、物品，应当制作检查、查验记录。

检查、查验记录应当由执法人员、当事人或者其代理人签字或者盖章；当事人或者其代理人不在场或者拒绝签字或者盖章的，执法人员应当在检查、查验记录上注明，并且由见证人签字或者盖章。

第三十九条　执法人员依法检查走私嫌疑人的身体，应当在隐蔽的场所或者非检查人员视线之外，由两名以上与被检查人同性别的执法人员执行，并且制作人身检查记录。

检查走私嫌疑人身体可以由医生协助进行，必要时可以前往医疗机构检查。

人身检查记录应当由执法人员、被检查人签字或者盖章；被检查人拒绝签字或者盖章的，执法人员应当在人身检查记录上注明。

**第四十条** 为查清事实或者固定证据,海关或者海关依法委托的机构可以提取样品。

提取样品时,当事人或者其代理人应当到场;当事人或者其代理人未到场的,海关应当邀请见证人到场。海关认为必要时,可以径行提取货样。

提取的样品应当予以加封确认,并且填制提取样品记录,由执法人员或者海关依法委托的机构人员、当事人或者其代理人、见证人签字或者盖章。

**第四十一条** 海关或者海关依法委托的机构提取的样品应当一式两份以上;样品份数及每份样品数量以能够满足案件办理需要为限。

**第四十二条** 为查清事实,需要对案件中专门事项进行检测、检验、检疫、技术鉴定的,应当由海关或者海关依法委托的机构实施。

**第四十三条** 检测、检验、检疫、技术鉴定结果应当载明委托人和委托事项、依据和结论,并且应当有检测、检验、检疫、技术鉴定人的签字和海关或者海关依法委托的机构的盖章。

检测、检验、检疫、技术鉴定的费用由海关承担。

**第四十四条** 检测、检验、检疫、技术鉴定结果应当告知当事人。

**第四十五条** 在调查走私案件时,执法人员查询案件涉嫌单位和涉嫌人员在金融机构、邮政企业的存款、汇款,应当经直属海关关长或者其授权的隶属海关关长批准。

执法人员查询时,应当主动向当事人或者有关人员出示执法证件和海关协助查询通知书。

**第四十六条** 海关实施扣留应当遵守下列规定:

(一)实施前须向海关负责人报告并经批准,但是根据《中华人民共和国海关法》第六条第四项实施的扣留,应当经直属海关关长或者其授权的隶属海关关长批准;

(二)由两名以上执法人员实施;

（三）出示执法证件；

（四）通知当事人到场；

（五）当场告知当事人采取扣留的理由、依据以及当事人依法享有的权利、救济途径；

（六）听取当事人的陈述和申辩；

（七）制作现场笔录；

（八）现场笔录由当事人和执法人员签名或者盖章，当事人拒绝的，在笔录中予以注明；

（九）当事人不到场的，邀请见证人到场，由见证人和执法人员在现场笔录上签名或者盖章；

（十）法律、行政法规规定的其他程序。

海关依法扣留货物、物品、运输工具、其他财产及账册、单据等资料，可以加施海关封志。

**第四十七条** 海关依法扣留的货物、物品、运输工具，在人民法院判决或者海关行政处罚决定作出之前，不得处理。但是，危险品或者鲜活、易腐、易烂、易失效、易变质等不宜长期保存的货物、物品以及所有人申请先行变卖的货物、物品、运输工具，经直属海关关长或者其授权的隶属海关关长批准，可以先行依法变卖，变卖所得价款由海关保存；依照法律、行政法规的规定，应当采取退运、销毁、无害化处理等措施的货物、物品，可以依法先行处置。

海关在变卖前，应当通知先行变卖的货物、物品、运输工具的所有人。变卖前无法及时通知的，海关应当在货物、物品、运输工具变卖后，通知其所有人。

**第四十八条** 海关依法解除对货物、物品、运输工具、其他财产及有关账册、单据等资料的扣留，应当制发解除扣留通知书送达当事人。解除扣留通知书由执法人员、当事人或者其代理人签字或者盖章；当事人或者其代理人不在场，或者当事人、代理人拒绝签字或者盖章的，执法人员应当在解除扣留通知书上注明，并且由见证人签字或者盖章。

第四十九条　有违法嫌疑的货物、物品、运输工具应当或者已经被海关依法扣留的，当事人可以向海关提供担保，申请免予或者解除扣留。

有违法嫌疑的货物、物品、运输工具无法或者不便扣留的，当事人或者运输工具负责人应当向海关提供等值的担保。

第五十条　当事人或者运输工具负责人向海关提供担保时，执法人员应当制作收取担保凭单并送达当事人或者运输工具负责人，执法人员、当事人、运输工具负责人或者其代理人应当在收取担保凭单上签字或者盖章。

收取担保后，可以对涉案货物、物品、运输工具进行拍照或者录像存档。

第五十一条　海关依法解除担保的，应当制发解除担保通知书送达当事人或者运输工具负责人。解除担保通知书由执法人员及当事人、运输工具负责人或者其代理人签字或者盖章；当事人、运输工具负责人或者其代理人不在场或者拒绝签字或者盖章的，执法人员应当在解除担保通知书上注明。

第五十二条　海关依法对走私犯罪嫌疑人实施人身扣留，依照《中华人民共和国海关实施人身扣留规定》规定的程序办理。

第五十三条　经调查，行政处罚案件有下列情形之一的，海关可以终结调查并提出处理意见：

（一）违法事实清楚、法律手续完备、据以定性处罚的证据充分的；

（二）违法事实不能成立的；

（三）作为当事人的自然人死亡的；

（四）作为当事人的法人或者其他组织终止，无法人或者其他组织承受其权利义务，又无其他关系人可以追查的；

（五）案件已经移送其他行政机关或者司法机关的；

（六）其他依法应当终结调查的情形。

## 第四章　行政处理决定

### 第一节　行政处罚的适用

**第五十四条**　不满十四周岁的未成年人有违法行为的，不予行政处罚，但是应当责令其监护人加以管教；已满十四周岁不满十八周岁的未成年人有违法行为的，应当从轻或者减轻行政处罚。

**第五十五条**　精神病人、智力残疾人在不能辨认或者不能控制自己行为时有违法行为的，不予行政处罚，但是应当责令其监护人严加看管和治疗。间歇性精神病人在精神正常时有违法行为的，应当给予行政处罚。尚未完全丧失辨认或者控制自己行为能力的精神病人、智力残疾人有违法行为的，可以从轻或者减轻行政处罚。

**第五十六条**　违法行为轻微并及时改正，没有造成危害后果的，不予行政处罚。初次违法且危害后果轻微并及时改正的，可以不予行政处罚。

对当事人的违法行为依法不予行政处罚的，海关应当对当事人进行教育。

**第五十七条**　当事人有证据足以证明没有主观过错的，不予行政处罚。法律、行政法规另有规定的，从其规定。

**第五十八条**　当事人有下列情形之一，应当从轻或者减轻行政处罚：

（一）主动消除或者减轻违法行为危害后果的；
（二）受他人胁迫或者诱骗实施违法行为的；
（三）主动供述海关尚未掌握的违法行为的；
（四）配合海关查处违法行为有立功表现的；
（五）法律、行政法规、海关规章规定其他应当从轻或者减轻行政处罚的。

当事人积极配合海关调查且认错认罚的或者违法行为危害后果较轻的，可以从轻或者减轻处罚。

**第五十九条** 发生重大传染病疫情等突发事件，为了控制、减轻和消除突发事件引起的社会危害，海关对违反突发事件应对措施的行为，依法快速、从重处罚。

**第六十条** 违法行为在二年内未被发现的，不再给予行政处罚；涉及公民生命健康安全、金融安全且有危害后果的，上述期限延长至五年。法律另有规定的除外。

前款规定的期限，从违法行为发生之日起计算；违法行为有连续或者继续状态的，从行为终了之日起计算。

**第六十一条** 实施行政处罚，适用违法行为发生时的法律、行政法规、海关规章的规定。但是，作出行政处罚决定时，法律、行政法规、海关规章已被修改或者废止，且新的规定处罚较轻或者不认为是违法的，适用新的规定。

**第六十二条** 海关可以依法制定行政处罚裁量基准，规范行使行政处罚裁量权。行政处罚裁量基准应当向社会公布。

## 第二节 法制审核

**第六十三条** 海关对已经调查终结的行政处罚普通程序案件，应当由从事行政处罚决定法制审核的人员进行法制审核；未经法制审核或者审核未通过的，不得作出处理决定。但是依照本规定第六章第二节快速办理的案件除外。

海关初次从事行政处罚决定法制审核的人员，应当通过国家统一法律职业资格考试取得法律职业资格。

**第六十四条** 海关对行政处罚案件进行法制审核时，应当重点审核以下内容，并提出审核意见：

（一）执法主体是否合法；

（二）执法人员是否具备执法资格；

（三）执法程序是否合法；

（四）案件事实是否清楚，证据是否合法充分；

（五）适用法律、行政法规、海关规章等依据是否准确；

（六）自由裁量权行使是否适当；

（七）是否超越法定权限；

（八）法律文书是否完备、规范；

（九）违法行为是否依法应当移送其他行政机关或者司法机关处理。

第六十五条 经审核存在问题的，法制审核人员应当提出处理意见并退回调查部门。

仅存在本规定第六十四条第五项、第六项规定问题的，法制审核人员也可以直接提出处理意见，依照本章第三节、第四节规定作出处理决定。

## 第三节 告知、复核和听证

第六十六条 海关在作出行政处罚决定或者不予行政处罚决定前，应当告知当事人拟作出的行政处罚或者不予行政处罚内容及事实、理由、依据，并且告知当事人依法享有的陈述、申辩、要求听证等权利。

海关未依照前款规定履行告知义务，或者拒绝听取当事人的陈述、申辩，不得作出行政处罚决定或者不予行政处罚决定。

在履行告知义务时，海关应当制发行政处罚告知单或者不予行政处罚告知单，送达当事人。

第六十七条 当事人有权进行陈述和申辩。

除因不可抗力或者海关认可的其他正当理由外，当事人应当在收到行政处罚或者不予行政处罚告知单之日起五个工作日内提出书面陈述、申辩和要求听证。逾期视为放弃陈述、申辩和要求听证的权利。

当事人当场口头提出陈述、申辩或者要求听证的，海关应当制作书面记录，并且由当事人签字或者盖章确认。

当事人明确放弃陈述、申辩和听证权利的，海关可以直接作出行政处罚或者不予行政处罚决定。当事人放弃陈述、申辩和听证权利应当有书面记载，并且由当事人或者其代理人签字或者盖章确认。

**第六十八条** 海关必须充分听取当事人的陈述、申辩和听证意见，对当事人提出的事实、理由和证据，应当进行复核；当事人提出的事实、理由、证据或者意见成立的，海关应当采纳。

**第六十九条** 海关不得因当事人陈述、申辩、要求听证而给予更重的处罚，但是海关发现新的违法事实的除外。

**第七十条** 经复核后，变更原告知的行政处罚或者不予行政处罚内容及事实、理由、依据的，应当重新制发海关行政处罚告知单或者不予行政处罚告知单，并且依照本规定第六十六条至第六十九条的规定办理。

经复核后，维持原告知的行政处罚或者不予行政处罚内容及事实、理由、依据的，依照本章第四节的规定作出处理决定。

### 第四节 处理决定

**第七十一条** 海关负责人应当对行政处罚案件进行审查，根据不同情况，分别作出以下决定：

（一）确有应受行政处罚的违法行为的，根据情节轻重及具体情况，作出行政处罚决定；

（二）符合本规定第五十四条至第五十六条规定的不予行政处罚情形之一的，作出不予行政处罚决定；

（三）符合本规定第五十三条第二项规定的情形的，不予行政处罚，撤销案件；

（四）符合本规定第五十三条第三项、第四项规定的情形之一的，撤销案件；

（五）符合法定收缴条件的，予以收缴；

（六）应当由其他行政机关或者司法机关处理的，移送有关行政机关或者司法机关依法办理。

海关作出行政处罚决定，应当做到认定违法事实清楚，定案证据确凿充分，违法行为定性准确，适用法律正确，办案程序合法，处罚合理适当。

违法事实不清、证据不足的，不得给予行政处罚。

第七十二条　对情节复杂或者重大违法行为给予行政处罚，应当由海关负责人集体讨论决定。

第七十三条　海关依法作出行政处罚决定或者不予行政处罚决定的，应当制发行政处罚决定书或者不予行政处罚决定书。

第七十四条　行政处罚决定书应当载明以下内容：

（一）当事人的基本情况，包括当事人姓名或者名称、地址等；

（二）违反法律、行政法规、海关规章的事实和证据；

（三）行政处罚的种类和依据；

（四）行政处罚的履行方式和期限；

（五）申请行政复议或者提起行政诉讼的途径和期限；

（六）作出行政处罚决定的海关名称和作出决定的日期，并且加盖作出行政处罚决定海关的印章。

第七十五条　不予行政处罚决定书应当载明以下内容：

（一）当事人的基本情况，包括当事人姓名或者名称、地址等；

（二）违反法律、行政法规、海关规章的事实和证据；

（三）不予行政处罚的依据；

（四）申请行政复议或者提起行政诉讼的途径和期限；

（五）作出不予行政处罚决定的海关名称和作出决定的日期，并且加盖作出不予行政处罚决定海关的印章。

第七十六条　海关应当自行政处罚案件立案之日起六个月内作出行政处罚决定；确有必要的，经海关负责人批准可以延长期限，延长期限不得超过六个月。案情特别复杂或者有其他特殊情况，经延长期限仍不能作出处理决定的,应当由直属海关负责人集体讨论决定是否继续延长期限,决定继续延长期限的,应当同时确定延长的合理期限。

上述期间不包括公告、检测、检验、检疫、技术鉴定、复议、诉讼的期间。

在案件办理期间,发现当事人另有违法行为的,自发现之日起重新计算办案期限。

**第七十七条** 行政处罚决定书应当在宣告后当场交付当事人;当事人不在场的,海关应当在七个工作日内将行政处罚决定书送达当事人。

**第七十八条** 具有一定社会影响的行政处罚决定,海关应当依法公开。

公开的行政处罚决定被依法变更、撤销、确认违法或者确认无效的,海关应当在三个工作日内撤回行政处罚决定信息并公开说明理由。

**第七十九条** 海关依法收缴有关货物、物品、违法所得、运输工具、特制设备的,应当制作收缴清单并送达被收缴人。

走私违法事实基本清楚,但是当事人无法查清的案件,海关在制发收缴清单之前,应当制发收缴公告,公告期限为三个月,并且限令有关当事人在公告期限内到指定海关办理相关海关手续。公告期满后仍然没有当事人到海关办理相关海关手续的,海关可以依法予以收缴。

**第八十条** 收缴清单应当载明予以收缴的货物、物品、违法所得、运输工具、特制设备的名称、规格、数量或者重量等。有关货物、物品、运输工具、特制设备有重要、明显特征或者瑕疵的,执法人员应当在收缴清单中予以注明。

**第八十一条** 收缴清单由执法人员、被收缴人或者其代理人签字或者盖章。

被收缴人或者其代理人拒绝签字或者盖章,或者被收缴人无法查清但是有见证人在场的，应当由见证人签字或者盖章。

没有被收缴人签字或者盖章的，执法人员应当在收缴清单上注明原因。

海关对走私违法事实基本清楚，但是当事人无法查清的案件制发的收缴清单应当公告送达。

## 第五章　听证程序

### 第一节　一般规定

**第八十二条**　海关拟作出下列行政处罚决定，应当告知当事人有要求听证的权利，当事人要求听证的，海关应当组织听证：

（一）对公民处一万元以上罚款、对法人或者其他组织处十万元以上罚款；

（二）对公民处没收一万元以上违法所得、对法人或者其他组织处没收十万元以上违法所得；

（三）没收有关货物、物品、走私运输工具；

（四）降低资质等级、吊销许可证件；

（五）责令停产停业、责令关闭、限制从业；

（六）其他较重的行政处罚；

（七）法律、行政法规、海关规章规定的其他情形。

当事人不承担组织听证的费用。

**第八十三条**　听证由海关负责行政处罚案件法制审核的部门组织。

**第八十四条**　听证应当由海关指定的非本案调查人员主持。听证主持人履行下列职权：

（一）决定延期、中止听证；

（二）就案件的事实、拟作出行政处罚的依据与理由进行提问；

（三）要求听证参加人提供或者补充证据；

（四）主持听证程序并维持听证秩序，对违反听证纪律的行为予以制止；

（五）决定有关证人、检测、检验、检疫、技术鉴定人是否参加听证。

第八十五条　听证参加人包括当事人及其代理人、第三人及其代理人、案件调查人员；其他人员包括证人、翻译人员、检测、检验、检疫、技术鉴定人。

第八十六条　与案件处理结果有直接利害关系的公民、法人或者其他组织要求参加听证的，可以作为第三人参加听证；为查明案情，必要时，听证主持人也可以通知其参加听证。

第八十七条　当事人、第三人可以委托一至二名代理人参加听证。

第八十八条　案件调查人员是指海关负责行政处罚案件调查取证并参加听证的执法人员。

在听证过程中，案件调查人员陈述当事人违法的事实、证据、拟作出的行政处罚决定及其法律依据，并同当事人进行质证、辩论。

第八十九条　经听证主持人同意，当事人及其代理人、第三人及其代理人、案件调查人员可以要求证人、检测、检验、检疫、技术鉴定人参加听证，并在举行听证的一个工作日前提供相关人员的基本情况。

## 第二节　听证的申请与决定

第九十条　当事人要求听证的，应当在海关告知其听证权利之日起五个工作日内向海关提出。

第九十一条　海关决定组织听证的，应当自收到听证申请之日起二十个工作日以内举行听证，并在举行听证的七个工作日前将举行听证的时间、地点通知听证参加人和其他人员。

第九十二条　有下列情形之一的，海关应当作出不予听证的决定：

（一）申请人不是本案当事人或者其代理人；

（二）未在收到行政处罚告知单之日起五个工作日内要求听证的；

（三）不属于本规定第八十二条规定范围的。

决定不予听证的，海关应当在收到听证申请之日起三个工作日以内制作海关行政处罚不予听证通知书，并及时送达申请人。

### 第三节　听证的举行

**第九十三条**　听证参加人及其他人员应当遵守以下听证纪律：

（一）听证参加人及其他人员应当遵守听证秩序，经听证主持人同意后，才能进行陈述和辩论；

（二）旁听人员不得影响听证的正常进行；

（三）准备进行录音、录像、摄影和采访的，应当事先报经听证主持人批准。

**第九十四条**　听证应当按照下列程序进行：

（一）听证主持人核对当事人及其代理人、第三人及其代理人、案件调查人员的身份；

（二）听证主持人宣布听证参加人、翻译人员、检测、检验、检疫、技术鉴定人名单，询问当事人及其代理人、第三人及其代理人、案件调查人员是否申请回避；

（三）宣布听证纪律；

（四）听证主持人宣布听证开始并介绍案由；

（五）案件调查人员陈述当事人违法事实，出示相关证据，提出拟作出的行政处罚决定和依据；

（六）当事人及其代理人陈述、申辩，提出意见和主张；

（七）第三人及其代理人陈述，提出意见和主张；

（八）听证主持人就案件事实、证据、处罚依据进行提问；

（九）当事人及其代理人、第三人及其代理人、案件调查人员相互质证、辩论；

（十）当事人及其代理人、第三人及其代理人、案件调查人员作最后陈述；

（十一）宣布听证结束。

**第九十五条** 有下列情形之一的，应当延期举行听证：

（一）当事人或者其代理人因不可抗力或者有其他正当理由无法到场的；

（二）临时决定听证主持人、听证员或者记录员回避，不能当场确定更换人选的；

（三）作为当事人的法人或者其他组织有合并、分立或者其他资产重组情形，需要等待权利义务承受人的；

（四）其他依法应当延期举行听证的情形。

延期听证的原因消除后，由听证主持人重新确定举行听证的时间，并在举行听证的三个工作日前书面告知听证参加人及其他人员。

**第九十六条** 有下列情形之一的，应当中止举行听证：

（一）需要通知新的证人到场或者需要重新检测、检验、检疫、技术鉴定、补充证据的；

（二）当事人因不可抗力或者有其他正当理由暂时无法继续参加听证的；

（三）听证参加人及其他人员不遵守听证纪律，造成会场秩序混乱的；

（四）其他依法应当中止举行听证的情形。

中止听证的原因消除后，由听证主持人确定恢复举行听证的时间，并在举行听证的三个工作日前书面告知听证参加人及其他人员。

**第九十七条** 有下列情形之一的，应当终止举行听证：

（一）当事人及其代理人撤回听证申请的；

（二）当事人及其代理人无正当理由拒不出席听证的；

（三）当事人及其代理人未经许可中途退出听证的；

（四）当事人死亡或者作为当事人的法人、其他组织终止，没有权利义务承受人的；

（五）其他依法应当终止听证的情形。

**第九十八条** 听证应当制作笔录，听证笔录应当载明下列事项：

（一）案由；

（二）听证参加人及其他人员的姓名或者名称；

（三）听证主持人、听证员、记录员的姓名；

（四）举行听证的时间、地点和方式；

（五）案件调查人员提出的本案的事实、证据和拟作出的行政处罚决定及其依据；

（六）陈述、申辩和质证的内容；

（七）证人证言；

（八）按规定应当载明的其他事项。

**第九十九条** 听证笔录应当由听证参加人及其他人员确认无误后逐页进行签字或者盖章。对记录内容有异议的可以当场更正后签字或者盖章确认。

听证参加人及其他人员拒绝签字或者盖章的，由听证主持人在听证笔录上注明。

**第一百条** 听证结束后，海关应当根据听证笔录，依照本规定第六十八条至第七十二条的规定进行复核及作出决定。

## 第六章　简易程序和快速办理

### 第一节　简　易　程　序

**第一百零一条** 违法事实确凿并有法定依据，对公民处以二百元以下、对法人或者其他组织处以三千元以下罚款或者警告的行政处罚的，海关可以适用简易程序当场作出行政处罚决定。

**第一百零二条** 执法人员当场作出行政处罚决定的，应当向当事人出示执法证件，填写预定格式、编有号码的行政处罚决定书，并当场交付当事人。当事人拒绝签收的，应当在行政处罚决定书上注明。

前款规定的行政处罚决定书应当载明当事人的违法行为，行政处罚的种类和依据、罚款数额、时间、地点，申请行政复议、提起行政诉讼的途径和期限以及海关名称，并由执法人员签名或者盖章。

执法人员当场作出的行政处罚决定，应当报所属海关备案。

## 第二节 快速办理

**第一百零三条** 对不适用简易程序，但是事实清楚，当事人书面申请、自愿认错认罚且有其他证据佐证的行政处罚案件，符合以下情形之一的，海关可以通过简化取证、审核、审批等环节，快速办理案件：

（一）适用《海关行政处罚实施条例》第十五条第一项、第二项规定进行处理的；

（二）报关企业、报关人员对委托人所提供情况的真实性未进行合理审查，或者因为工作疏忽致使发生《海关行政处罚实施条例》第十五条第一项、第二项规定情形的；

（三）适用《海关行政处罚实施条例》第二十条至第二十三条规定进行处理的；

（四）违反海关监管规定携带货币进出境的；

（五）旅检渠道查获走私货物、物品价值在五万元以下的；

（六）其他违反海关监管规定案件货物价值在五十万元以下或者物品价值在十万元以下，但是影响国家出口退税管理案件货物申报价格在五十万元以上的除外；

（七）法律、行政法规、海关规章规定处警告、最高罚款三万元以下的；

（八）海关总署规定的其他情形。

**第一百零四条** 快速办理行政处罚案件,当事人在自行书写材料或者查问笔录中承认违法事实、认错认罚,并有查验、检查记录、鉴定意见等关键证据能够相互印证的,海关可以不再开展其他调查取证工作。

使用执法记录仪等设备对当事人陈述或者海关查问过程进行录音录像的,录音录像可以替代当事人自行书写材料或者查问笔录。必要时,海关可以对录音录像的关键内容及其对应的时间段作文字说明。

**第一百零五条** 海关快速办理行政处罚案件的,应当在立案之日起七个工作日内制发行政处罚决定书或者不予行政处罚决定书。

**第一百零六条** 快速办理的行政处罚案件有下列情形之一的,海关应当依照本规定第三章至第五章的规定办理,并告知当事人:

(一)海关对当事人提出的陈述、申辩意见无法当场进行复核的;

(二)海关当场复核后,当事人对海关的复核意见仍然不服的;

(三)当事人要求听证的;

(四)海关认为违法事实需要进一步调查取证的;

(五)其他不宜适用快速办理的情形。

快速办理阶段依法收集的证据,可以作为定案的根据。

## 第七章 处理决定的执行

**第一百零七条** 海关作出行政处罚决定后,当事人应当在行政处罚决定书载明的期限内,予以履行。

海关作出罚款决定的,当事人应当自收到行政处罚决定书之日起十五日内,到指定的银行或者通过电子支付系统缴纳罚款。

**第一百零八条** 当事人确有经济困难向海关提出延期或者分期缴纳罚款的,应当以书面方式提出申请。

海关收到当事人延期、分期缴纳罚款的申请后,应当在十个工作日内作出是否准予延期、分期缴纳罚款的决定,并且制发通知书送达申请人。

**第一百零九条** 当事人逾期不履行行政处罚决定的,海关可以采取下列措施:

(一) 到期不缴纳罚款的,每日按照罚款数额的百分之三加处罚款,加处罚款的数额不得超出罚款的数额;

(二) 当事人逾期不履行海关的处罚决定又不申请复议或者向人民法院提起诉讼的,海关可以将其保证金抵缴或者将其被扣留的货物、物品、运输工具依法变价抵缴,也可以申请人民法院强制执行;

(三) 根据法律规定,采取其他行政强制执行方式。

**第一百一十条** 受海关处罚的当事人或者其法定代表人、主要负责人在出境前未缴清罚款、违法所得和依法追缴的货物、物品、走私运输工具等值价款的,也未向海关提供相当于上述款项担保的,海关可以依法制作阻止出境协助函,通知出境管理机关阻止其出境。

阻止出境协助函应当随附行政处罚决定书等相关法律文书,并且载明被阻止出境人员的姓名、性别、出生日期、出入境证件种类和号码。被阻止出境人员是外国人、无国籍人员的,应当注明其英文姓名。

**第一百一十一条** 当事人或者其法定代表人、主要负责人缴清罚款、违法所得和依法追缴的货物、物品、走私运输工具等值价款的,或者向海关提供相当于上述款项担保的,海关应当及时制作解除阻止出境协助函通知出境管理机关。

**第一百一十二条** 将当事人的保证金抵缴或者将当事人被扣留的货物、物品、运输工具依法变价抵缴罚款之后仍然有剩余的,应当及时发还或者解除扣留、解除担保。

**第一百一十三条** 自海关送达解除扣留通知书之日起三个月内,当事人无正当理由未到海关办理有关货物、物品、运输工具或者其他财产的退还手续的,海关应当发布公告。

自公告发布之日起三十日内,当事人仍未办理退还手续的,海关可以依法将有关货物、物品、运输工具或者其他财产提取变卖，并且保留变卖价款。

变卖价款在扣除自海关送达解除扣留通知书之日起算的仓储等相关费用后，尚有余款的，自海关公告发布之日起一年内，当事人仍未办理退还手续的，海关应当将余款上缴国库。

未予变卖的货物、物品、运输工具或者其他财产，自海关公告发布之日起一年内，当事人仍未办理退还手续的，由海关依法处置。

第一百一十四条　自海关送达解除担保通知书之日起三个月内，当事人无正当理由未办理财产、权利退还手续的，海关应当发布公告。

自海关公告发布之日起一年内，当事人仍未办理退还手续的，海关应当将担保财产、权利依法变卖或者兑付后，上缴国库。

第一百一十五条　当事人实施违法行为后，发生企业分立、合并或者其他资产重组等情形，对当事人处以罚款、没收违法所得或者依法追缴货物、物品、走私运输工具等值价款的，应当以承受其权利义务的法人、组织作为被执行人。

第一百一十六条　当事人对行政处罚决定不服，申请行政复议或者提起行政诉讼的，行政处罚不停止执行，法律另有规定的除外。

当事人申请行政复议或者提起行政诉讼的，加处罚款的数额在行政复议或者行政诉讼期间不予计算。

第一百一十七条　有下列情形之一的，中止执行：

（一）处罚决定可能存在违法或者不当情况的；

（二）申请人民法院强制执行，人民法院裁定中止执行的；

（三）行政复议机关、人民法院认为需要中止执行的；

（四）海关认为需要中止执行的其他情形。

根据前款第一项情形中止执行的，应当经海关负责人批准。

中止执行的情形消失后，海关应当恢复执行。对没有明显社会危害，当事人确无能力履行，中止执行满三年未恢复执行的，海关不再执行。

第一百一十八条 有下列情形之一的,终结执行:
(一) 据以执行的法律文书被撤销的;
(二) 作为当事人的自然人死亡,无遗产可供执行,又无义务承受人的;
(三) 作为当事人的法人或者其他组织被依法终止,无财产可供执行,又无义务承受人的;
(四) 海关行政处罚决定履行期限届满超过二年,海关依法采取各种执行措施后仍无法执行完毕的,但是申请人民法院强制执行的除外;
(五) 申请人民法院强制执行的,人民法院裁定中止执行后超过二年仍无法执行完毕的;
(六) 申请人民法院强制执行后,人民法院裁定终结本次执行程序或者终结执行的;
(七) 海关认为需要终结执行的其他情形。

第一百一十九条 海关申请人民法院强制执行,应当自当事人的法定起诉期限届满之日起三个月内提出。

海关批准延期、分期缴纳罚款的,申请人民法院强制执行的期限,自暂缓或者分期缴纳罚款期限结束之日起计算。

## 第八章 附 则

第一百二十条 执法人员玩忽职守、徇私舞弊、滥用职权、索取或者收受他人财物的,依法给予处分;构成犯罪的,依法追究刑事责任。

第一百二十一条 海关规章对办理行政处罚案件的程序有特别规定的,从其规定。

第一百二十二条 海关侦查走私犯罪公安机构办理治安管理处罚案件的程序依照《中华人民共和国治安管理处罚法》《公安机关办

理行政案件程序规定》执行。

**第一百二十三条** 海关对外国人、无国籍人、外国法人或者其他组织给予行政处罚的，适用本规定。

**第一百二十四条** 本规定由海关总署负责解释。

**第一百二十五条** 本规定自 2021 年 7 月 15 日起施行。2006 年 1 月 26 日海关总署令第 145 号公布、根据 2014 年 3 月 13 日海关总署令第 218 号修改的《中华人民共和国海关行政处罚听证办法》，2007 年 3 月 2 日海关总署令第 159 号公布、根据 2014 年 3 月 13 日海关总署令第 218 号修改的《中华人民共和国海关办理行政处罚案件程序规定》，2010 年 3 月 1 日海关总署令第 188 号公布的《中华人民共和国海关办理行政处罚简单案件程序规定》同时废止。

# 市场监督管理行政处罚程序规定

（2018 年 12 月 21 日国家市场监督管理总局令第 2 号公布　根据 2021 年 7 月 2 日国家市场监督管理总局令第 42 号《国家市场监督管理总局关于修改〈市场监督管理行政处罚程序暂行规定〉等二部规章的决定》第一次修正　根据 2022 年 9 月 29 日《国家市场监督管理总局关于修改和废止部分部门规章的决定》第二次修正）

## 第一章　总　　则

**第一条**　为了规范市场监督管理行政处罚程序，保障市场监督管理部门依法实施行政处罚，保护自然人、法人和其他组织的合法权益，根据《中华人民共和国行政处罚法》《中华人民共和国行政强制法》等法律、行政法规，制定本规定。

**第二条**　市场监督管理部门实施行政处罚，适用本规定。

**第三条** 市场监督管理部门实施行政处罚,应当遵循公正、公开的原则,坚持处罚与教育相结合,做到事实清楚、证据确凿、适用依据正确、程序合法、处罚适当。

**第四条** 市场监督管理部门实施行政处罚实行回避制度。参与案件办理的有关人员与案件有直接利害关系或者有其他关系可能影响公正执法的,应当回避。市场监督管理部门主要负责人的回避,由市场监督管理部门负责人集体讨论决定;市场监督管理部门其他负责人的回避,由市场监督管理部门主要负责人决定;其他有关人员的回避,由市场监督管理部门负责人决定。

回避决定作出之前,不停止案件调查。

**第五条** 市场监督管理部门及参与案件办理的有关人员对实施行政处罚过程中知悉的国家秘密、商业秘密和个人隐私应当依法予以保密。

**第六条** 上级市场监督管理部门对下级市场监督管理部门实施行政处罚,应当加强监督。

各级市场监督管理部门对本部门内设机构及其派出机构、受委托组织实施行政处罚,应当加强监督。

## 第二章 管　　辖

**第七条** 行政处罚由违法行为发生地的县级以上市场监督管理部门管辖。法律、行政法规、部门规章另有规定的,从其规定。

**第八条** 县级、设区的市级市场监督管理部门依职权管辖本辖区内发生的行政处罚案件。法律、法规、规章规定由省级以上市场监督管理部门管辖的,从其规定。

**第九条** 市场监督管理部门派出机构在本部门确定的权限范围内以本部门的名义实施行政处罚,法律、法规授权以派出机构名义实施行政处罚的除外。

县级以上市场监督管理部门可以在法定权限内书面委托符合《中华人民共和国行政处罚法》规定条件的组织实施行政处罚。受委托组织在委托范围内，以委托行政机关名义实施行政处罚；不得再委托其他任何组织或者个人实施行政处罚。

委托书应当载明委托的具体事项、权限、期限等内容。委托行政机关和受委托组织应当将委托书向社会公布。

**第十条** 网络交易平台经营者和通过自建网站、其他网络服务销售商品或者提供服务的网络交易经营者的违法行为由其住所地县级以上市场监督管理部门管辖。

平台内经营者的违法行为由其实际经营地县级以上市场监督管理部门管辖。网络交易平台经营者住所地县级以上市场监督管理部门先行发现违法线索或者收到投诉、举报的，也可以进行管辖。

**第十一条** 对利用广播、电影、电视、报纸、期刊、互联网等大众传播媒介发布违法广告的行为实施行政处罚，由广告发布者所在地市场监督管理部门管辖。广告发布者所在地市场监督管理部门管辖异地广告主、广告经营者有困难的，可以将广告主、广告经营者的违法情况移送广告主、广告经营者所在地市场监督管理部门处理。

对于互联网广告违法行为，广告主所在地、广告经营者所在地市场监督管理部门先行发现违法线索或者收到投诉、举报的，也可以进行管辖。

对广告主自行发布违法互联网广告的行为实施行政处罚，由广告主所在地市场监督管理部门管辖。

**第十二条** 对当事人的同一违法行为，两个以上市场监督管理部门都有管辖权的，由最先立案的市场监督管理部门管辖。

**第十三条** 两个以上市场监督管理部门因管辖权发生争议的，应当自发生争议之日起七个工作日内协商解决，协商不成的，报请共同的上一级市场监督管理部门指定管辖；也可以直接由共同的上一级市场监督管理部门指定管辖。

**第十四条** 市场监督管理部门发现立案查处的案件不属于本部门管辖的,应当将案件移送有管辖权的市场监督管理部门。受移送的市场监督管理部门对管辖权有异议的,应当报请共同的上一级市场监督管理部门指定管辖,不得再自行移送。

**第十五条** 上级市场监督管理部门认为必要时,可以将本部门管辖的案件交由下级市场监督管理部门管辖。法律、法规、规章明确规定案件应当由上级市场监督管理部门管辖的,上级市场监督管理部门不得将案件交由下级市场监督管理部门管辖。

上级市场监督管理部门认为必要时,可以直接查处下级市场监督管理部门管辖的案件,也可以将下级市场监督管理部门管辖的案件指定其他下级市场监督管理部门管辖。

下级市场监督管理部门认为依法由其管辖的案件存在特殊原因,难以办理的,可以报请上一级市场监督管理部门管辖或者指定管辖。

**第十六条** 报请上一级市场监督管理部门管辖或者指定管辖的,上一级市场监督管理部门应当在收到报送材料之日起七个工作日内确定案件的管辖部门。

**第十七条** 市场监督管理部门发现立案查处的案件属于其他行政管理部门管辖的,应当及时依法移送其他有关部门。

市场监督管理部门发现违法行为涉嫌犯罪的,应当及时将案件移送司法机关,并对涉案物品以及与案件有关的其他材料依照有关规定办理交接手续。

## 第三章 行政处罚的普通程序

**第十八条** 市场监督管理部门对依据监督检查职权或者通过投诉、举报、其他部门移送、上级交办等途径发现的违法行为线索,应当自发现线索或者收到材料之日起十五个工作日内予以核查,由市场监督管理部门负责人决定是否立案;特殊情况下,经市场监督管理部门负责人批准,可以延长十五个工作日。法律、法规、规章另有规定的除外。

检测、检验、检疫、鉴定以及权利人辨认或者鉴别等所需时间,不计入前款规定期限。

第十九条　经核查,符合下列条件的,应当立案:

(一)有证据初步证明存在违反市场监督管理法律、法规、规章的行为;

(二)依据市场监督管理法律、法规、规章应当给予行政处罚;

(三)属于本部门管辖;

(四)在给予行政处罚的法定期限内。

决定立案的,应当填写立案审批表,由办案机构负责人指定两名以上具有行政执法资格的办案人员负责调查处理。

第二十条　经核查,有下列情形之一的,可以不予立案:

(一)违法行为轻微并及时改正,没有造成危害后果;

(二)初次违法且危害后果轻微并及时改正;

(三)当事人有证据足以证明没有主观过错,但法律、行政法规另有规定的除外;

(四)依法可以不予立案的其他情形。

决定不予立案的,应当填写不予立案审批表。

第二十一条　办案人员应当全面、客观、公正、及时进行案件调查,收集、调取证据,并依照法律、法规、规章的规定进行检查。

首次向当事人收集、调取证据的,应当告知其享有陈述权、申辩权以及申请回避的权利。

第二十二条　办案人员调查或者进行检查时不得少于两人,并应当主动向当事人或者有关人员出示执法证件。

第二十三条　办案人员应当依法收集证据。证据包括:

(一)书证;

(二)物证;

(三)视听资料;

（四）电子数据；

（五）证人证言；

（六）当事人的陈述；

（七）鉴定意见；

（八）勘验笔录、现场笔录。

立案前核查或者监督检查过程中依法取得的证据材料，可以作为案件的证据使用。

对于移送的案件，移送机关依职权调查收集的证据材料，可以作为案件的证据使用。

上述证据，应当符合法律、法规、规章关于证据的规定，并经查证属实，才能作为认定案件事实的根据。以非法手段取得的证据，不得作为认定案件事实的根据。

第二十四条　收集、调取的书证、物证应当是原件、原物。调取原件、原物有困难的，可以提取复制件、影印件或者抄录件，也可以拍摄或者制作足以反映原件、原物外形或者内容的照片、录像。复制件、影印件、抄录件和照片、录像由证据提供人核对无误后注明与原件、原物一致，并注明出证日期、证据出处，同时签名或者盖章。

第二十五条　收集、调取的视听资料应当是有关资料的原始载体。调取视听资料原始载体有困难的，可以提取复制件，并注明制作方法、制作时间、制作人等。声音资料应当附有该声音内容的文字记录。

第二十六条　收集、调取的电子数据应当是有关数据的原始载体。收集电子数据原始载体有困难的，可以采用拷贝复制、委托分析、书式固定、拍照录像等方式取证，并注明制作方法、制作时间、制作人等。

市场监督管理部门可以利用互联网信息系统或者设备收集、固定违法行为证据。用来收集、固定违法行为证据的互联网信息系统或者设备应当符合相关规定，保证所收集、固定电子数据的真实性、完整性。

市场监督管理部门可以指派或者聘请具有专门知识的人员，辅助办案人员对案件关联的电子数据进行调查取证。

市场监督管理部门依照法律、行政法规规定利用电子技术监控设备收集、固定违法事实的，依照《中华人民共和国行政处罚法》有关规定执行。

第二十七条　在中华人民共和国领域外形成的公文书证，应当经所在国公证机关证明，或者履行中华人民共和国与该所在国订立的有关条约中规定的证明手续。涉及身份关系的证据，应当经所在国公证机关证明，并经中华人民共和国驻该国使领馆认证，或者履行中华人民共和国与该所在国订立的有关条约中规定的证明手续。

在中华人民共和国香港特别行政区、澳门特别行政区和台湾地区形成的证据，应当履行相关的证明手续。

外文书证或者外国语视听资料等证据应当附有由具有翻译资质的机构翻译的或者其他翻译准确的中文译本，由翻译机构盖章或者翻译人员签名。

第二十八条　对有违法嫌疑的物品或者场所进行检查时，应当通知当事人到场。办案人员应当制作现场笔录，载明时间、地点、事件等内容，由办案人员、当事人签名或者盖章。

第二十九条　办案人员可以询问当事人及其他有关单位和个人。询问应当个别进行。询问应当制作笔录，询问笔录应当交被询问人核对；对阅读有困难的，应当向其宣读。笔录如有差错、遗漏，应当允许其更正或者补充。涂改部分应当由被询问人签名、盖章或者以其他方式确认。经核对无误后，由被询问人在笔录上逐页签名、盖章或者以其他方式确认。办案人员应当在笔录上签名。

第三十条　办案人员可以要求当事人及其他有关单位和个人在一定期限内提供证明材料或者与涉嫌违法行为有关的其他材料，并由材料提供人在有关材料上签名或者盖章。

市场监督管理部门在查处侵权假冒等案件过程中，可以要求权利人对涉案产品是否为权利人生产或者其许可生产的产品进行辨认，也可以要求其对有关事项进行鉴别。

第三十一条　市场监督管理部门抽样取证时，应当通知当事人到场。办案人员应当制作抽样记录，对样品加贴封条，开具清单，由办案人员、当事人在封条和相关记录上签名或者盖章。

通过网络、电话购买等方式抽样取证的，应当采取拍照、截屏、录音、录像等方式对交易过程、商品拆包查验及封样等过程进行记录。

法律、法规、规章或者国家有关规定对实施抽样机构的资质或者抽样方式有明确要求的，市场监督管理部门应当委托相关机构或者按照规定方式抽取样品。

第三十二条　为查明案情，需要对案件中专门事项进行检测、检验、检疫、鉴定的，市场监督管理部门应当委托具有法定资质的机构进行；没有法定资质机构的，可以委托其他具备条件的机构进行。检测、检验、检疫、鉴定结果应当告知当事人。

第三十三条　在证据可能灭失或者以后难以取得的情况下，市场监督管理部门可以对与涉嫌违法行为有关的证据采取先行登记保存措施。采取或者解除先行登记保存措施，应当经市场监督管理部门负责人批准。

情况紧急，需要当场采取先行登记保存措施的，办案人员应当在二十四小时内向市场监督管理部门负责人报告，并补办批准手续。市场监督管理部门负责人认为不应当采取先行登记保存措施的，应当立即解除。

第三十四条　先行登记保存有关证据，应当当场清点，开具清单，由当事人和办案人员签名或者盖章，交当事人一份，并当场交付先行登记保存证据通知书。

先行登记保存期间，当事人或者有关人员不得损毁、销毁或者转移证据。

第三十五条　对于先行登记保存的证据，应当在七个工作日内采取以下措施：

（一）根据情况及时采取记录、复制、拍照、录像等证据保全措施；

（二）需要检测、检验、检疫、鉴定的，送交检测、检验、检疫、鉴定；

（三）依据有关法律、法规规定可以采取查封、扣押等行政强制措施的，决定采取行政强制措施；

（四）违法事实成立，应当予以没收的，作出行政处罚决定，没收违法物品；

（五）违法事实不成立，或者违法事实成立但依法不应当予以查封、扣押或者没收的，决定解除先行登记保存措施。

逾期未采取相关措施的，先行登记保存措施自动解除。

第三十六条　市场监督管理部门可以依据法律、法规的规定采取查封、扣押等行政强制措施。采取或者解除行政强制措施，应当经市场监督管理部门负责人批准。

情况紧急，需要当场采取行政强制措施的，办案人员应当在二十四小时内向市场监督管理部门负责人报告，并补办批准手续。市场监督管理部门负责人认为不应当采取行政强制措施的，应当立即解除。

第三十七条　市场监督管理部门实施行政强制措施应当依照《中华人民共和国行政强制法》规定的程序进行，并当场交付实施行政强制措施决定书和清单。

第三十八条　查封、扣押的期限不得超过三十日；情况复杂的，经市场监督管理部门负责人批准，可以延长，但是延长期限不得超过三十日。法律、行政法规另有规定的除外。

延长查封、扣押的决定应当及时书面告知当事人，并说明理由。

对物品需要进行检测、检验、检疫、鉴定的，查封、扣押的期间不包括检测、检验、检疫、鉴定的期间。检测、检验、检疫、鉴定的期间应当明确，并书面告知当事人。

**第三十九条** 扣押当事人托运的物品，应当制作协助扣押通知书，通知有关单位协助办理，并书面通知当事人。

**第四十条** 对当事人家存或者寄存的涉嫌违法物品，需要扣押的，责令当事人取出；当事人拒绝取出的，应当会同当地有关部门或者单位将其取出，并办理扣押手续。

**第四十一条** 查封、扣押的场所、设施或者财物应当妥善保管，不得使用或者损毁；市场监督管理部门可以委托第三人保管，第三人不得损毁或者擅自转移、处置。

查封的场所、设施或者财物，应当加贴市场监督管理部门封条，任何人不得随意动用。

除法律、法规另有规定外，容易损毁、灭失、变质、保管困难或者保管费用过高、季节性商品等不宜长期保存的物品，在确定为罚没财物前，经权利人同意或者申请，并经市场监督管理部门负责人批准，在采取相关措施留存证据后，可以依法先行处置；权利人不明确的，可以依法公告，公告期满后仍没有权利人同意或者申请的，可以依法先行处置。先行处置所得款项按照涉案现金管理。

**第四十二条** 有下列情形之一的，市场监督管理部门应当及时作出解除查封、扣押决定：

（一）当事人没有违法行为；

（二）查封、扣押的场所、设施或者财物与违法行为无关；

（三）对违法行为已经作出处理决定，不再需要查封、扣押；

（四）查封、扣押期限已经届满；

（五）其他不再需要采取查封、扣押措施的情形。

解除查封、扣押应当立即退还财物，并由办案人员和当事人在财物清单上签名或者盖章。市场监督管理部门已将财物依法先行处置并有所得款项的，应当退还所得款项。先行处置明显不当，给当事人造成损失的，应当给予补偿。

当事人下落不明或者无法确定涉案物品所有人的，应当按照本规定第八十二条第五项规定的公告送达方式告知领取。公告期满仍无人领取的，经市场监督管理部门负责人批准，将涉案物品上缴或者依法拍卖后将所得款项上缴国库。

第四十三条 办案人员在调查取证过程中，无法通知当事人，当事人不到场或者拒绝接受调查，当事人拒绝签名、盖章或者以其他方式确认的，办案人员应当在笔录或者其他材料上注明情况，并采取录音、录像等方式记录，必要时可以邀请有关人员作为见证人。

第四十四条 进行现场检查、询问当事人及其他有关单位和个人、抽样取证、采取先行登记保存措施、实施查封或者扣押等行政强制措施时，按照有关规定采取拍照、录音、录像等方式记录现场情况。

第四十五条 市场监督管理部门在办理行政处罚案件时，确需有关机关或者其他市场监督管理部门协助调查取证的，应当出具协助调查函。

收到协助调查函的市场监督管理部门对属于本部门职权范围的协助事项应当予以协助，在接到协助调查函之日起十五个工作日内完成相关工作。需要延期完成的，应当在期限届满前告知提出协查请求的市场监督管理部门。

第四十六条 有下列情形之一的，经市场监督管理部门负责人批准，中止案件调查：

（一）行政处罚决定须以相关案件的裁判结果或者其他行政决定为依据，而相关案件尚未审结或者其他行政决定尚未作出的；

（二）涉及法律适用等问题，需要送请有权机关作出解释或者确认的；

（三）因不可抗力致使案件暂时无法调查的；

（四）因当事人下落不明致使案件暂时无法调查的；

（五）其他应当中止调查的情形。

中止调查的原因消除后，应当立即恢复案件调查。

第四十七条 因涉嫌违法的自然人死亡或者法人、其他组织终止，并且无权利义务承受人等原因，致使案件调查无法继续进行的，

217

经市场监督管理部门负责人批准,案件终止调查。

**第四十八条** 案件调查终结,办案机构应当撰写调查终结报告。案件调查终结报告包括以下内容:

(一) 当事人的基本情况;

(二) 案件来源、调查经过及采取行政强制措施的情况;

(三) 调查认定的事实及主要证据;

(四) 违法行为性质;

(五) 处理意见及依据;

(六) 自由裁量的理由等其他需要说明的事项。

**第四十九条** 办案机构应当将调查终结报告连同案件材料,交由市场监督管理部门审核机构进行审核。

审核分为法制审核和案件审核。

办案人员不得作为审核人员。

**第五十条** 对情节复杂或者重大违法行为给予行政处罚的下列案件,在市场监督管理部门负责人作出行政处罚的决定之前,应当由从事行政处罚决定法制审核的人员进行法制审核;未经法制审核或者审核未通过的,不得作出决定:

(一) 涉及重大公共利益的;

(二) 直接关系当事人或者第三人重大权益,经过听证程序的;

(三) 案件情况疑难复杂、涉及多个法律关系的;

(四) 法律、法规规定应当进行法制审核的其他情形。

前款第二项规定的案件,在听证程序结束后进行法制审核。

县级以上市场监督管理部门可以对第一款的法制审核案件范围作出具体规定。

**第五十一条** 法制审核由市场监督管理部门法制机构或者其他机构负责实施。

市场监督管理部门中初次从事行政处罚决定法制审核的人员,应当通过国家统一法律职业资格考试取得法律职业资格。

**第五十二条** 除本规定第五十条第一款规定以外适用普通程序

的案件，应当进行案件审核。

案件审核由市场监督管理部门办案机构或者其他机构负责实施。

市场监督管理部门派出机构以自己的名义实施行政处罚的案件，由派出机构负责案件审核。

第五十三条 审核的主要内容包括：

（一）是否具有管辖权；

（二）当事人的基本情况是否清楚；

（三）案件事实是否清楚、证据是否充分；

（四）定性是否准确；

（五）适用依据是否正确；

（六）程序是否合法；

（七）处理是否适当。

第五十四条 审核机构对案件进行审核，区别不同情况提出书面意见和建议：

（一）对事实清楚、证据充分、定性准确、适用依据正确、程序合法、处理适当的案件，同意案件处理意见；

（二）对定性不准、适用依据错误、程序不合法、处理不当的案件，建议纠正；

（三）对事实不清、证据不足的案件，建议补充调查；

（四）认为有必要提出的其他意见和建议。

第五十五条 审核机构应当自接到审核材料之日起十个工作日内完成审核。特殊情况下，经市场监督管理部门负责人批准可以延长。

第五十六条 审核机构完成审核并退回案件材料后，对于拟给予行政处罚的案件，办案机构应当将案件材料、行政处罚建议及审核意见报市场监督管理部门负责人批准，并依法履行告知等程序；对于建议给予其他行政处理的案件，办案机构应当将案件材料、审核意见报市场监督管理部门负责人审查决定。

第五十七条 拟给予行政处罚的案件，市场监督管理部门在作出行政处罚决定之前，应当书面告知当事人拟作出的行政处罚内容及事实、理由、依据，并告知当事人依法享有陈述权、申辩权。拟作出的行政处罚属于听证范围的，还应当告知当事人有要求听证的权利。法律、法规规定在行政处罚决定作出前需责令当事人退还多收价款的，一并告知拟责令退还的数额。

当事人自告知书送达之日起五个工作日内，未行使陈述、申辩权，未要求听证的，视为放弃此权利。

第五十八条 市场监督管理部门在告知当事人拟作出的行政处罚决定后，应当充分听取当事人的意见，对当事人提出的事实、理由和证据进行复核。当事人提出的事实、理由或者证据成立的，市场监督管理部门应当予以采纳，不得因当事人陈述、申辩或者要求听证而给予更重的行政处罚。

第五十九条 法律、法规要求责令当事人退还多收价款的，市场监督管理部门应当在听取当事人意见后作出行政处罚决定前，向当事人发出责令退款通知书，责令当事人限期退还。难以查找多付价款的消费者或者其他经营者的，责令公告查找。

第六十条 市场监督管理部门负责人经对案件调查终结报告、审核意见、当事人陈述和申辩意见或者听证报告等进行审查，根据不同情况，分别作出以下决定：

（一）确有依法应当给予行政处罚的违法行为的，根据情节轻重及具体情况，作出行政处罚决定；

（二）确有违法行为，但有依法不予行政处罚情形的，不予行政处罚；

（三）违法事实不能成立的，不予行政处罚；

（四）不属于市场监督管理部门管辖的，移送其他行政管理部门处理；

（五）违法行为涉嫌犯罪的，移送司法机关。

对本规定第五十条第一款规定的案件，拟给予行政处罚的，应当由市场监督管理部门负责人集体讨论决定。

第六十一条　对当事人的违法行为依法不予行政处罚的，市场监督管理部门应当对当事人进行教育。

第六十二条　市场监督管理部门作出行政处罚决定，应当制作行政处罚决定书，并加盖本部门印章。行政处罚决定书的内容包括：

（一）当事人的姓名或者名称、地址等基本情况；

（二）违反法律、法规、规章的事实和证据；

（三）当事人陈述、申辩的采纳情况及理由；

（四）行政处罚的内容和依据；

（五）行政处罚的履行方式和期限；

（六）申请行政复议、提起行政诉讼的途径和期限；

（七）作出行政处罚决定的市场监督管理部门的名称和作出决定的日期。

第六十三条　市场监督管理部门作出的具有一定社会影响的行政处罚决定应当按照有关规定向社会公开。

公开的行政处罚决定被依法变更、撤销、确认违法或者确认无效的，市场监督管理部门应当在三个工作日内撤回行政处罚决定信息并公开说明理由。

第六十四条　适用普通程序办理的案件应当自立案之日起九十日内作出处理决定。因案情复杂或者其他原因，不能在规定期限内作出处理决定的，经市场监督管理部门负责人批准，可以延长三十日。案情特别复杂或者有其他特殊情况，经延期仍不能作出处理决定的，应当由市场监督管理部门负责人集体讨论决定是否继续延期，决定继续延期的，应当同时确定延长的合理期限。

案件处理过程中，中止、听证、公告和检测、检验、检疫、鉴定、权利人辨认或者鉴别、责令退还多收价款等时间不计入前款所指的案件办理期限。

第六十五条　发生重大传染病疫情等突发事件，为了控制、减轻和消除突发事件引起的社会危害，市场监督管理部门对违反突发事件应对措施的行为，依法快速、从重处罚。

221

## 第四章　行政处罚的简易程序

**第六十六条**　违法事实确凿并有法定依据，对自然人处以二百元以下、对法人或者其他组织处以三千元以下罚款或者警告的行政处罚的，可以当场作出行政处罚决定。法律另有规定的，从其规定。

**第六十七条**　适用简易程序当场查处违法行为，办案人员应当向当事人出示执法证件，当场调查违法事实，收集必要的证据，填写预定格式、编有号码的行政处罚决定书。

行政处罚决定书应当由办案人员签名或者盖章，并当场交付当事人。当事人拒绝签收的，应当在行政处罚决定书上注明。

**第六十八条**　当场制作的行政处罚决定书应当载明当事人的基本情况、违法行为、行政处罚依据、处罚种类、罚款数额、缴款途径和期限、救济途径和期限、部门名称、时间、地点，并加盖市场监督管理部门印章。

**第六十九条**　办案人员在行政处罚决定作出前，应当告知当事人拟作出的行政处罚内容及事实、理由、依据，并告知当事人有权进行陈述和申辩。当事人进行陈述和申辩的，办案人员应当记入笔录。

**第七十条**　适用简易程序查处案件的有关材料，办案人员应当在作出行政处罚决定之日起七个工作日内交至所在的市场监督管理部门归档保存。

## 第五章　执行与结案

**第七十一条**　行政处罚决定依法作出后，当事人应当在行政处罚决定书载明的期限内予以履行。

当事人对行政处罚决定不服申请行政复议或者提起行政诉讼的，

行政处罚不停止执行，法律另有规定的除外。

第七十二条　市场监督管理部门对当事人作出罚款、没收违法所得行政处罚的，当事人应当自收到行政处罚决定书之日起十五日内，通过指定银行或者电子支付系统缴纳罚没款。有下列情形之一的，可以由办案人员当场收缴罚款：

（一）当场处以一百元以下罚款的；

（二）当场对自然人处以二百元以下、对法人或者其他组织处以三千元以下罚款，不当场收缴事后难以执行的；

（三）在边远、水上、交通不便地区，当事人向指定银行或者通过电子支付系统缴纳罚款确有困难，经当事人提出的。

办案人员当场收缴罚款的，必须向当事人出具国务院财政部门或者省、自治区、直辖市财政部门统一制发的专用票据。

第七十三条　办案人员当场收缴的罚款，应当自收缴罚款之日起二个工作日内交至所在市场监督管理部门。在水上当场收缴的罚款，应当自抵岸之日起二个工作日内交至所在市场监督管理部门。市场监督管理部门应当在二个工作日内将罚款缴付指定银行。

第七十四条　当事人确有经济困难，需要延期或者分期缴纳罚款的，应当提出书面申请。经市场监督管理部门负责人批准，同意当事人暂缓或者分期缴纳罚款的，市场监督管理部门应当书面告知当事人暂缓或者分期的期限。

第七十五条　当事人逾期不缴纳罚款的，市场监督管理部门可以每日按罚款数额的百分之三加处罚款，加处罚款的数额不得超出罚款的数额。

第七十六条　当事人在法定期限内不申请行政复议或者提起行政诉讼，又不履行行政处罚决定，且在收到催告书十个工作日后仍不履行行政处罚决定的，市场监督管理部门可以在期限届满之日起三个月内依法申请人民法院强制执行。

市场监督管理部门批准延期、分期缴纳罚款的，申请人民法院强制执行的期限，自暂缓或者分期缴纳罚款期限结束之日起计算。

**第七十七条** 适用普通程序的案件有以下情形之一的,办案机构应当在十五个工作日内填写结案审批表,经市场监督管理部门负责人批准后,予以结案:

(一) 行政处罚决定执行完毕的;

(二) 人民法院裁定终结执行的;

(三) 案件终止调查的;

(四) 作出本规定第六十条第一款第二项至五项决定的;

(五) 其他应予结案的情形。

**第七十八条** 结案后,办案人员应当将案件材料按照档案管理的有关规定立卷归档。案卷归档应当一案一卷、材料齐全、规范有序。

案卷可以分正卷、副卷。正卷按照下列顺序归档:

(一) 立案审批表;

(二) 行政处罚决定书及送达回证;

(三) 对当事人制发的其他法律文书及送达回证;

(四) 证据材料;

(五) 听证笔录;

(六) 财物处理单据;

(七) 其他有关材料。

副卷按照下列顺序归档:

(一) 案源材料;

(二) 调查终结报告;

(三) 审核意见;

(四) 听证报告;

(五) 结案审批表;

(六) 其他有关材料。

案卷的保管和查阅,按照档案管理的有关规定执行。

**第七十九条** 市场监督管理部门应当依法以文字、音像等形式,对行政处罚的启动、调查取证、审核、决定、送达、执行等进行全过程记录,依照本规定第七十八条的规定归档保存。

## 第六章  期间、送达

**第八十条**  期间以时、日、月计算，期间开始的时或者日不计算在内。期间不包括在途时间。期间届满的最后一日为法定节假日的，以法定节假日后的第一日为期间届满的日期。

**第八十一条**  市场监督管理部门送达行政处罚决定书，应当在宣告后当场交付当事人。当事人不在场的，应当在七个工作日内按照本规定第八十二条、第八十三条的规定，将行政处罚决定书送达当事人。

**第八十二条**  市场监督管理部门送达执法文书，应当按照下列方式进行：

（一）直接送达的，由受送达人在送达回证上注明签收日期，并签名或者盖章，受送达人在送达回证上注明的签收日期为送达日期。受送达人是自然人的，本人不在时交其同住成年家属签收；受送达人是法人或者其他组织的，应当由法人的法定代表人、其他组织的主要负责人或者该法人、其他组织负责收件的人签收；受送达人有代理人的，可以送交其代理人签收；受送达人已向市场监督管理部门指定代收人的，送交代收人签收。受送达人的同住成年家属，法人或者其他组织负责收件的人，代理人或者代收人在送达回证上签收的日期为送达日期。

（二）受送达人或者其同住成年家属拒绝签收的，市场监督管理部门可以邀请有关基层组织或者所在单位的代表到场，说明情况，在送达回证上载明拒收事由和日期，由送达人、见证人签名或者以其他方式确认，将执法文书留在受送达人的住所；也可以将执法文书留在受送达人的住所，并采取拍照、录像等方式记录送达过程，即视为送达。

（三）经受送达人同意并签订送达地址确认书，可以采用手机短信、传真、电子邮件、即时通讯账号等能够确认其收悉的电子方式送达执法文书,市场监督管理部门应当通过拍照、截屏、录音、录像等方式予以记录,手机短信、传真、电子邮件、即时通讯信息等到达受送达人特定系统的日期为送达日期。

(四)直接送达有困难的,可以邮寄送达或者委托当地市场监督管理部门、转交其他部门代为送达。邮寄送达的,以回执上注明的收件日期为送达日期;委托、转交送达的,受送达人的签收日期为送达日期。

(五)受送达人下落不明或者采取上述方式无法送达的,可以在市场监督管理部门公告栏和受送达人住所地张贴公告,也可以在报纸或者市场监督管理部门门户网站等刊登公告。自公告发布之日起经过三十日,即视为送达。公告送达,应当在案件材料中载明原因和经过。在市场监督管理部门公告栏和受送达人住所地张贴公告的,应当采取拍照、录像等方式记录张贴过程。

第八十三条 市场监督管理部门可以要求受送达人签署送达地址确认书,送达至受送达人确认的地址,即视为送达。受送达人送达地址发生变更的,应当及时书面告知市场监督管理部门;未及时告知的,市场监督管理部门按原地址送达,视为依法送达。

因受送达人提供的送达地址不准确、送达地址变更未书面告知市场监督管理部门,导致执法文书未能被受送达人实际接收的,直接送达的,执法文书留在该地址之日为送达之日;邮寄送达的,执法文书被退回之日为送达之日。

## 第七章 附 则

第八十四条 本规定中的"以上""以下""内"均包括本数。

第八十五条 国务院药品监督管理部门和省级药品监督管理部门实施行政处罚,适用本规定。

法律、法规授权的履行市场监督管理职能的组织实施行政处罚,适用本规定。

对违反《中华人民共和国反垄断法》规定的行为实施行政处罚的程序，按照国务院市场监督管理部门专项规定执行。专项规定未作规定的，参照本规定执行。

**第八十六条** 行政处罚文书格式范本，由国务院市场监督管理部门统一制定。各省级市场监督管理部门可以参照文书格式范本，制定本行政区域适用的行政处罚文书格式并自行印制。

**第八十七条** 本规定自2019年4月1日起施行。1996年9月18日原国家技术监督局令第45号公布的《技术监督行政处罚委托实施办法》、2001年4月9日原国家质量技术监督局令第16号公布的《质量技术监督罚没物品管理和处置办法》、2007年9月4日原国家工商行政管理总局令第28号公布的《工商行政管理机关行政处罚程序规定》、2011年3月2日原国家质量监督检验检疫总局令第137号公布的《质量技术监督行政处罚程序规定》、2011年3月2日原国家质量监督检验检疫总局令第138号公布的《质量技术监督行政处罚案件审理规定》、2014年4月28日原国家食品药品监督管理总局令第3号公布的《食品药品行政处罚程序规定》同时废止。

# 市场监督管理行政处罚听证办法

（2018年12月21日国家市场监督管理总局令第3号公布　根据2021年7月2日国家市场监督管理总局令第42号《国家市场监督管理总局关于修改〈市场监督管理行政处罚程序暂行规定〉等二部规章的决定》修正）

## 第一章　总　　则

**第一条** 为了规范市场监督管理行政处罚听证程序，保障市场监督管理部门依法实施行政处罚，保护自然人、法人和其他组织的合法权益，根据《中华人民共和国行政处罚法》的有关规定，制定本办法。

**第二条** 市场监督管理部门组织行政处罚听证，适用本办法。

**第三条** 市场监督管理部门组织行政处罚听证，应当遵循公开、公正、效率的原则，保障和便利当事人依法行使陈述权和申辩权。

**第四条** 市场监督管理部门行政处罚案件听证实行回避制度。听证主持人、听证员、记录员、翻译人员与案件有直接利害关系或者有其他关系可能影响公正执法的，应当回避。

听证员、记录员、翻译人员的回避，由听证主持人决定；听证主持人的回避，由市场监督管理部门负责人决定。

## 第二章 申请和受理

**第五条** 市场监督管理部门拟作出下列行政处罚决定，应当告知当事人有要求听证的权利：

（一）责令停产停业、责令关闭、限制从业；

（二）降低资质等级、吊销许可证件或者营业执照；

（三）对自然人处以一万元以上、对法人或者其他组织处以十万元以上罚款；

（四）对自然人、法人或者其他组织作出没收违法所得和非法财物价值总额达到第三项所列数额的行政处罚；

（五）其他较重的行政处罚；

（六）法律、法规、规章规定的其他情形。

各省、自治区、直辖市人大常委会或者人民政府对前款第三项、第四项所列罚没数额有具体规定的，可以从其规定。

**第六条** 向当事人告知听证权利时，应当书面告知当事人拟作出的行政处罚内容及事实、理由、依据。

**第七条** 当事人要求听证的，可以在告知书送达回证上签署意见，也可以自收到告知书之日起五个工作日内提出。当事人以口头形式提出的，办案人员应当将情况记入笔录，并由当事人在笔录上签名或者盖章。

当事人自告知书送达之日起五个工作日内，未要求听证的，视为放弃此权利。

当事人在规定期限内要求听证的，市场监督管理部门应当依照本办法的规定组织听证。

## 第三章　听证组织机构、听证人员和听证参加人

**第八条**　听证由市场监督管理部门法制机构或者其他机构负责组织。

**第九条**　听证人员包括听证主持人、听证员和记录员。

**第十条**　听证参加人包括当事人及其代理人、第三人、办案人员、证人、翻译人员、鉴定人以及其他有关人员。

**第十一条**　听证主持人由市场监督管理部门负责人指定。必要时，可以设一至二名听证员，协助听证主持人进行听证。

记录员由听证主持人指定，具体承担听证准备和听证记录工作。

办案人员不得担任听证主持人、听证员和记录员。

**第十二条**　听证主持人在听证程序中行使下列职责：

（一）决定举行听证的时间、地点；

（二）审查听证参加人资格；

（三）主持听证；

（四）维持听证秩序；

（五）决定听证的中止或者终止，宣布听证结束；

（六）本办法赋予的其他职责。

听证主持人应当公开、公正地履行主持听证的职责，不得妨碍当事人、第三人行使陈述权、申辩权。

**第十三条** 要求听证的自然人、法人或者其他组织是听证的当事人。

**第十四条** 与听证案件有利害关系的其他自然人、法人或者其他组织，可以作为第三人申请参加听证，或者由听证主持人通知其参加听证。

**第十五条** 当事人、第三人可以委托一至二人代为参加听证。

委托他人代为参加听证的，应当向市场监督管理部门提交由委托人签名或者盖章的授权委托书以及委托代理人的身份证明文件。

授权委托书应当载明委托事项及权限。委托代理人代为撤回听证申请或者明确放弃听证权利的，必须有委托人的明确授权。

**第十六条** 办案人员应当参加听证。

**第十七条** 与听证案件有关的证人、鉴定人等经听证主持人同意，可以到场参加听证。

## 第四章 听证准备

**第十八条** 市场监督管理部门应当自收到当事人要求听证的申请之日起三个工作日内，确定听证主持人。

**第十九条** 办案人员应当自确定听证主持人之日起三个工作日内，将案件材料移交听证主持人，由听证主持人审阅案件材料，准备听证提纲。

**第二十条** 听证主持人应当自接到办案人员移交的案件材料之日起五个工作日内确定听证的时间、地点，并应当于举行听证的七个工作日前将听证通知书送达当事人。

听证通知书中应当载明听证时间、听证地点及听证主持人、听证员、记录员、翻译人员的姓名，并告知当事人有申请回避的权利。

第三人参加听证的，听证主持人应当在举行听证的七个工作日前将听证的时间、地点通知第三人。

**第二十一条** 听证主持人应当于举行听证的七个工作日前将听证的时间、地点通知办案人员，并退回案件材料。

**第二十二条** 除涉及国家秘密、商业秘密或者个人隐私依法予以保密外，听证应当公开举行。

公开举行听证的，市场监督管理部门应当于举行听证的三个工作日前公告当事人的姓名或者名称、案由以及举行听证的时间、地点。

## 第五章 举行听证

**第二十三条** 听证开始前，记录员应当查明听证参加人是否到场，并向到场人员宣布以下听证纪律：

（一）服从听证主持人的指挥，未经听证主持人允许不得发言、提问；

（二）未经听证主持人允许不得录音、录像和摄影；

（三）听证参加人未经听证主持人允许不得退场；

（四）不得大声喧哗，不得鼓掌、哄闹或者进行其他妨碍听证秩序的活动。

**第二十四条** 听证主持人核对听证参加人，说明案由，宣布听证主持人、听证员、记录员、翻译人员名单，告知听证参加人在听证中的权利义务，询问当事人是否提出回避申请。

**第二十五条** 听证按下列程序进行：

（一）办案人员提出当事人违法的事实、证据、行政处罚建议及依据；

（二）当事人及其委托代理人进行陈述和申辩；

（三）第三人及其委托代理人进行陈述；

（四）质证；

（五）辩论；

（六）听证主持人按照第三人、办案人员、当事人的先后顺序征询各方最后意见。

当事人可以当场提出证明自己主张的证据，听证主持人应当接收。

**第二十六条** 有下列情形之一的，可以中止听证：

（一）当事人因不可抗力无法参加听证的；

（二）当事人死亡或者终止，需要确定相关权利义务承受人的；

（三）当事人临时提出回避申请，无法当场作出决定的；

（四）需要通知新的证人到场或者需要重新鉴定的；

（五）其他需要中止听证的情形。

中止听证的情形消失后，听证主持人应当恢复听证。

**第二十七条** 有下列情形之一的，可以终止听证：

（一）当事人撤回听证申请或者明确放弃听证权利的；

（二）当事人无正当理由拒不到场参加听证的；

（三）当事人未经听证主持人允许中途退场的；

（四）当事人死亡或者终止，并且无权利义务承受人的；

（五）其他需要终止听证的情形。

**第二十八条** 记录员应当如实记录，制作听证笔录。听证笔录应当载明听证时间、地点、案由，听证人员、听证参加人姓名，各方意见以及其他需要载明的事项。

听证会结束后，听证笔录应当经听证参加人核对无误后，由听证参加人当场签名或者盖章。当事人、第三人拒绝签名或者盖章的，由听证主持人在听证笔录中注明。

**第二十九条** 听证结束后，听证主持人应当在五个工作日内撰写听证报告，由听证主持人、听证员签名，连同听证笔录送办案机构，由其连同其他案件材料一并上报市场监督管理部门负责人。

市场监督管理部门应当根据听证笔录，结合听证报告提出的意见建议，依照《市场监督管理行政处罚程序规定》的有关规定，作出决定。

**第三十条** 听证报告应当包括以下内容：

（一）听证案由；

（二）听证人员、听证参加人；

（三）听证的时间、地点；

（四）听证的基本情况；

（五）处理意见和建议；

（六）需要报告的其他事项。

## 第六章　附　　则

**第三十一条**　本办法中的"以上""内"均包括本数。

**第三十二条**　国务院药品监督管理部门和省级药品监督管理部门组织行政处罚听证，适用本办法。

法律、法规授权的履行市场监督管理职能的组织组织行政处罚听证，适用本办法。

**第三十三条**　本办法中有关执法文书的送达适用《市场监督管理行政处罚程序规定》的有关规定。

**第三十四条**　市场监督管理部门应当保障听证经费，提供组织听证所必需的场地、设备以及其他便利条件。

市场监督管理部门举行听证，不得向当事人收取费用。

**第三十五条**　本办法自 2019 年 4 月 1 日施行。2005 年 12 月 30 日原国家食品药品监督管理局令第 23 号公布的《国家食品药品监督管理局听证规则（试行）》、2007 年 9 月 4 日原国家工商行政管理总局令第 29 号公布的《工商行政管理机关行政处罚案件听证规则》同时废止。

# 价格违法行为行政处罚规定

（1999年7月10日国务院批准 1999年8月1日国家发展计划委员会发布 根据2006年2月21日《国务院关于修改〈价格违法行为行政处罚规定〉的决定》第一次修订 根据2008年1月13日《国务院关于修改〈价格违法行为行政处罚规定〉的决定》第二次修订 根据2010年12月4日《国务院关于修改〈价格违法行为行政处罚规定〉的决定》第三次修订）

**第一条** 为了依法惩处价格违法行为，维护正常的价格秩序，保护消费者和经营者的合法权益，根据《中华人民共和国价格法》（以下简称价格法）的有关规定，制定本规定。

**第二条** 县级以上各级人民政府价格主管部门依法对价格活动进行监督检查，并决定对价格违法行为的行政处罚。

**第三条** 价格违法行为的行政处罚由价格违法行为发生地的地方人民政府价格主管部门决定；国务院价格主管部门规定由其上级价格主管部门决定的，从其规定。

**第四条** 经营者违反价格法第十四条的规定，有下列行为之一的，责令改正，没收违法所得，并处违法所得5倍以下的罚款；没有违法所得的，处10万元以上100万元以下的罚款；情节严重的，责令停业整顿，或者由工商行政管理机关吊销营业执照：

（一）除依法降价处理鲜活商品、季节性商品、积压商品等商品外，为了排挤竞争对手或者独占市场，以低于成本的价格倾销，扰乱正常的生产经营秩序，损害国家利益或者其他经营者的合法权益的；

（二）提供相同商品或者服务，对具有同等交易条件的其他经营者实行价格歧视的。

**第五条** 经营者违反价格法第十四条的规定，相互串通，操纵市场价格，造成商品价格较大幅度上涨的，责令改正，没收违法所得，并处违法所得5倍以下的罚款；没有违法所得的，处10万元以上100万元以下的罚款，情节较重的处100万元以上500万元以下的罚款；情节严重的，责令停业整顿，或者由工商行政管理机关吊销营业执照。

除前款规定情形外，经营者相互串通，操纵市场价格，损害其他经营者或者消费者合法权益的，依照本规定第四条的规定处罚。

行业协会或者其他单位组织经营者相互串通，操纵市场价格的，对经营者依照前两款的规定处罚；对行业协会或者其他单位，可以处50万元以下的罚款，情节严重的，由登记管理机关依法撤销登记、吊销执照。

**第六条** 经营者违反价格法第十四条的规定，有下列推动商品价格过快、过高上涨行为之一的，责令改正，没收违法所得，并处违法所得5倍以下的罚款；没有违法所得的，处5万元以上50万元以下的罚款，情节较重的处50万元以上300万元以下的罚款；情节严重的，责令停业整顿，或者由工商行政管理机关吊销营业执照：

（一）捏造、散布涨价信息，扰乱市场价格秩序的；

（二）除生产自用外，超出正常的存储数量或者存储周期，大量囤积市场供应紧张、价格发生异常波动的商品，经价格主管部门告诫仍继续囤积的；

（三）利用其他手段哄抬价格，推动商品价格过快、过高上涨的。

行业协会或者为商品交易提供服务的单位有前款规定的违法行为的，可以处50万元以下的罚款；情节严重的，由登记管理机关依法撤销登记、吊销执照。

前两款规定以外的其他单位散布虚假涨价信息，扰乱市场价格秩序，依法应当由其他主管机关查处的，价格主管部门可以提出依法处罚的建议,有关主管机关应当依法处罚。

**第七条** 经营者违反价格法第十四条的规定,利用虚假的或者使人误解的价格手段,诱骗消费者或者其他经营者与其进行交易的,责令改正,没收违法所得,并处违法所得5倍以下的罚款;没有违法所得的,处5万元以上50万元以下的罚款;情节严重的,责令停业整顿,或者由工商行政管理机关吊销营业执照。

**第八条** 经营者违反价格法第十四条的规定,采取抬高等级或者压低等级等手段销售、收购商品或者提供服务,变相提高或者压低价格的,责令改正,没收违法所得,并处违法所得5倍以下的罚款;没有违法所得的,处2万元以上20万元以下的罚款;情节严重的,责令停业整顿,或者由工商行政管理机关吊销营业执照。

**第九条** 经营者不执行政府指导价、政府定价,有下列行为之一的,责令改正,没收违法所得,并处违法所得5倍以下的罚款;没有违法所得的,处5万元以上50万元以下的罚款,情节较重的处50万元以上200万元以下的罚款;情节严重的,责令停业整顿:

(一)超出政府指导价浮动幅度制定价格的;

(二)高于或者低于政府定价制定价格的;

(三)擅自制定属于政府指导价、政府定价范围内的商品或者服务价格的;

(四)提前或者推迟执行政府指导价、政府定价的;

(五)自立收费项目或者自定标准收费的;

(六)采取分解收费项目、重复收费、扩大收费范围等方式变相提高收费标准的;

(七)对政府明令取消的收费项目继续收费的;

(八)违反规定以保证金、抵押金等形式变相收费的;

(九)强制或者变相强制服务并收费的;

(十)不按照规定提供服务而收取费用的;

(十一)不执行政府指导价、政府定价的其他行为。

**第十条** 经营者不执行法定的价格干预措施、紧急措施,有下列行为之一的，责令改正，没收违法所得，并处违法所得5倍以下的罚款；没有违法所得的，处10万元以上100万元以下的罚款，情节较重的处100万元以上500万元以下的罚款；情节严重的，责令停业整顿：

（一）不执行提价申报或者调价备案制度的；
（二）超过规定的差价率、利润率幅度的；
（三）不执行规定的限价、最低保护价的；
（四）不执行集中定价权限措施的；
（五）不执行冻结价格措施的；
（六）不执行法定的价格干预措施、紧急措施的其他行为。

第十一条　本规定第四条、第七条至第九条规定中经营者为个人的，对其没有违法所得的价格违法行为，可以处10万元以下的罚款。

本规定第五条、第六条、第十条规定中经营者为个人的，对其没有违法所得的价格违法行为，按照前款规定处罚；情节严重的，处10万元以上50万元以下的罚款。

第十二条　经营者违反法律、法规的规定牟取暴利的，责令改正，没收违法所得，可以并处违法所得5倍以下的罚款；情节严重的，责令停业整顿，或者由工商行政管理机关吊销营业执照。

第十三条　经营者违反明码标价规定，有下列行为之一的，责令改正，没收违法所得，可以并处5000元以下的罚款：

（一）不标明价格的；
（二）不按照规定的内容和方式明码标价的；
（三）在标价之外加价出售商品或者收取未标明的费用的；
（四）违反明码标价规定的其他行为。

第十四条　拒绝提供价格监督检查所需资料或者提供虚假资料的，责令改正，给予警告；逾期不改正的，可以处10万元以下的罚款，对直接负责的主管人员和其他直接责任人员给予纪律处分。

第十五条　政府价格主管部门进行价格监督检查时，发现经营者的违法行为同时具有下列三种情形的，可以依照价格法第三十四条第（三）项的规定责令其暂停相关营业：

（一）违法行为情节复杂或者情节严重，经查明后可能给予较重处罚的；

（二）不暂停相关营业，违法行为将继续的；

（三）不暂停相关营业，可能影响违法事实的认定，采取其他措施又不足以保证查明的。

政府价格主管部门进行价格监督检查时，执法人员不得少于2人，并应当向经营者或者有关人员出示证件。

**第十六条** 本规定第四条至第十三条规定中的违法所得，属于价格法第四十一条规定的消费者或者其他经营者多付价款的，责令经营者限期退还。难以查找多付价款的消费者或者其他经营者的，责令公告查找。

经营者拒不按照前款规定退还消费者或者其他经营者多付的价款，以及期限届满没有退还消费者或者其他经营者多付的价款，由政府价格主管部门予以没收，消费者或者其他经营者要求退还时，由经营者依法承担民事责任。

**第十七条** 经营者有《中华人民共和国行政处罚法》第二十七条所列情形的，应当依法从轻或者减轻处罚。

经营者有下列情形之一的，应当从重处罚：

（一）价格违法行为严重或者社会影响较大的；

（二）屡查屡犯的；

（三）伪造、涂改或者转移、销毁证据的；

（四）转移与价格违法行为有关的资金或者商品的；

（五）经营者拒不按照本规定第十六条第一款规定退还消费者或者其他经营者多付价款的；

（六）应予从重处罚的其他价格违法行为。

**第十八条** 本规定中以违法所得计算罚款数额的，违法所得无法确定时，按照没有违法所得的规定处罚。

第十九条　有本规定所列价格违法行为严重扰乱市场秩序，构成犯罪的，依法追究刑事责任。

第二十条　经营者对政府价格主管部门作出的处罚决定不服的，应当先依法申请行政复议；对行政复议决定不服的，可以依法向人民法院提起诉讼。

第二十一条　逾期不缴纳罚款的，每日按罚款数额的3%加处罚款；逾期不缴纳违法所得的，每日按违法所得数额的2‰加处罚款。

第二十二条　任何单位和个人有本规定所列价格违法行为，情节严重，拒不改正的，政府价格主管部门除依照本规定给予处罚外，可以公告其价格违法行为，直至其改正。

第二十三条　有关法律对价格法第十四条所列行为的处罚及处罚机关另有规定的，可以依照有关法律的规定执行。

第二十四条　价格执法人员泄露国家秘密、经营者的商业秘密或者滥用职权、玩忽职守、徇私舞弊，构成犯罪的，依法追究刑事责任；尚不构成犯罪的，依法给予处分。

第二十五条　本规定自公布之日起施行。

# 安全生产违法行为行政处罚办法

（2007年11月30日国家安全生产监管总局令第15号公布　根据2015年4月2日《国家安全监管总局关于修改〈《生产安全事故报告和调查处理条例》罚款处罚暂行规定〉等四部规章的决定》修订）

## 第一章　总　　则

第一条　为了制裁安全生产违法行为，规范安全生产行政处罚工作，依照行政处罚法、安全生产法及其他有关法律、行政法规的规定，制定本办法。

**第二条** 县级以上人民政府安全生产监督管理部门对生产经营单位及其有关人员在生产经营活动中违反有关安全生产的法律、行政法规、部门规章、国家标准、行业标准和规程的违法行为（以下统称安全生产违法行为）实施行政处罚，适用本办法。

煤矿安全监察机构依照本办法和煤矿安全监察行政处罚办法，对煤矿、煤矿安全生产中介机构等生产经营单位及其有关人员的安全生产违法行为实施行政处罚。

有关法律、行政法规对安全生产违法行为行政处罚的种类、幅度或者决定机关另有规定的，依照其规定。

**第三条** 对安全生产违法行为实施行政处罚，应当遵循公平、公正、公开的原则。

安全生产监督管理部门或者煤矿安全监察机构（以下统称安全监管监察部门）及其行政执法人员实施行政处罚，必须以事实为依据。行政处罚应当与安全生产违法行为的事实、性质、情节以及社会危害程度相当。

**第四条** 生产经营单位及其有关人员对安全监管监察部门给予的行政处罚，依法享有陈述权、申辩权和听证权；对行政处罚不服的，有权依法申请行政复议或者提起行政诉讼；因违法给予行政处罚受到损害的，有权依法申请国家赔偿。

## 第二章 行政处罚的种类、管辖

**第五条** 安全生产违法行为行政处罚的种类：

（一）警告；

（二）罚款；

（三）没收违法所得、没收非法开采的煤炭产品、采掘设备；

（四）责令停产停业整顿、责令停产停业、责令停止建设、责令停止施工；

（五）暂扣或者吊销有关许可证，暂停或者撤销有关执业资格、岗位证书；

（六）关闭；

（七）拘留；

（八）安全生产法律、行政法规规定的其他行政处罚。

第六条　县级以上安全监管监察部门应当按照本章的规定，在各自的职责范围内对安全生产违法行为行政处罚行使管辖权。

安全生产违法行为的行政处罚，由安全生产违法行为发生地的县级以上安全监管监察部门管辖。中央企业及其所属企业、有关人员的安全生产违法行为的行政处罚，由安全生产违法行为发生地的设区的市级以上安全监管监察部门管辖。

暂扣、吊销有关许可证和暂停、撤销有关执业资格、岗位证书的行政处罚，由发证机关决定。其中，暂扣有关许可证和暂停有关执业资格、岗位证书的期限一般不得超过6个月；法律、行政法规另有规定的，依照其规定。

给予关闭的行政处罚，由县级以上安全监管监察部门报请县级以上人民政府按照国务院规定的权限决定。

给予拘留的行政处罚，由县级以上安全监管监察部门建议公安机关依照治安管理处罚法的规定决定。

第七条　两个以上安全监管监察部门因行政处罚管辖权发生争议的，由其共同的上一级安全监管监察部门指定管辖。

第八条　对报告或者举报的安全生产违法行为，安全监管监察部门应当受理；发现不属于自己管辖的，应当及时移送有管辖权的部门。

受移送的安全监管监察部门对管辖权有异议的，应当报请共同的上一级安全监管监察部门指定管辖。

第九条　安全生产违法行为涉嫌犯罪的，安全监管监察部门应当将案件移送司法机关，依法追究刑事责任；尚不够刑事处罚但依法应当给予行政处罚的，由安全监管监察部门管辖。

**第十条** 上级安全监管监察部门可以直接查处下级安全监管监察部门管辖的案件，也可以将自己管辖的案件交由下级安全监管监察部门管辖。

下级安全监管监察部门可以将重大、疑难案件报请上级安全监管监察部门管辖。

**第十一条** 上级安全监管监察部门有权对下级安全监管监察部门违法或者不适当的行政处罚予以纠正或者撤销。

**第十二条** 安全监管监察部门根据需要，可以在其法定职权范围内委托符合《行政处罚法》第十九条规定条件的组织或者乡、镇人民政府以及街道办事处、开发区管理机构等地方人民政府的派出机构实施行政处罚。受委托的单位在委托范围内，以委托的安全监管监察部门名义实施行政处罚。

委托的安全监管监察部门应当监督检查受委托的单位实施行政处罚，并对其实施行政处罚的后果承担法律责任。

## 第三章 行政处罚的程序

**第十三条** 安全生产行政执法人员在执行公务时，必须出示省级以上安全生产监督管理部门或者县级以上地方人民政府统一制作的有效行政执法证件。其中对煤矿进行安全监察，必须出示国家安全生产监督管理总局统一制作的煤矿安全监察员证。

**第十四条** 安全监管监察部门及其行政执法人员在监督检查时发现生产经营单位存在事故隐患的，应当按照下列规定采取现场处理措施：

（一）能够立即排除的，应当责令立即排除；

（二）重大事故隐患排除前或者排除过程中无法保证安全的，应当责令从危险区域撤出作业人员，并责令暂时停产停业、停止建设、停止施工或者停止使用相关设施、设备，限期排除隐患。

隐患排除后，经安全监管监察部门审查同意，方可恢复生产经营和使用。

本条第一款第（二）项规定的责令暂时停产停业、停止建设、停止施工或者停止使用相关设施、设备的期限一般不超过 6 个月；法律、行政法规另有规定的，依照其规定。

第十五条　对有根据认为不符合安全生产的国家标准或者行业标准的在用设施、设备、器材，违法生产、储存、使用、经营、运输的危险物品，以及违法生产、储存、使用、经营危险物品的作业场所，安全监管监察部门应当依照《行政强制法》的规定予以查封或者扣押。查封或者扣押的期限不得超过 30 日，情况复杂的，经安全监管监察部门负责人批准，最多可以延长 30 日，并在查封或者扣押期限内作出处理决定：

（一）对违法事实清楚、依法应当没收的非法财物予以没收；

（二）法律、行政法规规定应当销毁的，依法销毁；

（三）法律、行政法规规定应当解除查封、扣押的，作出解除查封、扣押的决定。

实施查封、扣押，应当制作并当场交付查封、扣押决定书和清单。

第十六条　安全监管监察部门依法对存在重大事故隐患的生产经营单位作出停产停业、停止施工、停止使用相关设施、设备的决定，生产经营单位应当依法执行，及时消除事故隐患。生产经营单位拒不执行，有发生生产安全事故的现实危险的，在保证安全的前提下，经本部门主要负责人批准，安全监管监察部门可以采取通知有关单位停止供电、停止供应民用爆炸物品等措施，强制生产经营单位履行决定。通知应当采用书面形式，有关单位应当予以配合。

安全监管监察部门依照前款规定采取停止供电措施，除有危及生产安全的紧急情形外，应当提前 24 小时通知生产经营单位。生产经营单位依法履行行政决定、采取相应措施消除事故隐患的，安全监管监察部门应当及时解除前款规定的措施。

**第十七条** 生产经营单位被责令限期改正或者限期进行隐患排除治理的，应当在规定限期内完成。因不可抗力无法在规定限期内完成的，应当在进行整改或者治理的同时，于限期届满前10日内提出书面延期申请，安全监管监察部门应当在收到申请之日起5日内书面答复是否准予延期。

生产经营单位提出复查申请或者整改、治理限期届满的，安全监管监察部门应当自申请或者限期届满之日起10日内进行复查，填写复查意见书，由被复查单位和安全监管监察部门复查人员签名后存档。逾期未整改、未治理或者整改、治理不合格的，安全监管监察部门应当依法给予行政处罚。

**第十八条** 安全监管监察部门在作出行政处罚决定前，应当填写行政处罚告知书，告知当事人作出行政处罚决定的事实、理由、依据，以及当事人依法享有的权利，并送达当事人。当事人应当在收到行政处罚告知书之日起3日内进行陈述、申辩，或者依法提出听证要求，逾期视为放弃上述权利。

**第十九条** 安全监管监察部门应当充分听取当事人的陈述和申辩，对当事人提出的事实、理由和证据，应当进行复核；当事人提出的事实、理由和证据成立的，安全监管监察部门应当采纳。

安全监管监察部门不得因当事人陈述或者申辩而加重处罚。

**第二十条** 安全监管监察部门对安全生产违法行为实施行政处罚，应当符合法定程序，制作行政执法文书。

## 第一节 简易程序

**第二十一条** 违法事实确凿并有法定依据，对个人处以50元以下罚款、对生产经营单位处以1000元以下罚款或者警告的行政处罚的，安全生产行政执法人员可以当场作出行政处罚决定。

**第二十二条** 安全生产行政执法人员当场作出行政处罚决定，应当填写预定格式、编有号码的行政处罚决定书并当场交付当事人。

安全生产行政执法人员当场作出行政处罚决定后应当及时报告，并在5日内报所属安全监管监察部门备案。

## 第二节 一般程序

**第二十三条** 除依照简易程序当场作出的行政处罚外，安全监管监察部门发现生产经营单位及其有关人员有应当给予行政处罚的行为的，应当予以立案，填写立案审批表，并全面、客观、公正地进行调查，收集有关证据。对确需立即查处的安全生产违法行为，可以先行调查取证，并在5日内补办立案手续。

**第二十四条** 对已经立案的案件，由立案审批人指定两名或者两名以上安全生产行政执法人员进行调查。

有下列情形之一的，承办案件的安全生产行政执法人员应当回避：

（一）本人是本案的当事人或者当事人的近亲属的；

（二）本人或者其近亲属与本案有利害关系的；

（三）与本人有其他利害关系，可能影响案件的公正处理的。

安全生产行政执法人员的回避，由派出其进行调查的安全监管监察部门的负责人决定。进行调查的安全监管监察部门负责人的回避，由该部门负责人集体讨论决定。回避决定作出之前，承办案件的安全生产行政执法人员不得擅自停止对案件的调查。

**第二十五条** 进行案件调查时，安全生产行政执法人员不得少于两名。当事人或者有关人员应当如实回答安全生产行政执法人员的询问，并协助调查或者检查，不得拒绝、阻挠或者提供虚假情况。

询问或者检查应当制作笔录。笔录应当记载时间、地点、询问和检查情况，并由被询问人、被检查单位和安全生产行政执法人员签名或者盖章；被询问人、被检查单位要求补正的，应当允许。被询问人或者被检查单位拒绝签名或者盖章的，安全生产行政执法人员应当在笔录上注明原因并签名。

**第二十六条** 安全生产行政执法人员应当收集、调取与案件有关的原始凭证作为证据。调取原始凭证确有困难的，可以复制，复制件应当注明"经核对与原件无异"的字样和原始凭证存放的单位及其处所，并由出具证据的人员签名或者单位盖章。

**第二十七条** 安全生产行政执法人员在收集证据时，可以采取抽样取证的方法；在证据可能灭失或者以后难以取得的情况下，经本单位负责人批准，可以先行登记保存，并应当在7日内作出处理决定：

（一）违法事实成立依法应当没收的，作出行政处罚决定，予以没收；依法应当扣留或者封存的，予以扣留或者封存；

（二）违法事实不成立，或者依法不应当予以没收、扣留、封存的，解除登记保存。

**第二十八条** 安全生产行政执法人员对与案件有关的物品、场所进行勘验检查时，应当通知当事人到场，制作勘验笔录，并由当事人核对无误后签名或者盖章。当事人拒绝到场的，可以邀请在场的其他人员作证，并在勘验笔录中注明原因并签名；也可以采用录音、录像等方式记录有关物品、场所的情况后，再进行勘验检查。

**第二十九条** 案件调查终结后，负责承办案件的安全生产行政执法人员应当填写案件处理呈批表，连同有关证据材料一并报本部门负责人审批。

安全监管监察部门负责人应当及时对案件调查结果进行审查，根据不同情况，分别作出以下决定：

（一）确有应受行政处罚的违法行为的，根据情节轻重及具体情况，作出行政处罚决定；

（二）违法行为轻微，依法可以不予行政处罚的，不予行政处罚；

（三）违法事实不能成立，不得给予行政处罚；

（四）违法行为涉嫌犯罪的，移送司法机关处理。

对严重安全生产违法行为给予责令停产停业整顿、责令停产停业、责令停止建设、责令停止施工、吊销有关许可证、撤销有关执业资格或者岗位证书、5万元以上罚款、没收违法所得、没收非法开采的煤炭产品或者采掘设备价值5万元以上的行政处罚的,应当由安全监管监察部门的负责人集体讨论决定。

第三十条 安全监管监察部门依照本办法第二十九条的规定给予行政处罚,应当制作行政处罚决定书。行政处罚决定书应当载明下列事项:

(一)当事人的姓名或者名称、地址或者住址;

(二)违法事实和证据;

(三)行政处罚的种类和依据;

(四)行政处罚的履行方式和期限;

(五)不服行政处罚决定,申请行政复议或者提起行政诉讼的途径和期限;

(六)作出行政处罚决定的安全监管监察部门的名称和作出决定的日期。

行政处罚决定书必须盖有作出行政处罚决定的安全监管监察部门的印章。

第三十一条 行政处罚决定书应当在宣告后当场交付当事人;当事人不在场的,安全监管监察部门应当在7日内依照民事诉讼法的有关规定,将行政处罚决定书送达当事人或者其他的法定受送达人:

(一)送达必须有送达回执,由受送达人在送达回执上注明收到日期,签名或者盖章;

(二)送达应当直接送交受送达人。受送达人是个人的,本人不在交他的同住成年家属签收,并在行政处罚决定书送达回执的备注栏内注明与受送达人的关系;

(三)受送达人是法人或者其他组织的,应当由法人的法定代表人、其他组织的主要负责人或者该法人、组织负责收件的人签收;

(四)受送达人指定代收人的,交代收人签收并注明受当事人委托的情况;

(五)直接送达确有困难的,可以挂号邮寄送达,也可以委托当地安全监管监察部门代为送达，代为送达的安全监管监察部门收到文书后，必须立即交受送达人签收；

（六）当事人或者他的同住成年家属拒绝接收的，送达人应当邀请有关基层组织或者所在单位的代表到场，说明情况，在行政处罚决定书送达回执上记明拒收的事由和日期，由送达人、见证人签名或者盖章，将行政处罚决定书留在当事人的住所；也可以把行政处罚决定书留在受送达人的住所，并采用拍照、录像等方式记录送达过程，即视为送达；

（七）受送达人下落不明，或者用以上方式无法送达的，可以公告送达，自公告发布之日起经过60日，即视为送达。公告送达，应当在案卷中注明原因和经过。

安全监管监察部门送达其他行政处罚执法文书，按照前款规定办理。

第三十二条　行政处罚案件应当自立案之日起30日内作出行政处罚决定；由于客观原因不能完成的，经安全监管监察部门负责人同意，可以延长，但不得超过90日；特殊情况需进一步延长的，应当经上一级安全监管监察部门批准，可延长至180日。

## 第三节　听证程序

第三十三条　安全监管监察部门作出责令停产停业整顿、责令停产停业、吊销有关许可证、撤销有关执业资格、岗位证书或者较大数额罚款的行政处罚决定之前，应当告知当事人有要求举行听证的权利；当事人要求听证的，安全监管监察部门应当组织听证，不得向当事人收取听证费用。

前款所称较大数额罚款，为省、自治区、直辖市人大常委会或者人民政府规定的数额；没有规定数额的，其数额对个人罚款为2万元以上，对生产经营单位罚款为5万元以上。

第三十四条　当事人要求听证的，应当在安全监管监察部门依照本办法第十八条规定告知后 3 日内以书面方式提出。

**第三十五条** 当事人提出听证要求后,安全监管监察部门应当在收到书面申请之日起 15 日内举行听证会,并在举行听证会的 7 日前,通知当事人举行听证的时间、地点。

当事人应当按期参加听证。当事人有正当理由要求延期的,经组织听证的安全监管监察部门负责人批准可以延期 1 次;当事人未按期参加听证,并且未事先说明理由的,视为放弃听证权利。

**第三十六条** 听证参加人由听证主持人、听证员、案件调查人员、当事人及其委托代理人、书记员组成。

听证主持人、听证员、书记员应当由组织听证的安全监管监察部门负责人指定的非本案调查人员担任。

当事人可以委托 1 至 2 名代理人参加听证,并提交委托书。

**第三十七条** 除涉及国家秘密、商业秘密或者个人隐私外,听证应当公开举行。

**第三十八条** 当事人在听证中的权利和义务:

(一)有权对案件涉及的事实、适用法律及有关情况进行陈述和申辩;

(二)有权对案件调查人员提出的证据质证并提出新的证据;

(三)如实回答主持人的提问;

(四)遵守听证会场纪律,服从听证主持人指挥。

**第三十九条** 听证按照下列程序进行:

(一)书记员宣布听证会场纪律、当事人的权利和义务。听证主持人宣布案由,核实听证参加人名单,宣布听证开始;

(二)案件调查人员提出当事人的违法事实、出示证据,说明拟作出的行政处罚的内容及法律依据;

(三)当事人或者其委托代理人对案件的事实、证据、适用的法律等进行陈述和申辩,提交新的证据材料;

(四)听证主持人就案件的有关问题向当事人、案件调查人员、证人询问;

（五）案件调查人员、当事人或者其委托代理人相互辩论；
（六）当事人或者其委托代理人作最后陈述；
（七）听证主持人宣布听证结束。

听证笔录应当当场交当事人核对无误后签名或者盖章。

**第四十条**  有下列情形之一的，应当中止听证：
（一）需要重新调查取证的；
（二）需要通知新证人到场作证的；
（三）因不可抗力无法继续进行听证的。

**第四十一条**  有下列情形之一的，应当终止听证：
（一）当事人撤回听证要求的；
（二）当事人无正当理由不按时参加听证的；
（三）拟作出的行政处罚决定已经变更，不适用听证程序的。

**第四十二条**  听证结束后，听证主持人应当依据听证情况，填写听证会报告书，提出处理意见并附听证笔录报安全监管监察部门负责人审查。安全监管监察部门依照本办法第二十九条的规定作出决定。

## 第四章  行政处罚的适用

**第四十三条**  生产经营单位的决策机构、主要负责人、个人经营的投资人（包括实际控制人，下同）未依法保证下列安全生产所必需的资金投入之一，致使生产经营单位不具备安全生产条件的，责令限期改正，提供必需的资金，可以对生产经营单位处 1 万元以上 3 万元以下罚款，对生产经营单位的主要负责人、个人经营的投资人处 5000 元以上 1 万元以下罚款；逾期未改正的，责令生产经营单位停产停业整顿：
（一）提取或者使用安全生产费用；
（二）用于配备劳动防护用品的经费；

（三）用于安全生产教育和培训的经费。

（四）国家规定的其他安全生产所必须的资金投入。

生产经营单位主要负责人、个人经营的投资人有前款违法行为，导致发生生产安全事故的，依照《生产安全事故罚款处罚规定（试行）》的规定给予处罚。

**第四十四条** 生产经营单位的主要负责人未依法履行安全生产管理职责，导致生产安全事故发生的，依照《生产安全事故罚款处罚规定（试行）》的规定给予处罚。

**第四十五条** 生产经营单位及其主要负责人或者其他人员有下列行为之一的，给予警告，并可以对生产经营单位处1万元以上3万元以下罚款，对其主要负责人、其他有关人员处1000元以上1万元以下的罚款：

（一）违反操作规程或者安全管理规定作业的；

（二）违章指挥从业人员或者强令从业人员违章、冒险作业的；

（三）发现从业人员违章作业不加制止的；

（四）超过核定的生产能力、强度或者定员进行生产的；

（五）对被查封或者扣押的设施、设备、器材、危险物品和作业场所，擅自启封或者使用的；

（六）故意提供虚假情况或者隐瞒存在的事故隐患以及其他安全问题的；

（七）拒不执行安全监管监察部门依法下达的安全监管监察指令的。

**第四十六条** 危险物品的生产、经营、储存单位以及矿山、金属冶炼单位有下列行为之一的，责令改正，并可以处1万元以上3万元以下的罚款：

（一）未建立应急救援组织或者生产经营规模较小、未指定兼职应急救援人员的；

（二）未配备必要的应急救援器材、设备和物资，并进行经常性维护、保养，保证正常运转的。

**第四十七条** 生产经营单位与从业人员订立协议,免除或者减轻其对从业人员因生产安全事故伤亡依法应承担的责任的,该协议无效;对生产经营单位的主要负责人、个人经营的投资人按照下列规定处以罚款:

(一)在协议中减轻因生产安全事故伤亡对从业人员依法应承担的责任的,处 2 万元以上 5 万元以下的罚款;

(二)在协议中免除因生产安全事故伤亡对从业人员依法应承担的责任的,处 5 万元以上 10 万元以下的罚款。

**第四十八条** 生产经营单位不具备法律、行政法规和国家标准、行业标准规定的安全生产条件,经责令停产停业整顿仍不具备安全生产条件的,安全监管监察部门应当提请有管辖权的人民政府予以关闭;人民政府决定关闭的,安全监管监察部门应当依法吊销其有关许可证。

**第四十九条** 生产经营单位转让安全生产许可证的,没收违法所得,吊销安全生产许可证,并按照下列规定处以罚款:

(一)接受转让的单位和个人未发生生产安全事故的,处 10 万元以上 30 万元以下的罚款;

(二)接受转让的单位和个人发生生产安全事故但没有造成人员死亡的,处 30 万元以上 40 万元以下的罚款;

(三)接受转让的单位和个人发生人员死亡生产安全事故的,处 40 万元以上 50 万元以下的罚款。

**第五十条** 知道或者应当知道生产经营单位未取得安全生产许可证或者其他批准文件擅自从事生产经营活动,仍为其提供生产经营场所、运输、保管、仓储等条件的,责令立即停止违法行为,有违法所得的,没收违法所得,并处违法所得 1 倍以上 3 倍以下的罚款,但是最高不得超过 3 万元;没有违法所得的,并处 5000 元以上 1 万元以下的罚款。

**第五十一条** 生产经营单位及其有关人员弄虚作假,骗取或者勾结、串通行政审批工作人员取得安全生产许可证书及其他批准文件的，撤销许可及批准文件，并按照下列规定处以罚款：

（一）生产经营单位有违法所得的，没收违法所得，并处违法所得 1 倍以上 3 倍以下的罚款，但是最高不得超过 3 万元；没有违法所得的，并处 5000 元以上 1 万元以下的罚款；

（二）对有关人员处 1000 元以上 1 万元以下的罚款。

有前款规定违法行为的生产经营单位及其有关人员在 3 年内不得再次申请该行政许可。

生产经营单位及其有关人员未依法办理安全生产许可证书变更手续的，责令限期改正，并对生产经营单位处 1 万元以上 3 万元以下的罚款，对有关人员处 1000 元以上 5000 元以下的罚款。

第五十二条　未取得相应资格、资质证书的机构及其有关人员从事安全评价、认证、检测、检验工作，责令停止违法行为，并按照下列规定处以罚款：

（一）机构有违法所得的，没收违法所得，并处违法所得 1 倍以上 3 倍以下的罚款，但是最高不得超过 3 万元；没有违法所得的，并处 5000 元以上 1 万元以下的罚款；

（二）有关人员处 5000 元以上 1 万元以下的罚款。

第五十三条　生产经营单位及其有关人员触犯不同的法律规定，有两个以上应当给予行政处罚的安全生产违法行为的，安全监管监察部门应当适用不同的法律规定，分别裁量，合并处罚。

第五十四条　对同一生产经营单位及其有关人员的同一安全生产违法行为，不得给予两次以上罚款的行政处罚。

第五十五条　生产经营单位及其有关人员有下列情形之一的，应当从重处罚：

（一）危及公共安全或者其他生产经营单位安全的，经责令限期改正，逾期未改正的；

（二）一年内因同一违法行为受到两次以上行政处罚的；

（三）拒不整改或者整改不力，其违法行为呈持续状态的；

（四）拒绝、阻碍或者以暴力威胁行政执法人员的。

**第五十六条** 生产经营单位及其有关人员有下列情形之一的，应当依法从轻或者减轻行政处罚：

（一）已满14周岁不满18周岁的公民实施安全生产违法行为的；

（二）主动消除或者减轻安全生产违法行为危害后果的；

（三）受他人胁迫实施安全生产违法行为的；

（四）配合安全监管监察部门查处安全生产违法行为，有立功表现的；

（五）主动投案，向安全监管监察部门如实交待自己的违法行为的；

（六）具有法律、行政法规规定的其他从轻或者减轻处罚情形的。

有从轻处罚情节的，应当在法定处罚幅度的中档以下确定行政处罚标准，但不得低于法定处罚幅度的下限。

本条第一款第（四）项所称的立功表现，是指当事人有揭发他人安全生产违法行为，并经查证属实；或者提供查处其他安全生产违法行为的重要线索，并经查证属实；或者阻止他人实施安全生产违法行为；或者协助司法机关抓捕其他违法犯罪嫌疑人的行为。

安全生产违法行为轻微并及时纠正，没有造成危害后果的，不予行政处罚。

## 第五章 行政处罚的执行和备案

**第五十七条** 安全监管监察部门实施行政处罚时，应当同时责令生产经营单位及其有关人员停止、改正或者限期改正违法行为。

**第五十八条** 本办法所称的违法所得，按照下列规定计算：

（一）生产、加工产品的，以生产、加工产品的销售收入作为违法所得；

（二）销售商品的，以销售收入作为违法所得；

（三）提供安全生产中介、租赁等服务的，以服务收入或者报酬作为违法所得；

（四）销售收入无法计算的，按当地同类同等规模的生产经营单位的平均销售收入计算；

（五）服务收入、报酬无法计算的，按照当地同行业同种服务的平均收入或者报酬计算。

**第五十九条** 行政处罚决定依法作出后，当事人应当在行政处罚决定的期限内，予以履行；当事人逾期不履的，作出行政处罚决定的安全监管监察部门可以采取下列措施：

（一）到期不缴纳罚款的，每日按罚款数额的3%加处罚款，但不得超过罚款数额；

（二）根据法律规定，将查封、扣押的设施、设备、器材和危险物品拍卖所得价款抵缴罚款；

（三）申请人民法院强制执行。

当事人对行政处罚决定不服申请行政复议或者提起行政诉讼的，行政处罚不停止执行，法律另有规定的除外。

**第六十条** 安全生产行政执法人员当场收缴罚款的，应当出具省、自治区、直辖市财政部门统一制发的罚款收据；当场收缴的罚款，应当自收缴罚款之日起2日内，交至所属安全监管监察部门；安全监管监察部门应当在2日内将罚款缴付指定的银行。

**第六十一条** 除依法应当予以销毁的物品外，需要将查封、扣押的设施、设备、器材和危险物品拍卖抵缴罚款的，依照法律或者国家有关规定处理。销毁物品，依照国家有关规定处理；没有规定的，经县级以上安全监管监察部门负责人批准，由两名以上安全生产行政执法人员监督销毁，并制作销毁记录。处理物品，应当制作清单。

**第六十二条** 罚款、没收违法所得的款项和没收非法开采的煤炭产品、采掘设备，必须按照有关规定上缴，任何单位和个人不得截留、私分或者变相私分。

**第六十三条** 县级安全生产监督管理部门处以5万元以上罚款、

没收违法所得、没收非法生产的煤炭产品或者采掘设备价值5万元以上、责令停产停业、停止建设、停止施工、停产停业整顿、吊销有关资格、岗位证书或者许可证的行政处罚的，应当自作出行政处罚决定之日起10日内报设区的市级安全生产监督管理部门备案。

第六十四条　设区的市级安全生产监管监察部门处以10万元以上罚款、没收违法所得、没收非法生产的煤炭产品或者采掘设备价值10万元以上、责令停产停业、停止建设、停止施工、停产停业整顿、吊销有关资格、岗位证书或者许可证的行政处罚的，应当自作出行政处罚决定之日起10日内报省级安全监管监察部门备案。

第六十五条　省级安全监管监察部门处以50万元以上罚款、没收违法所得、没收非法生产的煤炭产品或者采掘设备价值50万元以上、责令停产停业、停止建设、停止施工、停产停业整顿、吊销有关资格、岗位证书或者许可证的行政处罚的，应当自作出行政处罚决定之日起10日内报国家安全生产监督管理总局或者国家煤矿安全监察局备案。

对上级安全监管监察部门交办案件给予行政处罚的，由决定行政处罚的安全监管监察部门自作出行政处罚决定之日起10日内报上级安全监管监察部门备案。

第六十六条　行政处罚执行完毕后，案件材料应当按照有关规定立卷归档。

案卷立案归档后，任何单位和个人不得擅自增加、抽取、涂改和销毁案卷材料。未经安全监管监察部门负责人批准，任何单位和个人不得借阅案卷。

## 第六章　附　　则

第六十七条　安全生产监督管理部门所用的行政处罚文书式样，由国家安全生产监督管理总局统一制定。

煤矿安全监察机构所用的行政处罚文书式样，由国家煤矿安全监察局统一制定。

**第六十八条** 本办法所称的生产经营单位，是指合法和非法从事生产或者经营活动的基本单元，包括企业法人、不具备企业法人资格的合伙组织、个体工商户和自然人等生产经营主体。

**第六十九条** 本办法自2008年1月1日起施行。原国家安全生产监督管理局（国家煤矿安全监察局）2003年5月19日公布的《安全生产违法行为行政处罚办法》、2001年4月27日公布的《煤矿安全监察程序暂行规定》同时废止。

# 生态环境行政处罚办法

（2023年5月8日生态环境部令第30号公布 自2023年7月1日起施行）

## 第一章 总 则

**第一条** 为了规范生态环境行政处罚的实施，监督和保障生态环境主管部门依法实施行政处罚，维护公共利益和社会秩序，保护公民、法人或者其他组织的合法权益，根据《中华人民共和国行政处罚法》《中华人民共和国行政强制法》《中华人民共和国环境保护法》等法律、行政法规，制定本办法。

**第二条** 公民、法人或者其他组织违反生态环境保护法律、法规或者规章规定，应当给予行政处罚的，依照《中华人民共和国行政处罚法》和本办法规定的程序实施。

**第三条** 实施生态环境行政处罚，纠正违法行为，应当坚持教育与处罚相结合，服务与管理相结合，引导和教育公民、法人或者其他组织自觉守法。

**第四条** 实施生态环境行政处罚,应当依法维护公民、法人及其他组织的合法权益。对实施行政处罚过程中知悉的国家秘密、商业秘密或者个人隐私,应当依法予以保密。

**第五条** 生态环境行政处罚遵循公正、公开原则。

**第六条** 有下列情形之一的,执法人员应当自行申请回避,当事人也有权申请其回避:

(一) 是本案当事人或者当事人近亲属的;

(二) 本人或者近亲属与本案有直接利害关系的;

(三) 与本案有其他关系可能影响公正执法的;

(四) 法律、法规或者规章规定的其他回避情形。

申请回避,应当说明理由。生态环境主管部门应当对回避申请及时作出决定并通知申请人。

生态环境主管部门主要负责人的回避,由该部门负责人集体讨论决定;生态环境主管部门其他负责人的回避,由该部门主要负责人决定;其他执法人员的回避,由该部门负责人决定。

**第七条** 对当事人的同一个违法行为,不得给予两次以上罚款的行政处罚。同一个违法行为违反多个法律规范应当给予罚款处罚的,按照罚款数额高的规定处罚。

实施行政处罚,适用违法行为发生时的法律、法规、规章的规定。但是,作出行政处罚决定时,法律、法规、规章已经被修改或者废止,且新的规定处罚较轻或者不认为是违法的,适用新的规定。

**第八条** 根据法律、行政法规,生态环境行政处罚的种类包括:

(一) 警告、通报批评;

(二) 罚款、没收违法所得、没收非法财物;

(三) 暂扣许可证件、降低资质等级、吊销许可证件、一定时期内不得申请行政许可；

（四）限制开展生产经营活动、责令停产整治、责令停产停业、责令关闭、限制从业、禁止从业；

（五）责令限期拆除；

（六）行政拘留；

（七）法律、行政法规规定的其他行政处罚种类。

**第九条** 生态环境主管部门实施行政处罚时，应当责令当事人改正或者限期改正违法行为。

责令改正违法行为决定可以单独下达，也可以与行政处罚决定一并下达。

责令改正或者限期改正不适用行政处罚程序的规定。

**第十条** 生态环境行政处罚应当由具有行政执法资格的执法人员实施。执法人员不得少于两人，法律另有规定的除外。

## 第二章 实施主体与管辖

**第十一条** 生态环境主管部门在法定职权范围内实施生态环境行政处罚。

法律、法规授权的生态环境保护综合行政执法机构等组织在法定授权范围内实施生态环境行政处罚。

**第十二条** 生态环境主管部门可以在其法定权限内书面委托符合《中华人民共和国行政处罚法》第二十一条规定条件的组织实施行政处罚。

受委托组织应当依照《中华人民共和国行政处罚法》和本办法的有关规定实施行政处罚。

**第十三条** 生态环境行政处罚由违法行为发生地的具有行政处罚权的生态环境主管部门管辖。法律、行政法规另有规定的，从其规定。

第十四条 两个以上生态环境主管部门都有管辖权的，由最先立案的生态环境主管部门管辖。

对管辖发生争议的，应当协商解决，协商不成的，报请共同的上一级生态环境主管部门指定管辖；也可以直接由共同的上一级生态环境主管部门指定管辖。

第十五条 下级生态环境主管部门认为其管辖的案件重大、疑难或者实施处罚有困难的，可以报请上一级生态环境主管部门指定管辖。

上一级生态环境主管部门认为确有必要的，经通知下级生态环境主管部门和当事人，可以对下级生态环境主管部门管辖的案件直接管辖，或者指定其他有管辖权的生态环境主管部门管辖。

上级生态环境主管部门可以将其管辖的案件交由有管辖权的下级生态环境主管部门实施行政处罚。

第十六条 对不属于本机关管辖的案件，生态环境主管部门应当移送有管辖权的生态环境主管部门处理。

受移送的生态环境主管部门对管辖权有异议的，应当报请共同的上一级生态环境主管部门指定管辖，不得再自行移送。

第十七条 生态环境主管部门发现不属于本部门管辖的案件，应当按照有关要求和时限移送有管辖权的机关处理。

对涉嫌违法依法应当实施行政拘留的案件，生态环境主管部门应当移送公安机关或者海警机构。

违法行为涉嫌犯罪的，生态环境主管部门应当及时将案件移送司法机关。不得以行政处罚代替刑事处罚。

对涉嫌违法依法应当由人民政府责令停业、关闭的案件，生态环境主管部门应当报有批准权的人民政府。

## 第三章 普通程序

### 第一节 立 案

**第十八条** 除依法可以当场作出的行政处罚外，生态环境主管部门对涉嫌违反生态环境保护法律、法规和规章的违法行为，应当进行初步审查，并在十五日内决定是否立案。特殊情况下，经本机关负责人批准，可以延长十五日。法律、法规另有规定的除外。

**第十九条** 经审查，符合下列四项条件的，予以立案：

（一）有初步证据材料证明有涉嫌违反生态环境保护法律、法规和规章的违法行为；

（二）依法应当或者可以给予行政处罚；

（三）属于本机关管辖；

（四）违法行为未超过《中华人民共和国行政处罚法》规定的追责期限。

**第二十条** 对已经立案的案件，根据新情况发现不符合本办法第十九条立案条件的，应当撤销立案。

### 第二节 调查取证

**第二十一条** 生态环境主管部门对登记立案的生态环境违法行为，应当指定专人负责，全面、客观、公正地调查，收集有关证据。

**第二十二条** 生态环境主管部门在办理行政处罚案件时，需要其他行政机关协助调查取证的，可以向有关机关发送协助调查函，提出协助请求。

生态环境主管部门在办理行政处罚案件时，需要其他生态环境主管部门协助调查取证的，可以发送协助调查函。收到协助调查函的生态环境主管部门对属于本机关职权范围的协助事项应当依法予以协助。无法协助的，应当及时函告请求协助调查的生态环境主管部门。

第二十三条　执法人员在调查或者进行检查时，应当主动向当事人或者有关人员出示执法证件。当事人或者有关人员有权要求执法人员出示执法证件。执法人员不出示执法证件的，当事人或者有关人员有权拒绝接受调查或者检查。

当事人或者有关人员应当如实回答询问，并协助调查或者检查，不得拒绝、阻挠或者在接受检查时弄虚作假。询问或者检查应当制作笔录。

第二十四条　执法人员有权采取下列措施：

（一）进入有关场所进行检查、勘察、监测、录音、拍照、录像；

（二）询问当事人及有关人员，要求其说明相关事项和提供有关材料；

（三）查阅、复制生产记录、排污记录和其他有关材料。

必要时，生态环境主管部门可以采取暗查或者其他方式调查。在调查或者检查时，可以组织监测等技术人员提供技术支持。

第二十五条　执法人员负有下列责任：

（一）对当事人的基本情况、违法事实、危害后果、违法情节等情况进行全面、客观、及时、公正的调查；

（二）依法收集与案件有关的证据，不得以暴力、威胁、引诱、欺骗以及其他违法手段获取证据；

（三）询问当事人，应当告知其依法享有的权利；

（四）听取当事人、证人或者其他有关人员的陈述、申辩，并如实记录。

第二十六条　生态环境行政处罚证据包括：

（一）书证；

（二）物证；

（三）视听资料；

（四）电子数据；

（五）证人证言；

（六）当事人的陈述；

（七）鉴定意见；

（八）勘验笔录、现场笔录。

证据必须经查证属实，方可作为认定案件事实的根据。

以非法手段取得的证据，不得作为认定案件事实的根据。

第二十七条　生态环境主管部门立案前依法取得的证据材料，可以作为案件的证据。

其他机关依法依职权调查收集的证据材料，可以作为案件的证据。

第二十八条　对有关物品或者场所进行检查（勘察）时，应当制作现场检查（勘察）笔录，并可以根据实际情况进行音像记录。

现场检查（勘察）笔录应当载明现场检查起止时间、地点，执法人员基本信息，当事人或者有关人员基本信息，执法人员出示执法证件、告知当事人或者有关人员申请回避权利和配合调查义务情况，现场检查情况等信息，并由执法人员、当事人或者有关人员签名或者盖章。

当事人不在场、拒绝签字或者盖章的，执法人员应当在现场检查（勘察）笔录中注明。

第二十九条　生态环境主管部门现场检查时，可以按照相关技术规范要求现场采样，获取的监测（检测）数据可以作为认定案件事实的证据。

执法人员应当将采样情况记入现场检查（勘察）笔录，可以采取拍照、录像记录采样情况。

生态环境主管部门取得监测（检测）报告或者鉴定意见后，应当将监测（检测）、鉴定结果告知当事人。

**第三十条** 排污单位应当依法对自动监测数据的真实性和准确性负责，不得篡改、伪造。

实行自动监测数据标记规则行业的排污单位，应当按照国务院生态环境主管部门的规定对数据进行标记。经过标记的自动监测数据，可以作为认定案件事实的证据。

同一时段的现场监测（检测）数据与自动监测数据不一致，现场监测（检测）符合法定的监测标准和监测方法的，以该现场监测（检测）数据作为认定案件事实的证据。

**第三十一条** 生态环境主管部门依照法律、行政法规规定利用电子技术监控设备收集、固定违法事实的，依照《中华人民共和国行政处罚法》有关规定执行。

**第三十二条** 在证据可能灭失或者以后难以取得的情况下，经生态环境主管部门负责人批准，执法人员可以对与涉嫌违法行为有关的证据采取先行登记保存措施。

情况紧急的，执法人员需要当场采取先行登记保存措施的，可以采用即时通讯方式报请生态环境主管部门负责人同意，并在实施后二十四小时内补办批准手续。

先行登记保存有关证据，应当当场清点，开具清单，由当事人和执法人员签名或者盖章。

先行登记保存期间，当事人或者有关人员不得损毁、销毁或者转移证据。

**第三十三条** 对于先行登记保存的证据，应当在七日内采取以下措施：

（一）根据情况及时采取记录、复制、拍照、录像等证据保全措施；

（二）需要鉴定的，送交鉴定；

（三）根据有关法律、法规规定可以查封、扣押的，决定查封、扣押；

（四）违法事实不成立，或者违法事实成立但依法不应当查封、扣押或者没收的，决定解除先行登记保存措施。

超过七日未作出处理决定的，先行登记保存措施自动解除。

**第三十四条** 生态环境主管部门实施查封、扣押等行政强制措施，应当有法律、法规的明确规定，按照《中华人民共和国行政强制法》及相关规定执行。

**第三十五条** 有下列情形之一的，经生态环境主管部门负责人批准，中止案件调查：

（一）行政处罚决定须以相关案件的裁判结果或者其他行政决定为依据，而相关案件尚未审结或者其他行政决定尚未作出的；

（二）涉及法律适用等问题，需要送请有权机关作出解释或者确认的；

（三）因不可抗力致使案件暂时无法调查的；

（四）因当事人下落不明致使案件暂时无法调查的；

（五）其他应当中止调查的情形。

中止调查的原因消除后，应当立即恢复案件调查。

**第三十六条** 有下列情形之一致使案件调查无法继续进行的，经生态环境主管部门负责人批准，调查终止：

（一）涉嫌违法的公民死亡的；

（二）涉嫌违法的法人、其他组织终止，无法人或者其他组织承受其权利义务的；

（三）其他依法应当终止调查的情形。

**第三十七条** 有下列情形之一的，终结调查：

（一）违法事实清楚、法律手续完备、证据充分的；
（二）违法事实不成立的；
（三）其他依法应当终结调查的情形。

**第三十八条** 调查终结的，案件调查人员应当制作调查报告，提出已查明违法行为的事实和证据、初步处理意见，移送进行案件审查。

本案的调查人员不得作为本案的审查人员。

### 第三节 案件审查

**第三十九条** 案件审查的主要内容包括：
（一）本机关是否有管辖权；
（二）违法事实是否清楚；
（三）证据是否合法充分；
（四）调查取证是否符合法定程序；
（五）是否超过行政处罚追责期限；
（六）适用法律、法规、规章是否准确，裁量基准运用是否适当。

**第四十条** 违法事实不清、证据不充分或者调查程序违法的，审查人员应当退回调查人员补充调查取证或者重新调查取证。

**第四十一条** 行使生态环境行政处罚裁量权应当符合立法目的，并综合考虑以下情节：
（一）违法行为造成的环境污染、生态破坏以及社会影响；
（二）当事人的主观过错程度；
（三）违法行为的具体方式或者手段；
（四）违法行为持续的时间；
（五）违法行为危害的具体对象；
（六）当事人是初次违法还是再次违法；

（七）当事人改正违法行为的态度和所采取的改正措施及效果。

同类违法行为的情节相同或者相似、社会危害程度相当的，行政处罚种类和幅度应当相当。

**第四十二条** 违法行为轻微并及时改正，没有造成生态环境危害后果的，不予行政处罚。初次违法且生态环境危害后果轻微并及时改正的，可以不予行政处罚。

当事人有证据足以证明没有主观过错的，不予行政处罚。法律、行政法规另有规定的，从其规定。

对当事人的违法行为依法不予行政处罚的，生态环境主管部门应当对当事人进行教育。

**第四十三条** 当事人有下列情形之一的，应当从轻或者减轻行政处罚：

（一）主动消除或者减轻生态环境违法行为危害后果的；

（二）受他人胁迫或者诱骗实施生态环境违法行为的；

（三）主动供述生态环境主管部门尚未掌握的生态环境违法行为的；

（四）配合生态环境主管部门查处生态环境违法行为有立功表现的；

（五）法律、法规、规章规定其他应当从轻或者减轻行政处罚的。

## 第四节　告知和听证

**第四十四条** 生态环境主管部门在作出行政处罚决定之前，应当告知当事人拟作出的行政处罚内容及事实、理由、依据和当事人依法享有的陈述、申辩、要求听证等权利，当事人在收到告知书后五日内进行陈述、申辩；未依法告知当事人，或者拒绝听取当事人的陈述、申辩的，不得作出行政处罚决定，当事人明确放弃陈述或者申辩权利的除外。

第四十五条　当事人进行陈述、申辩的,生态环境主管部门应当充分听取当事人意见,将当事人的陈述、申辩材料归入案卷。对当事人提出的事实、理由和证据,应当进行复核。当事人提出的事实、理由或者证据成立的,应当予以采纳;不予采纳的,应当说明理由。

不得因当事人的陈述、申辩而给予更重的处罚。

第四十六条　拟作出以下行政处罚决定,当事人要求听证的,生态环境主管部门应当组织听证:

(一) 较大数额罚款;

(二) 没收较大数额违法所得、没收较大价值非法财物;

(三) 暂扣许可证件、降低资质等级、吊销许可证件、一定时期内不得申请行政许可;

(四) 限制开展生产经营活动、责令停产整治、责令停产停业、责令关闭、限制从业、禁止从业;

(五) 其他较重的行政处罚;

(六) 法律、法规、规章规定的其他情形。

当事人不承担组织听证的费用。

第四十七条　听证应当依照以下程序组织:

(一) 当事人要求听证的,应当在生态环境主管部门告知后五日内提出;

(二) 生态环境主管部门应当在举行听证的七日前,通知当事人及有关人员听证的时间、地点;

(三) 除涉及国家秘密、商业秘密或者个人隐私依法予以保密外,听证公开举行;

(四) 听证由生态环境主管部门指定的非本案调查人员主持;当事人认为主持人与本案有直接利害关系的,有权申请回避;

(五) 当事人可以亲自参加听证,也可以委托一至二人代理;

（六）当事人及其代理人无正当理由拒不出席听证或者未经许可中途退出听证的，视为放弃听证权利，生态环境主管部门终止听证；

（七）举行听证时，调查人员提出当事人违法的事实、证据和行政处罚建议，当事人进行申辩和质证；

（八）听证应当制作笔录。笔录应当交当事人或者其代理人核对无误后签字或者盖章。当事人或者其代理人拒绝签字或者盖章的，由听证主持人在笔录中注明。

第四十八条　听证结束后，生态环境主管部门应当根据听证笔录，依照本办法第五十三条的规定，作出决定。

### 第五节　法制审核和集体讨论

第四十九条　有下列情形之一，生态环境主管部门负责人作出行政处罚决定之前，应当由生态环境主管部门负责重大执法决定法制审核的机构或者法制审核人员进行法制审核；未经法制审核或者审核未通过的，不得作出决定：

（一）涉及重大公共利益的；

（二）直接关系当事人或者第三人重大权益，经过听证程序的；

（三）案件情况疑难复杂、涉及多个法律关系的；

（四）法律、法规规定应当进行法制审核的其他情形。

设区的市级以上生态环境主管部门可以根据实际情况，依法对应当进行法制审核的案件范围作出具体规定。

初次从事行政处罚决定法制审核的人员，应当通过国家统一法律职业资格考试取得法律职业资格。

第五十条　法制审核的内容包括：

（一）行政执法主体是否合法，是否超越执法机关法定权限；

（二）行政执法人员是否具备执法资格；

（三）行政执法程序是否合法；

（四）案件事实是否清楚，证据是否合法充分；

（五）适用法律、法规、规章是否准确，裁量基准运用是否适当；

（六）行政执法文书是否完备、规范；

（七）违法行为是否涉嫌犯罪、需要移送司法机关。

**第五十一条** 法制审核以书面审核为主。对案情复杂、法律争议较大的案件，生态环境主管部门可以组织召开座谈会、专家论证会开展审核工作。

生态环境主管部门进行法制审核时，可以请相关领域专家、法律顾问提出书面意见。

对拟作出的处罚决定进行法制审核后，应当区别不同情况以书面形式提出如下意见：

（一）主要事实清楚，证据充分，程序合法，内容适当，未发现明显法律风险的，提出同意的意见；

（二）主要事实不清，证据不充分，程序不当或者适用依据不充分，存在明显法律风险，但是可以改进或者完善的，指出存在的问题，并提出改进或者完善的建议；

（三）存在明显法律风险，且难以改进或者完善的，指出存在的问题，提出不同意的审核意见。

**第五十二条** 对情节复杂或者重大违法行为给予行政处罚的，作出处罚决定的生态环境主管部门负责人应当集体讨论决定。

有下列情形之一的，属于情节复杂或者重大违法行为给予行政处罚的案件：

（一）情况疑难复杂、涉及多个法律关系的；

（二）拟罚款、没收违法所得、没收非法财物数额五十万元以上的；

（三）拟吊销许可证件、一定时期内不得申请行政许可的；

（四）拟责令停产整治、责令停产停业、责令关闭、限制从业、禁止从业的；

（五）生态环境主管部门负责人认为应当提交集体讨论的其他案件。

集体讨论情况应当予以记录。

地方性法规、地方政府规章另有规定的，从其规定。

## 第六节 决 定

**第五十三条** 生态环境主管部门负责人经过审查，根据不同情况，分别作出如下决定：

（一）确有应受行政处罚的违法行为的，根据情节轻重及具体情况，作出行政处罚决定；

（二）违法行为轻微，依法可以不予行政处罚的，不予行政处罚；

（三）违法事实不能成立的，不予行政处罚；

（四）违法行为涉嫌犯罪的，移送司法机关。

**第五十四条** 生态环境主管部门向司法机关移送涉嫌生态环境犯罪案件之前已经依法作出的警告、责令停产停业、暂扣或者吊销许可证件等行政处罚决定，不停止执行。

涉嫌犯罪案件的移送办理期间，不计入行政处罚期限。

**第五十五条** 决定给予行政处罚的，应当制作行政处罚决定书。

对同一当事人的两个或者两个以上环境违法行为，可以分别制作行政处罚决定书，也可以列入同一行政处罚决定书。

符合本办法第五十三条第二项规定的情况，决定不予行政处罚的，应当制作不予行政处罚决定书。

**第五十六条** 行政处罚决定书应当载明以下内容：

（一）当事人的基本情况，包括当事人姓名或者名称，居民身份证号码或者统一社会信用代码、住址或者住所地、法定代表人（负责人）姓名等；

（二）违反法律、法规或者规章的事实和证据；

（三）当事人陈述、申辩的采纳情况及理由；符合听证条件的，还应当载明听证的情况；

（四）行政处罚的种类、依据，以及行政处罚裁量基准运用的理由和依据；

（五）行政处罚的履行方式和期限；

（六）不服行政处罚决定，申请行政复议、提起行政诉讼的途径和期限；

（七）作出行政处罚决定的生态环境主管部门名称和作出决定的日期，并加盖印章。

**第五十七条** 生态环境主管部门应当自立案之日起九十日内作出处理决定。因案情复杂或者其他原因，不能在规定期限内作出处理决定的，经生态环境主管部门负责人批准，可以延长三十日。案情特别复杂或者有其他特殊情况，经延期仍不能作出处理决定的，应当由生态环境主管部门负责人集体讨论决定是否继续延期，决定继续延期的，继续延长期限不得超过三十日。

案件办理过程中，中止、听证、公告、监测（检测）、评估、鉴定、认定、送达等时间不计入前款所指的案件办理期限。

**第五十八条** 行政处罚决定书应当在宣告后当场交付当事人；当事人不在场的，应当在七日内将行政处罚决定书送达当事人。

生态环境主管部门可以根据需要将行政处罚决定书抄送与案件有关的单位和个人。

**第五十九条** 生态环境主管部门送达执法文书，可以采取直接送达、留置送达、委托送达、邮寄送达、电子送达、转交送达、公告送达等法律规定的方式。

送达行政处罚文书应当使用送达回证并存档。

**第六十条** 当事人同意并签订确认书的,生态环境主管部门可以采用传真、电子邮件、移动通信等能够确认其收悉的电子方式送达执法文书,并通过拍照、截屏、录音、录像等方式予以记录。传真、电子邮件、移动通信等到达当事人特定系统的日期为送达日期。

### 第七节 信息公开

**第六十一条** 生态环境主管部门应当依法公开其作出的生态环境行政处罚决定。

**第六十二条** 生态环境主管部门依法公开生态环境行政处罚决定的下列信息:

(一)行政处罚决定书文号;

(二)被处罚的公民姓名,被处罚的法人或者其他组织名称和统一社会信用代码、法定代表人(负责人)姓名;

(三)主要违法事实;

(四)行政处罚结果和依据;

(五)作出行政处罚决定的生态环境主管部门名称和作出决定的日期。

**第六十三条** 涉及国家秘密或者法律、行政法规禁止公开的信息的,以及公开后可能危及国家安全、公共安全、经济安全、社会稳定的行政处罚决定信息,不予公开。

**第六十四条** 公开行政处罚决定时,应当隐去以下信息:

(一)公民的肖像、居民身份证号码、家庭住址、通信方式、出生日期、银行账号、健康状况、财产状况等个人隐私信息;

(二)本办法第六十二条第(二)项规定以外的公民姓名,法人或者其他组织的名称和统一社会信用代码、法定代表人(负责人）姓名；

（三）法人或者其他组织的银行账号；

（四）未成年人的姓名及其他可能识别出其身份的信息；

（五）当事人的生产配方、工艺流程、购销价格及客户名称等涉及商业秘密的信息；

（六）法律、法规规定的其他应当隐去的信息。

第六十五条　生态环境行政处罚决定应当自作出之日起七日内公开。法律、行政法规另有规定的，从其规定。

第六十六条　公开的行政处罚决定被依法变更、撤销、确认违法或者确认无效的，生态环境主管部门应当在三日内撤回行政处罚决定信息并公开说明理由。

## 第四章　简易程序

第六十七条　违法事实确凿并有法定依据，对公民处以二百元以下、对法人或者其他组织处以三千元以下罚款或者警告的行政处罚的，可以适用简易程序，当场作出行政处罚决定。法律另有规定的，从其规定。

第六十八条　当场作出行政处罚决定时，应当遵守下列简易程序：

（一）执法人员应当向当事人出示有效执法证件；

（二）现场查清当事人的违法事实，并依法取证；

（三）向当事人说明违法的事实、拟给予行政处罚的种类和依据、罚款数额、时间、地点，告知当事人享有的陈述、申辩权利；

（四）听取当事人的陈述和申辩。当事人提出的事实、理由或者证据成立的，应当采纳；

（五）填写预定格式、编有号码、盖有生态环境主管部门印章的行政处罚决定书，由执法人员签名或者盖章，并将行政处罚决定书当场交付当事人；当事人拒绝签收的，应当在行政处罚决定书上注明；

（六）告知当事人如对当场作出的行政处罚决定不服，可以依法申请行政复议或者提起行政诉讼，并告知申请行政复议、提起行政诉讼的途径和期限。

以上过程应当制作笔录。

执法人员当场作出的行政处罚决定，应当在决定之日起三日内报所属生态环境主管部门备案。

## 第五章 执 行

**第六十九条** 当事人应当在行政处罚决定书载明的期限内，履行处罚决定。

申请行政复议或者提起行政诉讼的，行政处罚决定不停止执行，法律另有规定的除外。

**第七十条** 当事人到期不缴纳罚款的，作出行政处罚决定的生态环境主管部门可以每日按罚款数额的百分之三加处罚款，加处罚款的数额不得超出罚款的数额。

**第七十一条** 当事人在法定期限内不申请行政复议或者提起行政诉讼，又不履行行政处罚决定的，作出处罚决定的生态环境主管部门可以自期限届满之日起三个月内依法申请人民法院强制执行。

**第七十二条** 作出加处罚款的强制执行决定前或者申请人民法院强制执行前，生态环境主管部门应当依法催告当事人履行义务。

**第七十三条** 当事人实施违法行为，受到处以罚款、没收违法所得或者没收非法财物等处罚后，发生企业分立、合并或者其他资产重组等情形，由承受当事人权利义务的法人、其他组织作为被执行人。

**第七十四条** 确有经济困难，需要延期或者分期缴纳罚款的，当事人应当在行政处罚决定书确定的缴纳期限届满前，向作出行政处罚决定的生态环境主管部门提出延期或者分期缴纳的书面申请。

批准当事人延期或者分期缴纳罚款的，应当制作同意延期（分期）缴纳罚款通知书，并送达当事人和收缴罚款的机构。

生态环境主管部门批准延期、分期缴纳罚款的，申请人民法院强制执行的期限，自暂缓或者分期缴纳罚款期限结束之日起计算。

**第七十五条** 依法没收的非法财物，应当按照国家规定处理。

销毁物品，应当按照国家有关规定处理；没有规定的，经生态环境主管部门负责人批准，由两名以上执法人员监督销毁，并制作销毁记录。

处理物品应当制作清单。

**第七十六条** 罚款、没收的违法所得或者没收非法财物拍卖的款项，应当全部上缴国库，任何单位或者个人不得以任何形式截留、私分或者变相私分。

罚款、没收的违法所得或者没收非法财物拍卖的款项，不得同作出行政处罚决定的生态环境主管部门及其工作人员的考核、考评直接或者变相挂钩。

## 第六章 结案和归档

**第七十七条** 有下列情形之一的，执法人员应当制作结案审批表，经生态环境主管部门负责人批准后予以结案：

（一）责令改正和行政处罚决定由当事人履行完毕的；

（二）生态环境主管部门依法申请人民法院强制执行行政处罚决定，人民法院依法受理的；

（三）不予行政处罚等无须执行的；

（四）按照本办法第三十六条规定终止案件调查的；

（五）按照本办法第十七条规定完成案件移送，且依法无须由生态环境主管部门再作出行政处罚决定的；

（六）行政处罚决定被依法撤销的；

（七）生态环境主管部门认为可以结案的其他情形。

**第七十八条** 结案的行政处罚案件，应当按照下列要求将案件材料立卷归档：

（一）一案一卷，案卷可以分正卷、副卷；

（二）各类文书齐全，手续完备；

（三）书写文书用签字笔、钢笔或者打印；

（四）案卷装订应当规范有序，符合文档要求。

**第七十九条** 正卷按下列顺序装订：

（一）行政处罚决定书及送达回证；

（二）立案审批材料；

（三）调查取证及证据材料；

（四）行政处罚事先告知书、听证告知书、听证通知书等法律文书及送达回证；

（五）听证笔录；

（六）财物处理材料；

（七）执行材料；

（八）结案材料；

（九）其他有关材料。

副卷按下列顺序装订：

（一）投诉、申诉、举报等案源材料；

（二）涉及当事人有关商业秘密的材料；

（三）听证报告；

（四）审查意见；

（五）法制审核材料、集体讨论记录；

（六）其他有关材料。

第八十条　案卷归档后，任何单位、个人不得修改、增加、抽取案卷材料。案卷保管及查阅，按档案管理有关规定执行。

第八十一条　生态环境主管部门应当建立行政处罚案件统计制度，并按照生态环境部有关环境统计的规定向上级生态环境主管部门报送本行政区域的行政处罚情况。

## 第七章　监　督

第八十二条　上级生态环境主管部门负责对下级生态环境主管部门的行政处罚工作情况进行监督检查。

第八十三条　生态环境主管部门应当建立行政处罚备案制度。

下级生态环境主管部门对上级生态环境主管部门督办的处罚案件，应当在结案后二十日内向上一级生态环境主管部门备案。

第八十四条　生态环境主管部门实施行政处罚应当接受社会监督。公民、法人或者其他组织对生态环境主管部门实施行政处罚的行为，有权申诉或者检举；生态环境主管部门应当认真审查，发现有错误的，应当主动改正。

第八十五条　生态环境主管部门发现行政处罚决定有文字表述错误、笔误或者计算错误，以及行政处罚决定书部分内容缺失等情形，但未损害公民、法人或者其他组织的合法权益的，应当予以补正或者更正。

补正或者更正应当以书面决定的方式及时作出。

第八十六条　生态环境主管部门通过接受申诉和检举，或者通过备案审查等途径，发现下级生态环境主管部门的行政处罚决定违法或者显失公正的，应当督促其纠正。

依法应当给予行政处罚，而有关生态环境主管部门不给予行政处罚的，有处罚权的上级生态环境主管部门可以直接作出行政处罚决定。

第八十七条　生态环境主管部门可以通过案件评查或者其他方式评议、考核行政处罚工作，加强对行政处罚的监督检查，规范和保障行政处罚的实施。对在行政处罚工作中做出显著成绩的单位和个人，可以依照国家或者地方的有关规定给予表彰和奖励。

## 第八章　附　　则

第八十八条　当事人有违法所得，除依法应当退赔的外，应当予以没收。违法所得是指实施违法行为所取得的款项。

法律、行政法规对违法所得的计算另有规定的，从其规定。

第八十九条　本办法第四十六条所称"较大数额""较大价值"，对公民是指人民币（或者等值物品价值）五千元以上、对法人或者其他组织是指人民币（或者等值物品价值）二十万元以上。

地方性法规、地方政府规章对"较大数额""较大价值"另有规定的，从其规定。

第九十条　本办法中"三日""五日""七日"的规定是指工作日，不含法定节假日。

期间开始之日，不计算在内。期间届满的最后一日是节假日的，以节假日后的第一日为期间届满的日期。期间不包括在途时间，行政处罚文书在期满前交邮的，视为在有效期内。

**第九十一条** 本办法未作规定的其他事项,适用《中华人民共和国行政处罚法》《中华人民共和国行政强制法》等有关法律、法规和规章的规定。

**第九十二条** 本办法自 2023 年 7 月 1 日起施行。原环境保护部发布的《环境行政处罚办法》(环境保护部令第 8 号)同时废止。

# 行政执法机关移送涉嫌犯罪案件的规定

(2001 年 7 月 9 日中华人民共和国国务院令第 310 号公布 根据 2020 年 8 月 7 日《国务院关于修改〈行政执法机关移送涉嫌犯罪案件的规定〉的决定》修订)

**第一条** 为了保证行政执法机关向公安机关及时移送涉嫌犯罪案件,依法惩罚破坏社会主义市场经济秩序罪、妨害社会管理秩序罪以及其他罪,保障社会主义建设事业顺利进行,制定本规定。

**第二条** 本规定所称行政执法机关,是指依照法律、法规或者规章的规定,对破坏社会主义市场经济秩序、妨害社会管理秩序以及其他违法行为具有行政处罚权的行政机关,以及法律、法规授权的具有管理公共事务职能、在法定授权范围内实施行政处罚的组织。

**第三条** 行政执法机关在依法查处违法行为过程中,发现违法事实涉及的金额、违法事实的情节、违法事实造成的后果等,根据刑法关于破坏社会主义市场经济秩序罪、妨害社会管理秩序罪等罪的规定和最高人民法院、最高人民检察院关于破坏社会主义市场经济秩序罪、妨害社会管理秩序罪等罪的司法解释以及最高人民检察院、公安部关于经济犯罪案件的追诉标准等规定,涉嫌构成犯罪,依法需要追究刑事责任的,必须依照本规定向公安机关移送。

知识产权领域的违法案件,行政执法机关根据调查收集的证据和查明的案件事实，认为存在犯罪的合理嫌疑，需要公安机关采取措施进一步获取证据以判断是否达到刑事案件立案追诉标准的，应当向公安机关移送。

**第四条** 行政执法机关在查处违法行为过程中，必须妥善保存所收集的与违法行为有关的证据。

行政执法机关对查获的涉案物品，应当如实填写涉案物品清单，并按照国家有关规定予以处理。对易腐烂、变质等不宜或者不易保管的涉案物品，应当采取必要措施，留取证据；对需要进行检验、鉴定的涉案物品，应当由法定检验、鉴定机构进行检验、鉴定，并出具检验报告或者鉴定结论。

**第五条** 行政执法机关对应当向公安机关移送的涉嫌犯罪案件，应当立即指定2名或者2名以上行政执法人员组成专案组专门负责，核实情况后提出移送涉嫌犯罪案件的书面报告，报经本机关正职负责人或者主持工作的负责人审批。

行政执法机关正职负责人或者主持工作的负责人应当自接到报告之日起3日内作出批准移送或者不批准移送的决定。决定批准的，应当在24小时内向同级公安机关移送；决定不批准的，应当将不予批准的理由记录在案。

**第六条** 行政执法机关向公安机关移送涉嫌犯罪案件，应当附有下列材料：

（一）涉嫌犯罪案件移送书；

（二）涉嫌犯罪案件情况的调查报告；

（三）涉案物品清单；

（四）有关检验报告或者鉴定结论；

（五）其他有关涉嫌犯罪的材料。

**第七条** 公安机关对行政执法机关移送的涉嫌犯罪案件，应当在涉嫌犯罪案件移送书的回执上签字；其中，不属于本机关管辖的，应当在24小时内转送有管辖权的机关，并书面告知移送案件的行政执法机关。

第八条　公安机关应当自接受行政执法机关移送的涉嫌犯罪案件之日起3日内，依照刑法、刑事诉讼法以及最高人民法院、最高人民检察院关于立案标准和公安部关于公安机关办理刑事案件程序的规定，对所移送的案件进行审查。认为有犯罪事实，需要追究刑事责任，依法决定立案的，应当书面通知移送案件的行政执法机关；认为没有犯罪事实，或者犯罪事实显著轻微，不需要追究刑事责任，依法不予立案的，应当说明理由，并书面通知移送案件的行政执法机关，相应退回案卷材料。

第九条　行政执法机关接到公安机关不予立案的通知书后，认为依法应当由公安机关决定立案的，可以自接到不予立案通知书之日起3日内，提请作出不予立案决定的公安机关复议，也可以建议人民检察院依法进行立案监督。

作出不予立案决定的公安机关应当自收到行政执法机关提请复议的文件之日起3日内作出立案或者不予立案的决定，并书面通知移送案件的行政执法机关。移送案件的行政执法机关对公安机关不予立案的复议决定仍有异议的，应当自收到复议决定通知书之日起3日内建议人民检察院依法进行立案监督。

公安机关应当接受人民检察院依法进行的立案监督。

第十条　行政执法机关对公安机关决定不予立案的案件，应当依法作出处理；其中，依照有关法律、法规或者规章的规定应当给予行政处罚的，应当依法实施行政处罚。

第十一条　行政执法机关对应当向公安机关移送的涉嫌犯罪案件，不得以行政处罚代替移送。

行政执法机关向公安机关移送涉嫌犯罪案件前已经作出的警告，责令停产停业，暂扣或者吊销许可证、暂扣或者吊销执照的行政处罚决定，不停止执行。

依照行政处罚法的规定，行政执法机关向公安机关移送涉嫌犯罪案件前，已经依法给予当事人罚款的，人民法院判处罚金时，依法折抵相应罚金。

**第十二条** 行政执法机关对公安机关决定立案的案件,应当自接到立案通知书之日起3日内将涉案物品以及与案件有关的其他材料移交公安机关,并办结交接手续;法律、行政法规另有规定的,依照其规定。

**第十三条** 公安机关对发现的违法行为,经审查,没有犯罪事实,或者立案侦查后认为犯罪事实显著轻微,不需要追究刑事责任,但依法应当追究行政责任的,应当及时将案件移送同级行政执法机关,有关行政执法机关应当依法作出处理。

**第十四条** 行政执法机关移送涉嫌犯罪案件,应当接受人民检察院和监察机关依法实施的监督。

任何单位和个人对行政执法机关违反本规定,应当向公安机关移送涉嫌犯罪案件而不移送的,有权向人民检察院、监察机关或者上级行政执法机关举报。

**第十五条** 行政执法机关违反本规定,隐匿、私分、销毁涉案物品的,由本级或者上级人民政府,或者实行垂直管理的上级行政执法机关,对其正职负责人根据情节轻重,给予降级以上的处分;构成犯罪的,依法追究刑事责任。

对前款所列行为直接负责的主管人员和其他直接责任人员,比照前款的规定给予处分;构成犯罪的,依法追究刑事责任。

**第十六条** 行政执法机关违反本规定,逾期不将案件移送公安机关的,由本级或者上级人民政府,或者实行垂直管理的上级行政执法机关,责令限期移送,并对其正职负责人或者主持工作的负责人根据情节轻重,给予记过以上的处分;构成犯罪的,依法追究刑事责任。

行政执法机关违反本规定,对应当向公安机关移送的案件不移送,或者以行政处罚代替移送的,由本级或者上级人民政府,或者实行垂直管理的上级行政执法机关,责令改正,给予通报;拒不改正的,对其正职负责人或者主持工作的负责人给予记过以上的处分;构成犯罪的,依法追究刑事责任。

对本条第一款、第二款所列行为直接负责的主管人员和其他直接责任人员，分别比照前两款的规定给予处分；构成犯罪的，依法追究刑事责任。

第十七条　公安机关违反本规定，不接受行政执法机关移送的涉嫌犯罪案件，或者逾期不作出立案或者不予立案的决定的，除由人民检察院依法实施立案监督外，由本级或者上级人民政府责令改正，对其正职负责人根据情节轻重，给予记过以上的处分；构成犯罪的，依法追究刑事责任。

对前款所列行为直接负责的主管人员和其他直接责任人员，比照前款的规定给予处分；构成犯罪的，依法追究刑事责任。

第十八条　有关机关存在本规定第十五条、第十六条、第十七条所列违法行为，需要由监察机关依法给予违法的公职人员政务处分的，该机关及其上级主管机关或者有关人民政府应当依照有关规定将相关案件线索移送监察机关处理。

第十九条　行政执法机关在依法查处违法行为过程中，发现公职人员有贪污贿赂、失职渎职或者利用职权侵犯公民人身权利和民主权利等违法行为，涉嫌构成职务犯罪的，应当依照刑法、刑事诉讼法、监察法等法律规定及时将案件线索移送监察机关或者人民检察院处理。

第二十条　本规定自公布之日起施行。

# 最高人民法院关于审理行政赔偿案件若干问题的规定

（2021年12月6日最高人民法院审判委员会第1855次会议通过 2022年3月20日最高人民法院公布 自2022年5月1日起施行 法释〔2022〕10号）

为保护公民、法人和其他组织的合法权益，监督行政机关依法履行行政赔偿义务，确保人民法院公正、及时审理行政赔偿案件，实质化解行政赔偿争议，根据《中华人民共和国行政诉讼法》（以下简称行政诉讼法）《中华人民共和国国家赔偿法》（以下简称国家赔偿法）等法律规定，结合行政审判工作实际，制定本规定。

## 一、受案范围

**第一条** 国家赔偿法第三条、第四条规定的"其他违法行为"包括以下情形：

（一）不履行法定职责行为；

（二）行政机关及其工作人员在履行行政职责过程中作出的不产生法律效果，但事实上损害公民、法人或者其他组织人身权、财产权等合法权益的行为。

**第二条** 依据行政诉讼法第一条、第十二条第一款第十二项和国家赔偿法第二条规定，公民、法人或者其他组织认为行政机关及其工作人员违法行使行政职权对其劳动权、相邻权等合法权益造成人身、财产损害的，可以依法提起行政赔偿诉讼。

**第三条** 赔偿请求人不服赔偿义务机关下列行为的，可以依法提起行政赔偿诉讼：

（一）确定赔偿方式、项目、数额的行政赔偿决定；
（二）不予赔偿决定；
（三）逾期不作出赔偿决定；
（四）其他有关行政赔偿的行为。

**第四条** 法律规定由行政机关最终裁决的行政行为被确认违法后，赔偿请求人可以单独提起行政赔偿诉讼。

**第五条** 公民、法人或者其他组织认为国防、外交等国家行为或者行政机关制定发布行政法规、规章或者具有普遍约束力的决定、命令侵犯其合法权益造成损害，向人民法院提起行政赔偿诉讼的，不属于人民法院行政赔偿诉讼的受案范围。

## 二、诉讼当事人

**第六条** 公民、法人或者其他组织一并提起行政赔偿诉讼中的当事人地位，按照其在行政诉讼中的地位确定，行政诉讼与行政赔偿诉讼当事人不一致的除外。

**第七条** 受害的公民死亡，其继承人和其他有扶养关系的人可以提起行政赔偿诉讼，并提供该公民死亡证明、赔偿请求人与死亡公民之间的关系证明。

受害的公民死亡，支付受害公民医疗费、丧葬费等合理费用的人可以依法提起行政赔偿诉讼。

有权提起行政赔偿诉讼的法人或者其他组织分立、合并、终止，承受其权利的法人或者其他组织可以依法提起行政赔偿诉讼。

**第八条** 两个以上行政机关共同实施侵权行政行为造成损害的，共同侵权行政机关为共同被告。赔偿请求人坚持对其中一个或者几个侵权机关提起行政赔偿诉讼，以被起诉的机关为被告，未被起诉的机关追加为第三人。

**第九条** 原行政行为造成赔偿请求人损害，复议决定加重损害的，复议机关与原行政行为机关为共同被告。赔偿请求人坚持对作出原行政行为机关或者复议机关提起行政赔偿诉讼，以被起诉的机关为被告，未被起诉的机关追加为第三人。

**第十条** 行政机关依据行政诉讼法第九十七条的规定申请人民法院强制执行其行政行为，因据以强制执行的行政行为违法而发生行政赔偿诉讼的，申请强制执行的行政机关为被告。

## 三、证　据

**第十一条** 行政赔偿诉讼中，原告应当对行政行为造成的损害提供证据；因被告的原因导致原告无法举证的，由被告承担举证责任。

人民法院对于原告主张的生产和生活所必需物品的合理损失，应当予以支持；对于原告提出的超出生产和生活所必需的其他贵重物品、现金损失，可以结合案件相关证据予以认定。

**第十二条** 原告主张其被限制人身自由期间受到身体伤害，被告否认相关损害事实或者损害与违法行政行为存在因果关系的，被告应当提供相应的证据证明。

## 四、起诉与受理

**第十三条** 行政行为未被确认为违法，公民、法人或者其他组织提起行政赔偿诉讼的，人民法院应当视为提起行政诉讼时一并提起行政赔偿诉讼。

行政行为已被确认为违法，并符合下列条件的，公民、法人或者其他组织可以单独提起行政赔偿诉讼：

（一）原告具有行政赔偿请求资格；

（二）有明确的被告；

（三）有具体的赔偿请求和受损害的事实根据；

（四）赔偿义务机关已先行处理或者超过法定期限不予处理；

（五）属于人民法院行政赔偿诉讼的受案范围和受诉人民法院管辖；

（六）在法律规定的起诉期限内提起诉讼。

**第十四条** 原告提起行政诉讼时未一并提起行政赔偿诉讼，人民法院审查认为可能存在行政赔偿的，应当告知原告可以一并提起行政赔偿诉讼。

原告在第一审庭审终结前提起行政赔偿诉讼，符合起诉条件的，人民法院应当依法受理；原告在第一审庭审终结后、宣判前提起行政赔偿诉讼的，是否准许由人民法院决定。

原告在第二审程序或者再审程序中提出行政赔偿请求的，人民法院可以组织各方调解；调解不成的，告知其另行起诉。

**第十五条** 公民、法人或者其他组织应当自知道或者应当知道行政行为侵犯其合法权益之日起两年内，向赔偿义务机关申请行政赔偿。赔偿义务机关在收到赔偿申请之日起两个月内未作出赔偿决定的，公民、法人或者其他组织可以依照行政诉讼法有关规定提起行政赔偿诉讼。

**第十六条** 公民、法人或者其他组织提起行政诉讼时一并请求行政赔偿的，适用行政诉讼法有关起诉期限的规定。

**第十七条** 公民、法人或者其他组织仅对行政复议决定中的行政赔偿部分有异议，自复议决定书送达之日起十五日内提起行政赔偿诉讼的，人民法院应当依法受理。

行政机关作出有赔偿内容的行政复议决定时，未告知公民、法人或者其他组织起诉期限的，起诉期限从公民、法人或者其他组织知道或者应当知道起诉期限之日起计算,但从知道或者应当知道行政复议决定内容之日起最长不得超过一年。

**第十八条** 行政行为被有权机关依照法定程序撤销、变更、确认违法或无效,或者实施行政行为的行政机关工作人员因该行为被生效法律文书或监察机关政务处分确认为渎职、滥用职权的,属于本规定所称的行政行为被确认为违法的情形。

**第十九条** 公民、法人或者其他组织一并提起行政赔偿诉讼,人民法院经审查认为行政诉讼不符合起诉条件的,对一并提起的行政赔偿诉讼,裁定不予立案;已经立案的,裁定驳回起诉。

**第二十条** 在涉及行政许可、登记、征收、征用和行政机关对民事争议所作的裁决的行政案件中,原告提起行政赔偿诉讼的同时,有关当事人申请一并解决相关民事争议的,人民法院可以一并审理。

## 五、审理和判决

**第二十一条** 两个以上行政机关共同实施违法行政行为,或者行政机关及其工作人员与第三人恶意串通作出的违法行政行为,造成公民、法人或者其他组织人身权、财产权等合法权益实际损害的,应当承担连带赔偿责任。

一方承担连带赔偿责任后,对于超出其应当承担部分,可以向其他连带责任人追偿。

**第二十二条** 两个以上行政机关分别实施违法行政行为造成同一损害,每个行政机关的违法行为都足以造成全部损害的,各个行政机关承担连带赔偿责任。

两个以上行政机关分别实施违法行政行为造成同一损害的,人民法院应当根据其违法行政行为在损害发生和结果中的作用大小，确定各自承担相应的行政赔偿责任；难以确定责任大小的，平均承担责任。

**第二十三条** 由于第三人提供虚假材料，导致行政机关作出的行政行为违法，造成公民、法人或者其他组织损害的，人民法院应当根据违法行政行为在损害发生和结果中的作用大小，确定行政机关承担相应的行政赔偿责任；行政机关已经尽到审慎审查义务的，不承担行政赔偿责任。

**第二十四条** 由于第三人行为造成公民、法人或者其他组织损害的，应当由第三人依法承担侵权赔偿责任；第三人赔偿不足、无力承担赔偿责任或者下落不明，行政机关又未尽保护、监管、救助等法定义务的，人民法院应当根据行政机关未尽法定义务在损害发生和结果中的作用大小，确定其承担相应的行政赔偿责任。

**第二十五条** 由于不可抗力等客观原因造成公民、法人或者其他组织损害，行政机关不依法履行、拖延履行法定义务导致未能及时止损或者损害扩大的，人民法院应当根据行政机关不依法履行、拖延履行法定义务行为在损害发生和结果中的作用大小，确定其承担相应的行政赔偿责任。

**第二十六条** 有下列情形之一的，属于国家赔偿法第三十五条规定的"造成严重后果"：

（一）受害人被非法限制人身自由超过六个月；

（二）受害人经鉴定为轻伤以上或者残疾；

（三）受害人经诊断、鉴定为精神障碍或者精神残疾，且与违法行政行为存在关联；

（四）受害人名誉、荣誉、家庭、职业、教育等方面遭受严重损害，且与违法行政行为存在关联。

有下列情形之一的，可以认定为后果特别严重：

（一）受害人被限制人身自由十年以上；

（二）受害人死亡；

（三）受害人经鉴定为重伤或者残疾一至四级，且生活不能自理；

（四）受害人经诊断、鉴定为严重精神障碍或者精神残疾一至二级，生活不能自理，且与违法行政行为存在关联。

**第二十七条** 违法行政行为造成公民、法人或者其他组织财产损害，不能返还财产或者恢复原状的，按照损害发生时该财产的市场价格计算损失。市场价格无法确定，或者该价格不足以弥补公民、法人或者其他组织损失的，可以采用其他合理方式计算。

违法征收征用土地、房屋，人民法院判决给予被征收人的行政赔偿，不得少于被征收人依法应当获得的安置补偿权益。

**第二十八条** 下列损失属于国家赔偿法第三十六条第六项规定的"停产停业期间必要的经常性费用开支"：

（一）必要留守职工的工资；

（二）必须缴纳的税款、社会保险费；

（三）应当缴纳的水电费、保管费、仓储费、承包费；

（四）合理的房屋场地租金、设备租金、设备折旧费；

（五）维系停产停业期间运营所需的其他基本开支。

**第二十九条** 下列损失属于国家赔偿法第三十六条第八项规定的"直接损失"：

（一）存款利息、贷款利息、现金利息；

（二）机动车停运期间的营运损失；

（三）通过行政补偿程序依法应当获得的奖励、补贴等；

（四）对财产造成的其他实际损失。

**第三十条** 被告有国家赔偿法第三条规定情形之一，致人精神损害的，人民法院应当判决其在违法行政行为影响的范围内，为受害人消除影响、恢复名誉、赔礼道歉；消除影响、恢复名誉和赔礼道歉的履行方式，可以双方协商，协商不成的，人民法院应当责令被告以适当的方式履行。造成严重后果的，应当判决支付相应的精神损害抚慰金。

**第三十一条** 人民法院经过审理认为被告对公民、法人或者其他组织造成财产损害的，判决被告限期返还财产、恢复原状；无法返还财产、恢复原状的，判决被告限期支付赔偿金和相应的利息损失。

人民法院审理行政赔偿案件，可以对行政机关赔偿的方式、项目、标准等予以明确，赔偿内容确定的，应当作出具有赔偿金额等给付内容的判决；行政赔偿决定对赔偿数额的确定确有错误的，人民法院判决予以变更。

**第三十二条** 有下列情形之一的，人民法院判决驳回原告的行政赔偿请求：

（一）原告主张的损害没有事实根据的；

（二）原告主张的损害与违法行政行为没有因果关系的；

（三）原告的损失已经通过行政补偿等其他途径获得充分救济的；

（四）原告请求行政赔偿的理由不能成立的其他情形。

## 六、其　　他

**第三十三条** 本规定自2022年5月1日起施行。《最高人民法院关于审理行政赔偿案件若干问题的规定》（法发〔1997〕10号）同时废止。

本规定实施前本院发布的司法解释与本规定不一致的，以本规定为准。

实用附录：

# 行政处罚听证流程图

## 听证的告知、申请和受理

拟作出下列行政处罚决定：（一）较大数额罚款；（二）没收较大数额违法所得、没收较大价值非法财物；（三）降低资质等级、吊销许可证件；（四）责令停产停业、责令关闭、限制从业；（五）其他较重的行政处罚；（六）法律、法规、规章规定的其他情形。

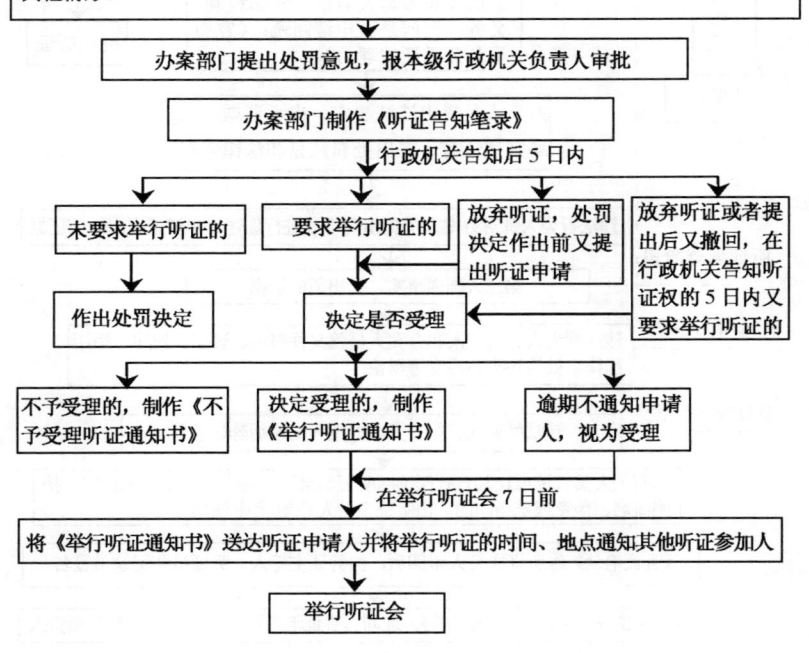

↓

办案部门提出处罚意见，报本级行政机关负责人审批

↓

办案部门制作《听证告知笔录》

行政机关告知后5日内

| 未要求举行听证的 | 要求举行听证的 | 放弃听证，处罚决定作出前又提出听证申请 | 放弃听证或者提出后又撤回，在行政机关告知听证权的5日内又要求举行听证的 |

↓

作出处罚决定

↓

决定是否受理

| 不予受理的，制作《不予受理听证通知书》 | 决定受理的，制作《举行听证通知书》 | 逾期不通知申请人，视为受理 |

在举行听证会7日前

将《举行听证通知书》送达听证申请人并将举行听证的时间、地点通知其他听证参加人

↓

举行听证会

## 听证的举行

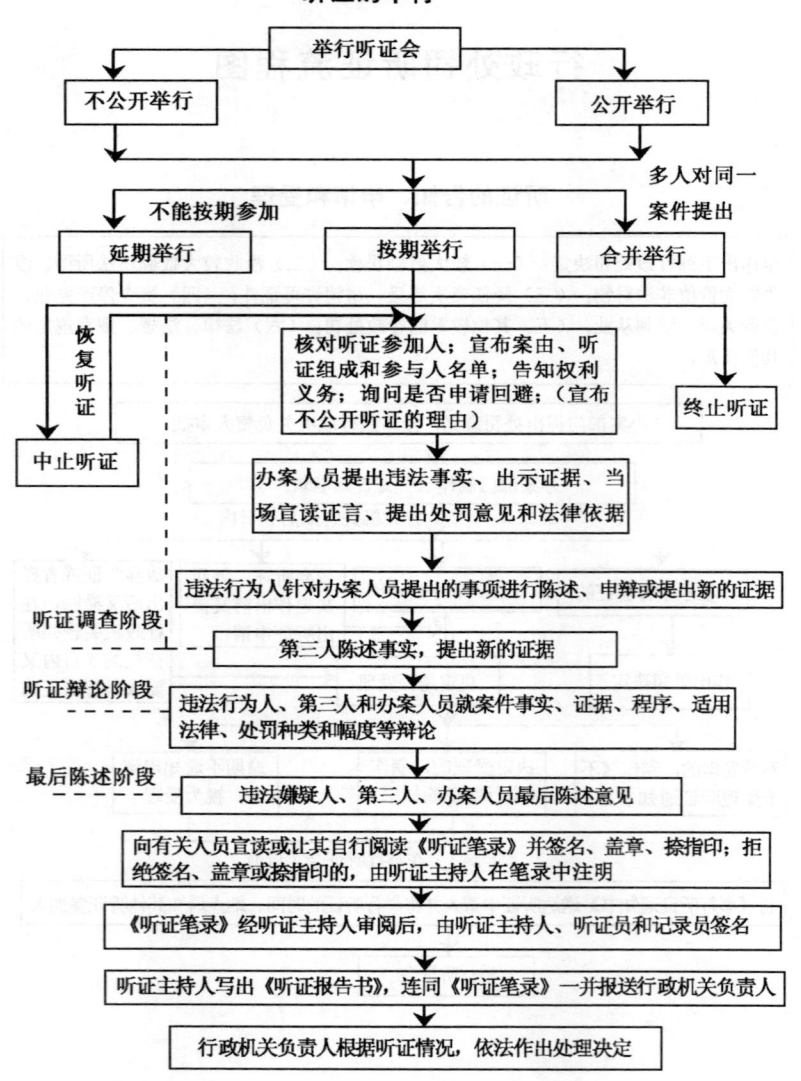

```
                        举行听证会
         ┌──────────────┼──────────────┐
     不公开举行        │           公开举行
         │              │              │
         │         不能按期参加    多人对同一案件提出
         ▼              ▼              ▼
     延期举行       按期举行        合并举行
         │              │
     恢复听证          │
         │              ▼
     中止听证    核对听证参加人;宣布案由、听证组成和参与人名单;告知权利义务;询问是否申请回避;(宣布不公开听证的理由)  ──→ 终止听证
                       │
                       ▼
                办案人员提出违法事实、出示证据、当场宣读证言、提出处罚意见和法律依据
                       │
                       ▼
                违法行为人针对办案人员提出的事项进行陈述、申辩或提出新的证据
   听证调查阶段  ─ ─ ─ ─│
                       ▼
                第三人陈述事实,提出新的证据
   听证辩论阶段  ─ ─ ─ ─│
                       ▼
                违法行为人、第三人和办案人员就案件事实、证据、程序、适用法律、处罚种类和幅度等辩论
   最后陈述阶段  ─ ─ ─ ─│
                       ▼
                违法嫌疑人、第三人、办案人员最后陈述意见
                       │
                       ▼
                向有关人员宣读或让其自行阅读《听证笔录》并签名、盖章、捺指印;拒绝签名、盖章或捺指印的,由听证主持人在笔录中注明
                       │
                       ▼
                《听证笔录》经听证主持人审阅后,由听证主持人、听证员和记录员签名
                       │
                       ▼
                听证主持人写出《听证报告书》,连同《听证笔录》一并报送行政机关负责人
                       │
                       ▼
                行政机关负责人根据听证情况,依法作出处理决定
```

# 当场收缴罚款流程图

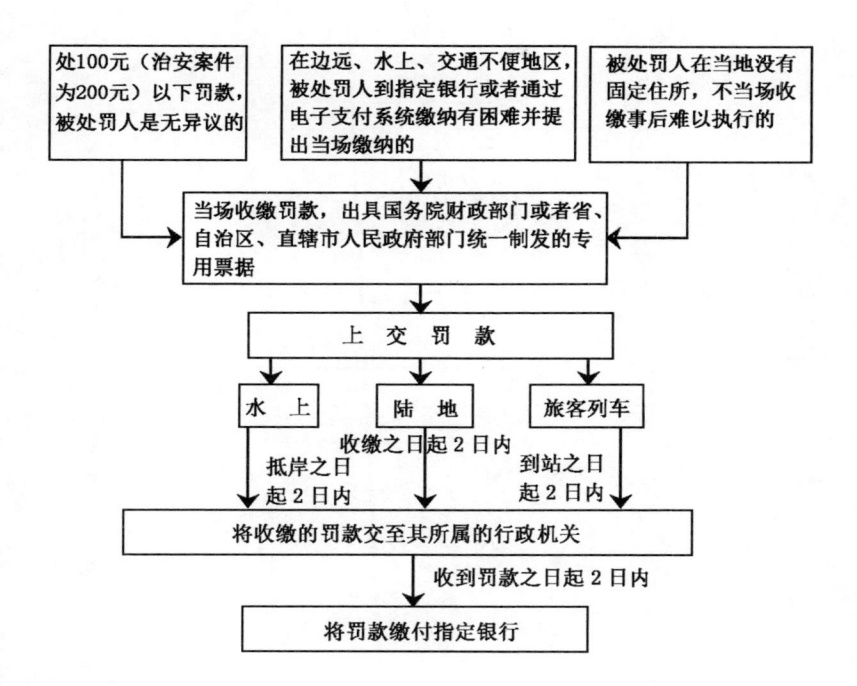

```
┌─────────────────┐  ┌──────────────────────┐  ┌─────────────────┐
│处100元（治安案件│  │在边远、水上、交通不便│  │被处罚人在当地没有│
│为200元）以下罚款,│  │地区，被处罚人到指定银│  │固定住所，不当场收│
│被处罚人是无异议的│  │行或者通过电子支付系统│  │缴事后难以执行的 │
│                 │  │缴纳有困难并提出当场缴│  │                 │
│                 │  │纳的                  │  │                 │
└────────┬────────┘  └──────────┬───────────┘  └────────┬────────┘
         │                      │                       │
         └──────────────────────┼───────────────────────┘
                                ▼
        ┌────────────────────────────────────────────┐
        │当场收缴罚款，出具国务院财政部门或者省、    │
        │自治区、直辖市人民政府部门统一制发的专      │
        │用票据                                      │
        └───────────────────┬────────────────────────┘
                            ▼
                    ┌───────────────┐
                    │  上 交 罚 款  │
                    └───────┬───────┘
           ┌────────────────┼────────────────┐
           ▼                ▼                ▼
       ┌───────┐       ┌───────┐        ┌────────┐
       │ 水 上 │       │ 陆 地 │        │旅客列车│
       └───┬───┘       └───┬───┘        └───┬────┘
    抵岸之日        收缴之日起2日内      到站之日
    起2日内                              起2日内
           │                │                │
           └────────────────┼────────────────┘
                            ▼
        ┌────────────────────────────────────────┐
        │   将收缴的罚款交至其所属的行政机关     │
        └───────────────────┬────────────────────┘
                            │ 收到罚款之日起2日内
                            ▼
                ┌────────────────────┐
                │  将罚款缴付指定银行│
                └────────────────────┘
```

图书在版编目（CIP）数据

中华人民共和国行政处罚法注解与配套／中国法制出版社编.—北京：中国法制出版社，2023.9
（法律注解与配套丛书）
ISBN 978-7-5216-3661-1

Ⅰ.①中… Ⅱ.①中… Ⅲ.①行政处罚法-法律解释-中国 Ⅳ.①D922.112.5

中国国家版本馆 CIP 数据核字（2023）第 119406 号

策划编辑：袁笋冰　　责任编辑：李璞娜　　封面设计：杨泽江

中华人民共和国行政处罚法注解与配套
ZHONGHUA RENMIN GONGHEGUO XINGZHENG CHUFAFA ZHUJIE YU PEITAO

经销/新华书店
印刷/三河市国英印务有限公司
开本/850 毫米×1168 毫米 32 开　　　　印张/10　字数/228 千
版次/2023 年 9 月第 1 版　　　　　　　2023 年 9 月第 1 次印刷

中国法制出版社出版
书号 ISBN 978-7-5216-3661-1　　　　　　　定价：30.00 元

北京市西城区西便门西里甲 16 号西便门办公区
邮政编码：100053　　　　　　　　　　传真：010-63141600
网址：http://www.zgfzs.com　　　　编辑部电话：010-63141670
市场营销部电话：010-63141612　　　　印务部电话：010-63141606

（如有印装质量问题，请与本社印务部联系。）